玛珈山法政文丛

主编：汪全胜　张　铭

政治与社会互动：
西汉政治史的视角

Interaction of Politics and Society: Perspective from Political History of the Western Han Dynasty

赵　沛／著

9

知识产权出版社
全国百佳图书出版单位

图书在版编目（CIP）数据

政治与社会互动：西汉政治史的视角/赵沛著. —北京：知识产权出版社，2015.7

（玛珈山法政文丛/汪全胜，张铭主编）

ISBN 978-7-5130-3591-0

Ⅰ.①政… Ⅱ.①赵… Ⅲ.①政治制度史—研究—中国—西汉时代 Ⅳ.①D691.2

中国版本图书馆 CIP 数据核字（2015）第 141944 号

责任编辑：李学军　　**责任出版**：刘译文

装帧设计：张　冀

政治与社会互动：西汉政治史的视角

赵　沛　著

出版发行：知识产权出版社有限责任公司	**网　　址**：http：//www.ipph.cn
社　　址：北京市海淀区马甸南村1号	**邮　　编**：100088
责编电话：15611868862	**责编邮箱**：752606025@qq.com
发行电话：010-82000860 转 8101/8102	**发行传真**：010-82000893/82005070/82000270
印　　刷：三河市国英印务有限公司	**经　　销**：各大网上书店、新华书店及相关专业书店
开　　本：787mm×1092mm　1/16	**印　　张**：13.75
版　　次：2015年7月第1版	**印　　次**：2015年7月第1次印刷
字　　数：218千字	**定　　价**：46.00元

ISBN 978-7-5130-3591-0

总 序

山东大学（威海）法学院是年轻的法学院。说它年轻，一是成立的时间很短，比不上动辄百年或者少说几十年历史的法学院，如果从1994年山东大学威海校区筹建法律系招收经济法专科起算，2014年才迎来它的20年诞辰。如果说有“法学院”名称，那也就是不到10年的时间。2004年，威海校区院系整合，设“法学院”，将原马列部的行政管理专业、社会工作专业并到法律系，建法学院，由谢晖教授出任法学院首任院长。二是师资队伍年轻，平均年龄据我估算，可能也就是40岁左右吧。目前，法学院教职员工70余人，除原有师资以外，对学院师资引进作出贡献的有两位人物：一位是从河南大学来山东大学威海校区任法律系主任的陈金钊教授，学科初建、专业方兴，陈金钊教授引进了不少人才；另一位就是谢晖教授，2004年及其后几年，其广纳国内高校的青年才俊。法学院的人才引进不仅引起了国内的注目，更是成效显著。自2004年始，科研产出占整个威海校区文科学科的一半甚至还多，是山东大学威海校区乃至山东大学的增长点。年轻，不等于没有资历。在这20年的发展过程中，一些学科、一些学者在国内渐有声望，法律方法论研究中心2006年被批准为山东省人文社会科学重点基地，逐渐形成了一支职称结构、年龄结构、学历结构、学缘结构都比较合理的学术团队；陈金钊、谢晖、焦宝乾、桑本谦等学者在国内学术界的影响日显，陈金钊、谢晖被称为著名法学家也不为过。山东大学（威海）法学院的声誉、影响力并不比那些有一定历史的法学院低或小，说起山东大学（威海），至少在法学界，会让人联想到山东大学（威海）法学院吧。

学院的发展离不开人才，学科的发展也离不开人才，没有人才或者没有很好的人才成长平台，发展从何谈起?！山东大学（威海）法学院一方面继续延揽人才，为他们创造良好的成长环境，另一方面对于现有人才也想方设法给他们成长的空间，让他们在威海生活得开心、舒心、放心。威海是最适宜人居的城市，但是仅有这样的自然环境还是远远不够的。这几年，一些人追求更高的平台、更大的发展空间，离开威海。先有主张"华夏多元学术文化格局"，不赞成"大家者流，争聚京华皇城脚下"的谢晖教授北上京城；再有为法律系初建、迎着重重困难顶着种种阻力而发展学科、提升层次的陈金钊教授南下华政；还有如罗洪洋教授、桑本谦教授、谢维雁教授、董学立教授、苗金春教授诸君，或东奔，或西走。诚然，人才流动是一种正常现象，但是对我们山东大学（威海）法学院来说未尝不是一种损失，甚至是巨大的损失。

人才、学科是山东大学（威海）法学院发展的着力点。法学院现已形成了法律方法论重点学科、刑法学科、国际法学科、政治学科、立法学科、行政管理学科等学群，一些青年才俊也迅速成长。2013年，山东大学威海校区启动学科建设资金，对法律方法论学科给予重点扶持。自2014年始，法律方法论作为一个专业，将独立招收博士研究生，这是一个很好的发展机遇，也是我院学科发展的良好平台。法律方法论学科（基地）有了学校的支持，有了该学术团队的精诚合作，我相信，该学科还有更大的发展空间。学校学科政策扶强不扶弱，但对于学院来讲，除了重点学科之外，还有更多其他的学科，也需要有一定的政策与经费支持，不能发展一个学科，其他学科就不再考虑了。目前，除了法律方法论学术团队以外，我院其他各专业、各学科人才成长也很快，每年都有教师博士毕业，或主持省部级以上课题。随之，博士论文或课题成果的出版也面临问题。如何扶植这些成长的学科，如何扶持这些年轻才俊，让他们尽快成长，更重要的是，将这些成果推向社会，扩大法学院的影响，这些问题亟须规划与考虑。在这样的背景下，法学院学术委员会经过商议，决定设立“玛珈山法政文丛”，资助年轻教师学术著作的出版，以振兴法学院的学术，继续保持或扩大法学院的发展强势。

这里我首先要感谢知识产权出版社的李学军编辑，因为他的促成与努力，我们才能够将出版文丛的想法付诸实施。法学院与知识产权出版社共同策划、出版“玛珈山法政文丛”，每年计划出版3~5本，为我院青年才俊提供成果展示的平台。我相信，“玛珈山法政文丛”的出版，一方面会为我国学术研究增加些许色彩，另一方面也为学界同仁了解山东大学（威海）法学院、山东大学（威海）的学人，提供一个很好的窗口。

本文丛的出版，得到了知识产权出版社特别是李学军编辑的大力支持与帮助，也得到了山东大学（威海）学科发展经费的资助，在此，特表示诚挚的谢意！

汪全胜

于威海玛珈山下枕涛书斋

2013年11月17日

从平民王政到世族政治：政治与社会的互动（代序）

“汉承秦制”是一句老话。也是二千年来被人们公认的常识。但这一认识的背后则是一个看似平常，却内涵极为复杂、深刻的问题，这就是：一样的制度，何以秦行之速亡，而汉王朝却未见亡国之征呢？

就秦王朝而言，其国家制度的核心是集权。政治运作的方式和结果也都是为了集权制度的实践。与此相应，秦王朝的政治目标也就是树立君主的绝对权威，即集权化的、整齐划一的政治局面。简单地说，秦王朝的政治目标和治国方针在于统一压倒一切，集权化与整齐划一压倒一切；政治运作的方式则是偏重法与暴力，倚重严酷的刑罚来达到整齐划一的目标。结果众所周知，秦王朝的统治，的确是高度的整一化和集权化，但是，表面的、高压之下的整齐划一的背后，却是几乎全国各个阶层普遍的对现行制度的不满。

问题在于，为什么在统一战争时期，为秦国带来所向披靡、战无不胜的巨大动力的高度的整齐划一的集权政治，在国家统一后的政治运作中却无法发挥它所具有的高效率，反而招致社会大面积的抵触和反抗呢？这里实际上存在一个国家制度以及它所代表的政治目标与社会力量，即公民需求之间的矛盾统一关系。我们知道，“政治总是由无数个体所构成的社会中的政治，为政之目的必须与部分个体的人生目的相契合，这种政治才能够得到这部分人的支持，为政目的所能容纳的个体人数越多，这种政治就越稳定”[1] 恩格斯曾指出：“社会是以共同物质生产活动为基础而相互联系的人类社会共同体”，而国家是“从社会中产生但又居于社会之上，并日益同社会脱离的力量”。[2] 可

---

❶ 刘广明：《宗法中国》，上海三联书店1993年版，第34页。

❷ 《马克思恩格斯选集》（四），人民出版社1975年版，第166页。

见，国家政治制度以及相应的政治目标的基础是来自于社会的，因此也必须服务和服从于社会，否则只能遭到社会力量的抵触和反抗。就问题的实质而言，决定社会力量的核心是该社会的基本组织形态，也就是我们常说的社会结构。因而，可以说，国家制度和政治目标的确立如果离开由社会结构形态所左右的社会力量的支持是注定要失败的。换句话说，国家政治应该是中央与地方的合作政治（这里的地方不是指地方政府，而是指地方的社会力量），仅仅是中央政权的单方行政，是不可能实现统一政治的。以秦亡以后建立的西汉为例，地方社会中，乡三老、县三老对地域民众的领导权是公认的，就县级以下行政来看，官僚制度与父老制可以说是共存的。而且，郡县属吏是依靠当地人才，乡举里选普及就开始录用当地人才，补任中央官僚，汉代的中央政治，就是这样由地方社会辅佐并由此维持其安定的。反观秦王朝，问题就在于整齐划一的高度集权与社会力量的全面对抗。那么，何以至此呢？让我们从中国社会结构的变革之中寻找答案。

众所周知，商周开始，中国社会实际上进入了一个万国林立的族邦联盟时代，这与后世的领土国家形态还是有根本区别的：一方面，以城为国，缺乏后世的领土意识，国与国之间还没有明确的国境划分，即所谓“有点无面，小国寡民”，类似于古希腊的城邦；另一方面，国家的建立和统治都以宗族为基础，统治阶级和被统治阶级是以统治宗族和被统治宗族来表现的，族权和政权是合一的，宗族关系是国家权力的基础，在空间上讲，无论统治宗族和被统治宗族都是聚族而居的。[1] 也就是说，国家政权的组织形式和地方社会的组织形态的基础都是宗族，统治宗族世代掌握国家政权，按照宗族内的血缘和等级亲疏进行政治权力的分配，因此而形成所谓世卿世禄的世族世官，或曰世族贵族政治；地方社会也自然被大小统治宗族所控制，地缘组织还未从血缘宗族组织中完全脱离出来。

春秋以后，这种族邦式的政治结构已开始发生变化，宗族贵族政治瓦解，君主专制日益强化，各国政治尽管途径各有不同，但均朝着君主集权的模式发展，宗族贵族垄断政治特权的局面被打破，旧宗族

---

[1] 臧知非：“共同的历史道路，不同的发展进程——秦国社会与秦文化散论”，见《秦文化论丛》（三），西北大学出版社 1994 年版，第 51～66 页。

贵族已无可挽回地衰落了，新兴的以政治或军事才干起家的新贵族已取代宗族贵族掌握政权。与此相适应，旧贵族掌权时代的世卿世禄的世族世官制逐步让位于由君主主持掌握的官僚制度；但是，就地方社会而言，尽管以地缘为基础的地方行政制度发展起来，居民的管理与行政编制也具备了明显的地缘性质，然而，就大多数情形而言，绝大多数国家中，这种地方的行政体系未能与原有的宗族血缘关系完全脱离，毋宁说，各国的地方行政编制都是建立在固有的宗族血缘的自然居住形态的基础之上的。此外，这种变革因为都是有一个渐进的变化过程，各项新制度在旧制的母体中都经历了一个长期的孕育过程，都可以说是新旧贵族集团之间长期斗争、妥协的结果，因而也必然都明显地保留着旧制度的遗存，最典型的，如各国大都存在世族世官的传统以及相当完备的地方社会宗亲血缘组织。这些已为治史者所熟知，此不征引。

当然，在这场社会政治大变革中，也存在与大多数东方国家完全不同的演进模式，这就是秦国的所谓“跳跃式”的变革。

本书以“跳跃式”的社会结构转变来论商鞅变法后秦国社会结构的变迁，本文认为是十分符合秦国历史发展的实际的。[1] 一般认为，秦国地处西陲，杂戎狄之俗，所谓“秦与戎狄同俗，有虎狼之心，贪戾好利而无信，不识礼仪德行，苟有利焉，不顾亲戚兄弟，若禽兽耳”。[2] 这是历史事实，但是，应该注意到，所谓“杂戎狄之俗”绝非秦国独然。事实上，秦国与东方各国一样，都是以华夏正统自居。从社会结构的角度而言，“秦初建之时也是宗族奴隶制结构，但它没有像东方各国那样发育成熟”[3]。因而，相对而言，秦国的宗族组织、宗法制度乃至宗法宗族观念，较之东方各国也还未形成强大的社会传统。但是，到战国初年，东方各国都相继完成了新旧社会结构的转变之时，秦国却随着秦穆公的逝世，宗族势力进一步膨胀，秦穆公取得“遂霸西戎”的霸业所依赖的重用外邦异族之人的政策，因为明显与本国宗

---

❶ 臧知非：“共同的历史道路，不同的发展进程——秦国社会与秦文化散论”，见《秦文化论丛》，西北大学出版社 1994 年版。

❷ 《史记·魏世家》。

❸ 臧知非：“共同的历史道路，不同的发展进程——秦国社会与秦文化散论”，见《秦文化论丛》，西北大学出版社 1994 年版。

族贵族利益相悖而难以为继，秦国依然沿着东方各国的宗族奴隶制的老路艰难跋涉。结果导致秦国国内宗族贵族争权夺利，政局不稳，出现了由宗族贵族专政，君权衰落，国力衰败的局面。从历公以后，历躁、怀、灵、简、惠公和出子数代，秦国是处处被动挨打的，这就是秦孝公后来所说的："往者历躁简公出子之不宁"。[1] 直到秦献公（前384—前362年在位）即位以后，才开始寻求社会政治变革，正式废止人殉制度、"为户籍相伍"、推广县制等，尤其是"为户籍相伍"和推广县制的改革，试图将国家行政从依然处于宗族血缘关系的羁绊之中解脱出来，并开始寻求改变自然的宗族聚落的状态。当然这些工作只是为秦国今后的社会政治的彻底变革，即商鞅变法进行了前期的准备。

商鞅变法的具体内容已为治史者所熟知，这里仅就这次变法所带来的秦国社会结构的变革略作分析。商鞅变法的核心在于打击宗族势力，因此，变法的一个重要环节，就是力图从根本上消除宗族势力得以生存的社会基础，即地方上盘根错节的宗族血缘关系。当然，血缘关系是人类社会生活中一种最自然，也是最牢固的关系，这里所说的消除，只是通过以地缘划分编制居民，把血缘关系从国家行政中剔除出去。此外变法规定："令民父子兄弟同室内息为禁"，"民有二男以上不分异者倍其赋"[2]，则是强制性的析产分居，彻底改变同宗共财、聚族而居的经济基础。事实上，打击宗族势力，并非商鞅之独创，翻检史料很容易发现，东方各国变法中都有打击和限制宗族势力的内容，典型的如吴起在楚国变法，针对楚国"大臣太重，封君太众，若此则上偪主而下虐民"的状况，实施"使封君之子孙三世而收爵禄"；[3]"令贵族往实广虚之地"[4]，"废公族疏远者，以抚养战斗之士"[5] 以及"罢无能、废无用、捐不急之官，塞私门之请，一楚国之俗"[6] 等手段，推行旨在打击宗族贵族的政策。其他国家如韩、赵、魏、齐等国变法措施中也都有举贤任能，针对世族世官的内容。但是，相比较而

[1] 《史记·秦本纪》。
[2] 《史记·商君列传》。
[3] 《韩非子·和氏》。
[4] 《吕氏春秋·开春论·贵卒》。
[5] 《史记·吴起列传》。
[6] 《战国策·韩策三》。

言，秦国的改革要彻底得多，带来的社会结构的变革也要彻底得多。究其原因，首先，在于商鞅变法的措施得当，不仅从体制上废除了宗族贵族仅仅依靠血缘亲疏分享各级政治权力的特权，而且通过行政、法律手段撕毁基层的宗族血缘联系，并按地缘关系划分编制居民，“并诸小乡邑，集为大县”，“令民为什伍而相牧司连坐”，从而将宗族血缘联结从国家地方行政中彻底地剔除出去。其次，有秦孝公的坚决支持和长达二十余年的实践过程，最终为秦国上下所普遍认可。正所谓“商君虽死，秦法未败”。最后，不可否认，秦国所固有的宗法制传统本身较为淡薄的事实，也是商鞅变法最终成功的重要社会基础。当然，我们不能将商鞅变法的成功简单地归结为秦国缺乏宗法制传统，但商鞅变法却从根本上使秦国的社会结构发生了变革。从此以后，秦国社会、政治生活中宗法关系被基本上剔除了出去，秦国社会结构被简化为从中央到地方的各级国家行政权力机构和由这些大小机构直接掌控的个体家庭这两个层次，国家权力直接面对小民，中间缺乏了社会力量的媒介。可以说，“变法后的秦国之所以缺乏宗法关系，正是由于商鞅变法使秦国社会结构产生跃进式转变的结果”。[1]

商鞅变法后秦国社会结构的跳跃式的变革，进一步使秦国摆脱了原本并不十分严格的宗法传统的约束，使秦文化更进一步发展了原已具备的浓厚的功利和实用色彩。汉代贾谊就曾指出：“商君遗礼仪，弃仁恩，并心于进取，行之二岁，秦俗日败。”“其俗固非贵辞让也，所尚者告讦也；固非贵礼仪也，所尚者刑罚也”。[2] 在贾谊看来，“秦俗日败”乃是商鞅变法的产物，应该说是符合历史实际的。林剑鸣先生在论及秦文化的价值观时曾指出：“在秦人的价值评价中，没有给道德伦理留下位置，而完全是以世俗的功利为标准。内心修养或道德的自我反省，在这里是没有必要的，需要的是对自我以外实际世界的探求和自身物质需要的索取。所以，人们关心的是生产、作战等与日常生活密切相关的利、害，而不注意仁义之兴废，礼乐之盛衰以及道德之完善”。[3] 因此，又有人将秦文化定性为“重农耕、讲实用、非道

---

[1] 臧知非：“共同的历史道路，不同的发展进程——秦国社会与秦文化散论”，见《秦文化论丛》，西北大学出版社 1994 年版。

[2] 《汉书·贾谊传》。

[3] 林剑鸣：“从秦人价值观看秦文化的特点”，载《历史研究》1987 年第 3 期。

德、不浪漫的”。[1] 正是在这样的文化背景之下，以崇尚刑罚和高度的集权与整齐划一为重要特征的法家学说成功地成为秦国的社会政治生活的主导思想，这与秦国统治者魂牵梦系的强兵富国之梦是十分合拍的。秦孝公追忆往事，曾深情地表白兴兵强国之梦：“昔我穆公自岐雍之间，修德行武，东平晋乱，以河为界，西霸戎翟，广地千里，天子致伯，诸侯毕贺，为后世开业，甚光美。会往者厉、躁、简公、出子之不宁，国家内忧，未遑外事，三晋攻夺我先君河西地，诸侯卑秦，丑莫大焉。献公即位，镇抚边境，徙治栎阳，且欲东伐，复穆公之故地，修穆公之政命。寡人思先君之意，常痛于心”。[2] 怀着这样对霸业的渴望，他自然而然地选择了商君强兵以兴国的战略。历史事实业已证明，秦国得益于商鞅变法以后形成的“壹赏”“壹刑”“壹教”的高度统一的政治体制，在全国造成了一个“民之见战也，如饿狼之见肉”的尚武好战的观念，在社会中造成“务之所加，存战而已矣”，“民闻战而相贺也：起居饮食所歌谣者，战也”的普遍的好战心理，使“民之闻战，父遗其子，兄遗其弟，妻遣其夫，皆曰，不得无返，又曰失法离令，若死我死”。[3] 旨在打击宗族贵族世官世禄的宗法血缘特权的军功爵制，对秦国百姓所具有的诱惑力，无疑又使彪悍骁勇颇具戎狄游牧民风的秦兵如虎添翼，使被东方各国称为“弃礼仪，尚首功”的秦国在统一国家的武装战争中，几乎呈势如破竹、摧枯拉朽之势，从公元前231年始，以一年一国的速度迅速完成了统一霸业，建立了强大一时的秦帝国。

统一战争的胜利，不但使秦国建立起强大的高度集权的，以皇权为绝对核心的统一帝国，同时，帝国统治所面对的社会基础也发生了明显的多元化的转变。具体说，与秦国彻底地扫荡了社会组织中的宗法关系不同，东方各国还大都十分完好地保持着宗族血亲体系。这至少可反映在两方面：其一，东方六国贵族大量遗存。尽管东方各国在他们走向领土国家的变法过程中，都有一个君权逐步脱离族权而走向专制的进程，但各国的这一进程都是不彻底的。齐鲁、三晋，包括楚、

[1] 刘宝才：“秦政治文化断想”，见《秦文化论丛》，西北大学出版社1993年版，第131～141页。

[2] 《史记·商君列传》。

[3] 《商君书·画策》。

燕进入战国之后，掌握政权的依然离不开各国的宗族贵族。这一贵族阶层至六国败亡，一直是各国重要的政治力量。尽管随着统一战争的结束，他们的政治权力随政权的消灭而消亡了，但他们所拥有的宗族势力和经济力量依然存在，他们的宗族并未破散，典型的如齐国的田氏，楚国的昭、屈、景、怀氏。其二，围绕着这些宗族贵族的，是地方社会下层民众社会生活中大量的宗族遗存。如《史记·田儋列传》："田儋者，狄人也，故齐王田氏族也。儋从弟田荣，荣弟田横，皆豪，宗强，能得人"。所谓宗强无非是说宗族枝繁叶茂，人口众多。再如，《汉书·酷吏传》载，景帝时，"济南瞯氏宗人三百余家。豪猾，二千石莫能制……"从秦王朝统一天下到汉景帝年间，时间也不过数十年，想来济南瞯氏宗人三百余家也不可能是一夜之间所能发展起来的，其宗族势力在秦王朝建立之时想必就有了相当规模的发展。

总之，随着秦王朝对东方各国武力征服的推进，秦国政权统辖范围的扩大，秦王朝统治的社会政治基础呈现出多元化特征，如何面对全新的社会基础，适当地调整国家制度和政治目标，这是摆在秦王朝统治中心的非常巨大而又迫切的课题。前文已谈到，国家制度和政治目标的确立如果离开由社会结构形态所左右的社会力量的支持是注定要失败的。国家政治应该是中央与地方的合作政治（这里的地方不是指地方政府，而是指地方的社会力量），仅仅是中央政权的单方行政，是不可能实现统一政治的。但是，秦王朝的统治者们并未对此产生清醒的认识，其表现之一，就是根本缺乏对建国后社会基础变化的准确把握，缺乏对社会上广泛存在且极具社会控制力的地方宗族势力的适当估计。反映在国家制度的制定和政治目标的选择上，根本忽视了这一社会势力的存在以及他们的政治需要和政治出路。使之在秦王朝中央高度集权，中央地方高度整齐划一的政治空气中被窒息了。社会势力阶层没有上升或者说靠拢政府，成为政府的社会支柱的必要通道。对政府的态度除了对抗别无他途。这正是秦政治文化的选择与地方社会基本结构所决定的社会需求之间所产生的矛盾使然。更为重要的是，秦王朝为消弭东方六国的政权意识和族权意识，在灭六国之后，毁掉了六国宗庙❶，这是一个严重的事件，使秦与六国之后的紧张关系达

---

❶ 此点蒙台湾师范大学张克晋教授指教，谨致谢意。

到极度的对立。事实上，由陈胜首倡的反秦战争很快就成为六国之后的复国运动，这本身就是最好的证明。

陈明指出："秦王要任用法家，力图将西周以来那种以家（community of flood）为基础的家国二元一体结构改造成为以我（王权）为核心的国家（state）一元结构，但由于并未能也不可能真正摧毁社会的基础社区组织，他的努力事实上造成了 state 与 society（社会）二元对立的结构形式"。[1] 具体到秦王朝的政治运作方式，所谓"以法为教，以吏为师"，偏重法和暴力，过分倚重地方行政和严酷的刑罚，旨在贯彻高度的集权和整齐划一的政治方针。异常强大、严密的地方政权行政网络，"五家为伍"的什伍连坐制度，严重地破坏了地方社会原有的亲族血缘网络，尤其是那些代表地方社会势力的地方宗族（包括六国之后），在高度的集权和整齐划一的政治模式之下，根本丧失了政治出路，由旧体制之下的社会基础力量，迅速成为新帝国政治的专制对象。加之暴虐的经济掠夺和政治迫害政策，致使东方各国上下"家自为怒，人自为斗，各报其怨而攻其仇，县杀其令丞，郡杀其守尉"，[2] 秦的速亡也就成了必然之事。

如果以上分析可以成立。我们有理由相信，秦的速亡，除了暴政的最直接原因之外，专制皇权未能注意到地方社会势力的存在以及他们的政治要求，并尽可能为他们创造合理的政治出路，因而造成地方社会势力极端的政治对立，恐怕是更为深层的原因。换句话说，未能适时地做出政策的调整，一味地坚持高度集权统一、整齐划一的专制高压政治，秦之速亡乃必然结果。

西汉帝国建立后，亲身参加了亡秦战争，亲眼看到不可一世的秦皇朝在反秦的风暴中迅速土崩瓦解的西汉皇朝的君臣们，自然能够清醒地认识到民心不可侮，民意不可违，民力不可轻的道理。陆贾所谓"夫欲建国、强威、辟地、服远者，必得之于民"[3] 想必已成为汉初君臣的共识。当然。这里所谓之"民"，自然不仅仅是指陈胜、吴广式的小民，恐怕更主要的还包括那些控制地方势力的豪族之家。

所以，尽管西汉建立以后秦帝国所建立的一整套政治模式并没有

---

[1] 陈明：《儒学的历史文化功能》，学林出版社 1997 年版。
[2] 《史记·张耳陈余列传》。
[3] 《新语·至德》。

被彻底的变革，而是基本被保存了下来。但西汉皇朝对秦政，尤其是在政治指导思想和行政方针上，都有了一定的损益。正如笔者业师孟祥才先生所言：“谭嗣同在其《仁学》中断言：‘二千年之政，秦政也；二千年之学，荀学也。’仔细推敲，此论尽管有一定道理，但并不是一个准确的表述。实际上，更确切的表述应该是：二千年之政，汉政也；二千年之学，汉学也。谭嗣同等人只看到秦汉两朝的继承关系，而没有注意两朝之间的历史变化。因为正是汉朝较多地从经济、政治和思想上损益了秦政与社会发展的不适应部分，奠定了后来历代中国封建皇朝所遵循的基本模式”。[1]

西汉二百余年，皇朝政治大致经历了三个重要的历史阶段：即汉初的刘汉皇室与军功大臣“共天下”的平民王政时期；汉武帝以后随着皇权的极端强化而形成的中央集权政治体制；西汉中后期以后皇权逐渐衰微，出现外戚专权的政治局面，最终导致王莽篡汉，西汉王朝在王莽登基大典的礼乐声中轰然倒塌了。这三个阶段的渐次变革，实际上正反映了西汉各个历史时期社会主要政治力量的发展变化，也就是社会阶级结构的变迁。

就本书的论旨而言，其目的就是要探讨这两大变迁之间的内在关系。很显然，政治体制或者政治行政的运作，都必须反映和适应社会阶级结构的变化。换句话说，政治是一定的阶级社会下的政治，政治体制的确立和政治行政的运作，必定要反映一定的社会阶级结构之下占统治地位的阶级和阶层的政治利益，自然也必须随着社会阶级结构的变迁而进行调整。就西汉皇朝而言，从汉初的平民王政到王氏以外戚而代汉的政治现实背后，反映在社会阶级结构的发展变化，其总的趋势是社会势力的逐步的宗族化趋势。[2] 故此，笔者将这本旨在探讨西汉时期社会与政治变迁的小书，定名为《政治与社会互动：西汉政治史的视角》，意即在此。

---

❶ 安作璋、孟祥才：《汉高帝大传》，河南人民出版社 1997 年版，“前言”第 2 页。

❷ 事实上，王氏外戚集团本身就是一个具有明显的宗族化特征的宗族集团。西汉末年宗族势力已经成为社会的重要力量，这从西汉末年起兵反莽的武装力量中，绝大部分都属于地方豪宗大姓，亦可得到证明。

目　录

第一章　汉初中央政治之建立：平民王政的发端

汉五年，即公元前202年2月，刘邦在定陶即帝位，西汉政权正式建立。自公元前209年，陈胜、吴广在大泽乡揭竿而起，掀开反抗暴秦的序幕，到七年以后的这一天，历史又一次完成了改朝换代的一幕演出。只不过这次登上至高无上皇位的不是传统社会的王公贵族，而是一个颇有几分无赖气息的平民皇帝。而随他一同登上舞台演出的则是一群布衣之徒。被刘邦喻为汉初三杰的张良、萧何、韩信三人，除张良为韩相的公子外，萧何不过是一县吏，韩信则是个无业游民。至于其他的众“演员”：陈平、王陵、陆贾、夏侯婴之属都是平民，而郦食其则为里门监，樊哙、周勃、灌婴之流则各以屠狗、织箔、贩缯为业。如果是在升平时期，这群人简直就是名副其实的下层民众。可正是这么一群人，借着风起云涌的反秦狂潮，竟然摇身一变，成了他们自己重新搭建的王国的主人。真应了陈胜的那句誓言：“王侯将相，宁有种乎？”

毫无疑问，西汉的建立是一场平民革命的胜利。它的意义可能并不仅仅在于建立了一个全新的王朝，恐怕更由此开创了一个崭新的时代，即平民王政的时代。然而，刘邦建汉，又不纯然为平民之胜利。因为这场平民革命所建立的政权之政治基础，除了由这些平民自己创建的武功之外，还有属于古代传统社会政治伦理基础之“德”。下面，以专题来探讨汉帝国建立之政治基础。

一、汉帝国的政治基础

刘邦定陶即位，在公元前202年，此时强敌已除，项羽已死。刘邦“还至定陶，驰入齐王（韩信）壁夺其军”，又基本上掌握了天下的武装力量。刘邦即位已是顺理成章的事情。当然，还少不了众臣的推举和拥戴。而想拥戴刘邦登基，总得找到充分的理由：

> 于是诸侯上疏曰：楚王韩信、韩王信、淮南王英布、梁王彭越、故衡山王吴芮、赵王张敖、燕王臧荼昧死再拜言，大王陛下："先时秦为亡道，天下诛之。大王先得秦王，定关中，于天下功最多。存亡定危，救败继绝，以安万民，功盛德厚。又加惠于诸侯王有功者，使得立社稷。地分已定，而位号比拟，亡上下之分，大王功德之著，于后世不宣。昧死再拜上皇帝尊号。"汉王曰："寡人闻帝者贤者有也，虚言无实之名，非所取也。今诸侯王皆推高寡人，将何以处之哉?"诸侯王皆曰："大王起于细微，灭乱秦，威动海内。又以辟陋之地，自汉中行威德，诛不义，立有功，平定海内，功臣皆受地食邑，非私之也。大王德施四海，诸侯王不足以道之，居帝位甚实宜，愿大王以幸天下。"汉王曰："诸侯王幸以为便于天下之民，则可矣。"于是诸侯王及太尉长安侯臣绾等三百人，与博士稷嗣君叔孙通谨择良日二月甲午，上尊号。汉王即皇帝位于汜水之阳。❶

同一事《史记·高祖本纪》的记载较《汉书》为略，兹不赘引。透过这段记载，我们至少可以看到：其一，推举和拥戴刘邦的主要人物都是被刘邦分封的异姓诸侯王，即是《史记·高祖本纪》所说"诸侯及将相相与共请尊汉王为皇帝"。其二，推戴刘邦是因为"大王功德之著，于后世不宣"，其理由可以归结为"功"与"德"，即"功盛德厚"。"存亡定危，救败继绝"，为功；"又加惠于诸侯王者，使得立社稷"为德。而被刘邦之"德"所泽溉者正巧是那些推戴他登上龙位的诸侯及将相。

那么，究竟"德"又是什么？何以"德"能够成为帝国政治之基础呢？

德，与悳通，"悳"字《说文》释曰：

> 悳，外得于人，内得于己也。

《说文通训定声》进一步解释说：

> 外得于人者，恩悳之悳；内得于己者，道悳之悳。

---

❶《汉书·高帝纪》。

即恩惠和道德。《论语·宪问篇》："何以报德"，郑注"谓施恩也。"故施以恩惠即是德。德又何以能够成为汉帝国之政治基础？为了回答这个问题，不妨先来探讨一下古代国家之起源过程中，"德"及其意义。

我们知道，东西方从氏族社会走向国家的途径是不同的。西方国家以希腊为例，是以部落联盟模式走向国家，而中国则是以酋邦的模式完成从氏族向国家的演进的。

在希腊由氏族制度向国家的历史性变革过程之中，[1] 经济发展具有举足轻重的意义。由于经营农牧和制造业日臻富庶，私有制成为不断瓦解部族血缘组织的催生剂，从而诞生出全新的国家政制。这一变革大致经过了三位雅典政治家的持续努力而最终完成。首先，是雅典的第十代巴赛勒斯（军事总指挥）提秀斯。[2] 他努力使各自为政的部落合并成为一个民族，这就是说，社会组织在血缘以外获得新型的组织形式。此外，提秀斯把雅典的民众划分为三个阶级从而打破其氏族的身份，即氏族贵族、农民和工匠，"它的革命性意义体现在承认财产对身份的影响力。"正如恩格斯《家庭、私有制和国家起源》中评价说：

> 它表明……拥有财富而本来就有势力的家庭，已经开始在自己的氏族之外联合成一个独特的特权阶级；其次，农民和手工业者之间的分工已经如此牢固，以至以前氏族和部落的划分在社会意义方面已不是最重要的。

其次，是梭伦在执政官任期更为激烈的改革。他利用手中的立法全权，按照财产数量的多寡，将社会公民划分为不同的阶级归属。这种新的阶级划分，浸透了财产作为个人身份和国家政制基础的法律精神，从而使氏族组织失去了大部分的权力。因为在这种新的阶级划分

---

[1] 恩格斯在《家庭、私有制和国家的起源》一书中指出：古希腊"高度发展的国家形态民主共和国，是直接从氏族社会中产生出来的"。

[2] 希腊的氏族组织机构，包括三大权力部门：第一是布列（酋长会议）；第二是阿哥腊（人民大会）；第三是巴赛勒斯（军事总指挥）。布列属于立法团体，阿哥腊有权批准或批驳酋长会议所提的决策。作为人民大会，它保障民众的权利和自由。参见陈明：《儒学的历史文化功能》，学林出版社 1997 年版。本书下文关于希腊城邦国家形成的描述，主要参照了该书。

的同时，梭伦还在氏族组织之外，设立了新的行政“舰区”，作为征调兵役和课取赋税的单位。再次，将希腊从氏族组织最终完成城邦国家的是克里斯提尼。他通过立法方式，将阿提卡划为一百个乡区，每个公民都须注籍，注册其财产，作为其公民特权的凭证。这样的每个区都设有乡长、库司和祭司以及审判委员会，享有地方自治权，上述组织和人选都由乡人选举产生。十个乡区组成一个乡部，十个乡部构成雅典联邦，至此希腊部落制的氏族关系便被从根本上打破了。代之而起的则是一个联邦的国家。在这个联邦的国家中，虽然氏族组织的外壳已经被彻底打破了。但氏族组织时代的某些精神价值却得以继承下来：代表这个联邦的有一个议事会，一个公民大会，一个由卸任的执政官组成的阿里奥帕古斯院，若干名执政官、法官以及一个由选举产生的陆海军司令官团体。其中议事会的人数有五百人，由每个乡部各选出五十人参加，这表明在国家的转变过程中，新型的政治形式的组织机构建立在全体公民的意旨之上，原始社会民主、平等诸精神价值得以承继，从而使全新的政治组织能像氏族社会和权力机构一样，具有足够的合法性基础。所以，一方面，希腊城邦国家政治结构由部落联盟时期以氏族贵族为轴心转换成以有产阶级为轴心，另一方面，氏族民主的传统又得以继承，“并且，几乎整个西方文明都建基于这一原则。”❶

中国古代由氏族向国家的演进，走的是一条与西方的氏族部落模式存在很大差异的酋邦模式。酋邦模式同典型的部落社会相比的最主要特点，即是在其进入国家社会前就已经在一定程度上产生了中央集权的权力，亦即社会最高权力在一定形式下被占据社会特殊地位的个人所掌握，“在这种社会中，政治权力集中于一个人（酋长）身上。”酋邦首领“一般是一个实权人物”，他“可以在他的共同体中分配土地，可以在成员中征兵役”，他还“控制社会剩余产品和物资与人力资源，在有些个案中，甚至对人民有生杀予夺之权”。更重要的是，酋邦首领的权力不受部落成员的制约，人们相信他的统治权力是“神灵赐给”的。概言之，酋邦社会的权力结构同国家已十分相像，而事实上，在这些社会的国家进程中，国家权力正是直接从酋长即酋邦首

❶ 陈明：《儒学的历史文化功能》，学林出版社1997年版，第12页。

领权力演变而来的。[1] 所以，在中国古代“文明和国家起源转变的阶段，血缘关系不但未被地缘关系所取代，反而是加强了，即亲缘与政治的关系更加紧密地结合起来。”[2] 这也就是史学界非常流行的“宗君合一”说。在这种国家形态产生之初，原先的酋长首领的权力被承认和转移下来与政治权力合而为一，而作为宗族酋邦首领的血缘身份依据被移植到新的国家政权形态之上并成为这一政权之合法性依据之一。同时，这种本来源于血缘身份的权力又被赋予“天授”的神威，于是又将族权与神权合一，为新的国家政权形态的合法性找到了第二个依据——天命。当然，从逻辑上来看，族权与神合一，天命可以有所“授”，自然也可以有所不授。至少这种认识在周公时代已经存在，周公提出“惟命不于常”的观念。敬奉天命，爱护小民，勤于政事，便可得到天命之保佑，若“酣身厥命，罔显于民”，引起天怒民怨，则将被天命所罚，而降丧与之。周兴殷亡就是天命的体现。所以，必须“敬天”，敬天就是“德”。故周公要“明德慎罚”，“明德”即“不敢侮鳏寡、庸庸、祗祗、威威、显民，”[3] 不侮鳏寡是氏族社会保护其宗族成员的传统；用可用者，敬当敬者，维护长者的威严，以此道显示于民。其目的，在得宗族、民众之心。这就是“德”。当然“恭行天之罚”是接受天之命，也是“德”。对于被征服的宗族，不去破坏他们原有的宗族传统，周公诰命康叔，在殷虚要“启以商政，疆以周索”，封唐叔于夏虚，则要求“启以夏政，疆以戎索”，[4] 这又是“德”。就像《礼记·王制》所曰：对被征服的宗族要“修其教不易其俗；齐其政，不易其宜。”这便是“德”。

要之，如果说西方古代国家起源中的决定因子是财产加传统，故西方国家政治的发展走向是“富人的民主”，那么，中国古代国家起源则是由宗族酋邦直接演变而来，宗族首领（酋长）的权力直接演化为国家君主的权力，并因其受之于“天命”（天与血缘的祖先往往被认为是同一东西）而至高无上，所以，中国古代国家的起源是血缘加

[1] 谢维扬：《中国早期国家》，浙江人民出版社 1995 年版，第 73 页。引号中内容，乃谢氏引哈维兰《当代人类学》第 467、477 页。

[2] 张光直：《中国青铜时代·二集》，三联书店 1990 年版，第 118 页。

[3] 《尚书·康法》。

[4] 《左传·定公四年》。

传统。不同的是，西方的传统是来自部落联盟体制下的“公共权力”即“民主传统”，而中国古代之传统，则是酋长独断专政的“专制传统”。故中国国家政治发展走向是“父家长（即君主）的专制”。[1]正因为在中国君主权力被解释为来自天命的至高无上性，必须受到敬重。这便使“德”的产生有了理论基础，敬天命就是德。这也是古代人们服从君主法律和命令的原因，也正是“德”成为古代中国政治之基础的原因。

据《说文》，德者：

外得于人，内得于己也。

则所谓“德”有内外之分。“外得于人者，恩悳之悳；内得于己者，道悳之悳”。道德之德在于“内得”，即知天命和敬天命。恩悳之德则在于施，即是行德，行天命，维护乃至执行天命便是德。表现在现实的政治运作上，服从和维护“天命”之传统，就是体现了德。因而也就有了“德”的政治基础。王国维的名著《殷周制度论》断言：

中国政治与文化之变革，莫剧于殷周之际。周人制度之大异于商者，一曰立嫡之制，由是而生宗法及丧服之制，并由是而有封建子弟之制，君天子诸侯之制。二曰庙数之制。三曰同姓不婚之制。此数者皆周所以纲纪天下，其旨则在纳上下于道德，而合天子、诸侯、卿、大夫、士、庶民以成一道德之团体。

且不论王氏对殷周之异的论断是否准确，但他将周制之天子、诸侯、卿、大夫、士至庶民的阶级分化、名之为“纳上下于道德”之“道德之团体”，则堪称精当。此道德，即是周之为周的政治依据。也为后世树立了政治行政之标本。《左传·宣公三年》载：

楚子伐陆浑之戎，遂至于洛，观兵于周疆。定王使王孙满劳楚子。楚子问鼎之大小轻重。对曰：“在德不在鼎。昔夏之方有德也，远方图物，贡金九牧，铸鼎象物，百物而为之备。……用能协于上下以承天休。桀有昏德，鼎迁于商。商纣暴虐，鼎迁于

[1] 谢维扬《中国早期国家》第76页云：由氏族模式形成的国家，至少在其最初的发展上，倾向于形成一种民主型政治运行机制。而对于酋邦模式来说，倾向于形成专制型的政治运行机制。可参见。

周。德之休明，虽小重也；其奸回昏乱，虽大轻也。天祚明德，有所底止”。

鼎是象征天命之王权的。而天命的意志又是以德为“枢轴”，即“天祚明德”。所以从根本上来说，政治权力的存在兴替，“在德不在鼎”，鼎作为权力之象征是随德迁移的。[1]

公元前209年，陈胜、吴广诈称公子扶苏、项燕，号称大楚，起兵反秦。为何要诈称扶苏、项燕呢？按陈胜自己的话说：

今诚以吾众诈自称公子扶苏、项燕，为天下唱，宜多应者。[2]

又何以“宜多应者”呢？陈胜作了如下分析：

天下苦秦久矣，吾闻二世，少子，不当立，当立者乃公子扶苏，扶苏以数谏故不得立，上使外将兵，今或闻罪，二世杀之，百姓多闻其贤，未知其死。项燕为楚将，数有功，爱士卒，楚人怜之或以为在。

首先扶苏乃秦皇室之长子，符合立嫡长之传统。其次，他对秦之暴政多所进谏，是暴政的反对者，自然是代表了“明德”的力量，故“百姓多闻其贤”，项燕有幸“当选”则出于他世为楚将的家世传统。当然，陈胜没有忘记做另外一件很重要的准备，这就是“鱼腹丹书”和“神祠狐鸣”的把戏。这一招也果然灵验，一夜之间就把陈胜打扮成了一个天将受大命于斯人的“神奇”人物，余下的只剩登基大宝做“真命”天子了。

起义部队很快占领了陈，陈胜便召集这里的三老豪杰“皆来会计事”，三老豪杰皆曰：

将军身被坚执锐，伐无道，诛暴秦，复立楚之社稷，功宜为王。

陈胜乃立为王，号张楚。陈胜之为王，“被坚执锐，伐无道，诛暴秦，”是其功，而“复立楚之社稷”则是其德。此后项羽、刘邦起兵反秦，立楚怀王为主，这是“德”，而项羽弑楚怀王，刘邦以此为

---

[1] 陈明：《儒学的历史文化功能》，学林出版社1997年版，第27～28页。
[2] 《史记·陈涉世家》。

反项羽的重要口实，此亦为“德”。田余庆先生曾说：

> 陈胜张楚之立，可以说是诸侯旧地皆王的开端，是兴灭国；项梁立楚怀王可以说是诸侯王室后人皆可复兴的标志，是继绝世。

“兴灭国，继绝世”就是德。然而，诚如田余庆先生紧接着所指出的：

> 陈胜走一步，项氏再走一步，这两步连在一起，使一场农民反秦暴政的战争，无可避免地转化为诸侯合纵攻秦。[1]

由此可见，此“德”实乃“周德”，即是“帝业回归于王业”，[2]是六国之复辟。赵王张敖不许其相贯高、赵午刺杀刘邦时曾说：“且先人亡国，赖高祖得复国，德流子孙，秋毫皆高祖力也，愿君无复出口。”[3] 张敖此言“德流子孙”，即是请即位疏中所言的“大王德施四海”之“施恩之德”。张敖是上疏共推刘邦登上皇位的被分封的异姓王之一，他的此番言论颇能代表这批受封者的心理。其实，早在楚汉激战正酣，刘邦有点吃不住劲的时候，就曾对张良言道：“吾欲捐关以东等弃之，谁可与共功者?”[4] 师古注曰：“捐关以东，谓不自有其地，将以与人，令其立功，共破楚也。”师古的解释是非常符合刘邦原意的，这实际上就是众异姓王推戴刘邦登基时上疏所言“德施四海”者也。刘邦加惠于诸侯王有功者“使得立社稷”即是“德”。

当然，刘邦之“德施四海”，并不是对旧有秩序的简单恢复。如汉三年，刘邦被困于荥阳，郦食其进言：

> 复立六国之后，此皆争戴陛下德义，愿为臣妾。德义已行，南面称伯，楚必敛衽而朝。

此建议受到张良的激烈批评，其中重要的一条理由曰：

> 且夫天下之游士，离亲戚，弃坟墓，去故旧，从陛下者，但日夜望咫尺之地。今乃立六国后，唯无复立者（师古注：既立六国后，土地皆尽，无以封功劳之人，故云无复立者），游士各归

---

[1] 田余庆：“说张楚”，载《历史研究》1989年第2期。
[2] 田余庆：“说张楚”，载《历史研究》1989年第2期。
[3] 《史记·张耳陈余列传》。
[4] 《汉书·张良传》。

事其主，从亲戚，反故旧，陛下谁与取天下乎？……诚用此谋，陛下事去矣。

一席话点醒刘邦，直骂郦食其"竖儒，几败乃公事。"❶

不过，张良所谓"日夜望咫尺之地"实于郦食其主张分封的精神是一致的，不同仅仅在于，分封的对象不应是六国后裔，而应该是跟随刘邦南征北战的将士和谋士。对于张良的意见，刘邦是感同身受的，其实，经过七年多反秦战争和楚汉战争的洗礼，刘邦的头脑中接受了越来越多的分封意识。在楚汉战争中和胜利后刘邦论功分封，即满足了他的麾下文臣武将的富贵利禄之心，又兑现了自已酬答功臣的诺言，反映了君臣的共同心声，展现的恰恰是那个特定时代的价值观念❷。事实上，这个价值观念，完全是古代社会传统的道德精神的时代体现。由此可见，刘邦之施"德"，只是在新的政治格局下对"德"之传统精神框架的继承和运用，其具体内容已发生了根本性的变革，道德的施行者已从传统的王公贵族，转变为新的平民王政，是"旧瓶装新酒"。由此也构成了西汉建立以后，全新的政治阶层对社会资源的占有和分配。

二、"白马之盟"与汉初政治阶层的构成分析

从刘邦定陶即位，到平定异姓诸侯王，与大臣共立"白马之盟"，可视为汉初政治模式的调整时期。"白马之盟"后确立的政治模式，可说是为两汉四百年乃至秦汉以后中国封建社会政治模式的奠基。安作璋、孟祥才曾指出：

实际上，更确切的表述应该是：二千年之政，汉政也；二千年之学，汉学也……因为正是汉朝较多地从经济、政治、思想上损益了秦政与社会发展的不适应部分，奠定了后来历代中国封建皇朝所遵循的基本模式。❸

问题在于，汉初为什么会出现以血腥的屠杀、族灭异姓诸侯王为代价的政治模式的重新调整？要知道，分封制度仍是符合这一特定时

❶ 田余庆："说张楚"，载《历史研究》1989 年第 2 期。

❷ 安作璋、孟祥才：《汉高帝大传》，河南人民出版社 1997 年版，第 217 ~218 页。

❸ 《汉高帝大传》，前言第 2 页。

代的价值观念的一种政治模式。是为君臣一致接受并认为是顺理成章的。何以仅仅数年之间，这套政治模式就匆匆让位于“非刘氏而王，天下共击之”的政治原则呢？这是否意味着对刘邦建汉的政治基础之否定呢？

首先来看“白马之盟”所反映的政治动向。

《汉书·高惠高后文功臣表》：

> 封爵之誓曰：“使黄河如带，泰山若历，国以永存，爰及苗裔。”于是申以丹书之信，重以白马之盟，又作十八侯之位次。

师古注“白马之盟”曰：“谓刑白马歃其血以为盟也。”关于“白马之盟”的具体内容，据《史记·吕后本纪》载，吕后欲王诸吕，王陵廷争曰：

> 高帝刑白马盟曰：“非刘氏而王，天下共击之。”今王吕氏，非约也。

又据《史记·周亚夫传》载周亚夫反对景帝封王皇后兄王信为侯，曰：

> 高皇帝约，“非刘氏不得王，非有功不得侯，不如约，天下共击之。”今信虽皇后兄，无功，侯之，非约也。

此事在《汉书·外戚恩泽侯表》亦有明确记载，其文曰：

> 汉兴，外戚与定天下，侯者二人，故誓曰：“非刘氏不王，若有无功非所置而侯者，天下共诛之。”是以高后欲王诸吕，王陵廷争、孝景将侯王氏，条侯犯色。

据此所谓“白马之盟”的内容可归纳为以下几点。其一，王与侯之分封之权，只能在皇帝一人（非上所置……云）；其二，封王只能在刘氏皇族内进行；其三，封侯者必有功，“无功、侯之，非约也。”其四，若违反上述誓约，天下共击之。[1]不难看出其核心内容实质上是在于为如何处理刘氏皇族与功臣之间的政治关系，找到一个稳妥又可以为双方都接受的政治模式。因为血淋淋的诛杀异姓王的现实，就发生在刘氏皇族与开国功臣们的眼前。教训不可谓不深刻。

---

[1] 李开元：《汉帝国的建立与刘邦集团》，三联书店2000年版，第192~193页。

被诛杀的异姓王，他们一则跨州连郡划地自治，一则自领军队手握重兵，这些都使刘氏皇帝如芒刺在背，实际上也形成了半独立的割据政权，对西汉中央政府构成了严重威胁。在楚汉战争中崛起的韩信之类实力派军人抱着裂地分封、子孙永享的观念，要求已经得到的土地和权利。不过这种要求是与刘邦原来的意图南辕北辙的。事实上，刘邦之分封异姓王，尽管说在理念上是符合当时整个时代的价值观念的，尤其是对那些希望通过分封来达到列土称王目的的臣子们来说，这种价值观念所具有的诱惑力是不言而喻的。如韩信就一再强调："以天下城邑封功臣，何所不服。"❶ 这恰如韩非所说"臣尽死力以与君市，君重爵禄以与臣市。"❷ 这种观念在当时是颇具时代特征的。但是，从刘邦分封几个异姓王，尤其是韩信、英布、彭越三王的情形来看，与其说是刘邦那个时代特定的价值观念的反映，莫如说更多的是出于一种权宜之计。韩信可以两次以拒不出兵相要挟，向刘邦要求封号，实是最典型的说明。另外异姓诸侯王所抱有的列土分封、子孙永享的观念又与汉皇朝加强专制主义中央集权的政治现实相悖谬。其结果就是短时间内，众多的异姓诸侯王被逐一诛杀，罪名当然无一例外均是谋反。仅剩下一个实力单薄又颇为忠心的长沙王吴芮，又延续了五世，最终因无嗣而废除。

异姓王势力被铲除，尽管对刘氏皇室的最大威胁已不复存在。但汉皇权的统治秩序并没有因此而得以理顺。如何尽快和以什么样的方式补充异姓王被铲除而留下的地方统治的空缺，另外，如何在新的政治框架之下安置随刘邦建立政权的军功集团成员们，这些问题还摆在刘邦面前。显然，刘邦建汉的政治基础之一是在七年的反秦和楚汉战争中建立的不世之功，而这些武功的取得，自然离不开随刘邦征战的军事将领们。这其中的一等功臣被封王，接着又被逐一诛杀了，这反映了受封的异姓诸侯王与汉皇朝之间不可调和的矛盾。然而，军功集团毕竟是汉初政治的支柱。这就使得汉初军功集团与汉皇室之间实际上存在既对立又相互依存的关系。作为严重威胁汉皇朝中央集权的异姓诸侯王代表了双方关系对立的一面，这主要反映在异姓诸侯王的地

---

❶《汉书·韩信传》。

❷《韩非子·难一》。

方割据色彩与中央集权的矛盾。而另一方面，汉初从中央到地方的政权，又事实上掌握在军功大臣之手，在当时的历史条件和政治框架之下，还不可能有一个全新的阶层来取代军功大臣在汉初政治框架中的地位，所以刘氏皇朝与军功大臣之间的关系只能是一种分享政权的关系。这里实质上存在一个刘氏皇朝在多大程度上可以接受与军功集团分享政治权力的问题。也是军功大臣在多大程度上愿意和可能与刘氏进行政治合作和分享政权的问题。这就是“白马之盟”之所以产生的历史背景。

“白马之盟”按师古的解释，是“刑白马歃其血以为盟也。”盟，即为盟约、约信。是春秋以后尤其是战国时代伴随着合纵连横的霸业政治而流行的一种政治结盟方式。田余庆在《说张楚》[1] 一文中，精当地分析了陈胜首倡到楚汉战争时期的政治关系：

> 陈胜张楚之后，可以说是诸侯旧地皆王的开端，是兴灭国；项梁之楚怀王，可以说是诸侯王室后人皆可复兴的标志，是继绝世，陈胜走一步，项氏再走一步，这两步连在一起，使一场农民反秦暴政的战争无可避免地转化为诸侯合纵攻秦。

事实上，秦降于楚，“亡秦必楚”的预言终于应验了，然而，“这一结果都是帝业回归于王业，要想再造帝业，必须经过一场严重的斗争，这就是刘邦、项羽之战，这场战争，在一定程度上又似当年的秦灭六国。”[2] 而在刘项之间的楚汉战争期间，刘邦集团的组成，在一定程度上，也延续了以往“诸侯合纵”的传统，刘邦迫于战争压力而分封异姓诸侯在一定程度上也是顺应这一传统的无奈之举。田余庆上文引《义门读史记》卷一三冯钝吟曰：

> 楚兵初起，忧在亡秦，须立六国以树党。六国立，则秦已失天下，独有关中耳。秦已灭，则患在诸侯，尽徙故王王恶地，羽之谋也。此亦有不得已者，但不知桓、文处此当何如耳。

其实，以冯氏此论言刘邦灭项羽之楚后的政治形势，也颇有相似之处。所以有论者以为“西汉初年，政治关系回归于霸业，刘邦与功

---

[1] 田余庆：“说张楚”，载《历史研究》1989 年第 2 期。

[2] 田余庆：“说张楚”，载《历史研究》1989 年第 2 期。

臣间用旧时之传统形式结盟求信，乃是其时代特征之自然反应。”因而“不管是从形式和内容的分析，还是从其实际运用上看，白马之盟都不是命令，而是双务契约的一种，即上下关系者间的双务契约。在这种契约中，结约者间的上下关系，与双方对于权利和义务的信守关系并无矛盾，也就是说，上下关系和双方契约关系在该契约中并存不悖。”❶

日本学者大庭修注意到与“白马之盟”关联极为密切的另一则诏令，即汉十二年三月诏：

> 吾立为天子，帝有天下，十二年于今矣。与天下之豪士贤大夫共定天下，同安辑之。其有功者上至之王，次为列侯，下乃食邑。而重臣之亲，或为列侯，皆自置吏，得赋敛，女子公主。为列侯食邑者，皆佩之印，赐大第室。吏二千石，徙之长安，受小第室。入蜀汉定三秦者，皆世世复。吾于天下贤士功臣，可谓无负矣。其有不义背天子擅起兵者，与天下共伐诛之。布告天下，使明知朕意。❷

“吾于天下贤士大夫功臣，可谓无负矣。”实际上是刘邦对自己登基以来政治原则的总结，以诏令的形式诏告全国，当然也会有让继位者“按既定方针办”的政治嘱托的意味在其中。如果说，这条诏令是面对全国臣民的政治宣言，那么“白马之盟”则是刘邦与他的核心层军功大臣之间的一种契约。正如大庭修所言：“诏书是对扩至天下的宣言，约束（白马之盟——引者注）则是与诸侯王及列侯一起刑白马而盟的盟约。”❸

就参加盟约者而言，有皇帝、诸侯王及列侯三方，然他们代表的只是刘氏皇族与军功大臣两大势力。从当时的政治理念来讲，刘邦建汉“惩亡秦孤立之败”，接受分封制，但异姓诸侯王制的政治割据性又是刘邦所无法容忍的，在异姓王被铲除的同时，刘邦遂着手分封同姓，从高帝六年以后，汉所分封的诸侯王国共十国，皆为同

---

❶ 李开元：《汉帝国的建立与刘邦集团》，三联书店 2000 年版，第 190～191 页，第 193～194 页。

❷《汉书·高帝纪》。

❸［日］大庭修：《秦汉法制史研究》，林剑鸣等译，上海人民出版社 1991 年版，第 213 页。

姓。同时，从文帝元年十二月，刘邦首批封曹参等二十余人为列侯，至正月，又封萧何、张良等第二批功臣十九人为列侯。事实上，高帝十二年由“白马之盟”所确定的汉之分封原则在汉六年就已经在具体的实施之中。

那么，为什么又要有汉十二年的“白马之盟”呢？笔者认为，这是刘邦预感到自己将不久于世，在为自己身后计划，希望以此来确立一种政治模式，来稳定刘氏宗室与军功大臣之间的政治关系：一方面保证刘氏宗室的分封王的特权。另一方面保证了军功大臣阶层在汉皇朝政治中的支柱地位。从这个意义上来说，刘汉王朝建汉的政治基础并未发生根本性的变化，“非刘氏而王，天下共击之”的政治原则取代异姓诸侯王之分封，只是对在这一政治框架之下的角色，所作的一些微调而已。因为军功者仍然可以得到封爵，只是封爵的档次由王而侯。由此尽管带来从此以后军功大臣不得列土专地的结果，但从另一方面看，军功大臣却从容掌握着汉中央朝政到地方郡县统治的大权。事实上，这一批军功势力为保证自己在中央政体中的地位，很自然地成为中央集权体制的拥护者和执行者，因而，也成为随之而起的同姓诸侯王割据势力的最大的反对者。实际上，以后同姓诸侯王的反叛，如七国之乱都是依赖了这批军功大臣才得以平定的。

可以说，刘邦与军功大臣订立“白马之盟”，实质上，就是以中央到地方郡县的行政权力为代价，来换取军功大臣对刘氏天下的支持和拥戴。是刘氏皇族与军功大臣的双务性的盟约：非刘氏不得王，是功臣对刘氏天下的承认和支持；非功不得侯，则是刘氏皇族对军功大臣们的承诺。当然刘邦尽管也意识到大批分封同姓王也可能造成这些地方诸侯王势力尾大不掉，乃至反叛中央皇朝的可能，如他在封刘濞为吴王时所表现出的那一份忧虑：“汉后五十年东南有乱，岂若邪？然天下同姓一家，慎无反。”[1] 但是刘邦还是宁可相信“天下同姓一家”，对同姓王对汉皇权的屏障和保护作用抱有信心或者说希望。

总的看来，“白马之盟”实际上可看作是刘邦对建汉以后政治理念和政治实践的一个总结。以此为标志，刘邦一手建立起一套中央集

---

[1] 《汉书·吴王刘濞传》。

权体制下郡国并行的政治模式。在这一模式中实施政治运作的政治阶层可简单地划分为刘汉宗室和军功阶层两大类。其中的宗室成员凭借同姓诸侯王的分封控制着大半个王朝的土地，军功阶层的高层，得以分封列侯，虽不得列土专地，但却占据着汉中央或王国政治之要津，成为汉初政治的实际操纵者，其中下层则散布在中央机关和郡县政府之中，成为汉皇朝政治的支柱。到高后二年“复诏丞相陈平尽差列侯之功，录弟下竟，藏诸侯宗庙，副在有司。始未尝不欲固根本，而枝叶稍落也。”[1] 这次命陈平整理列侯功籍藏于宗庙，并由专门的职能机构掌握副本，可看作是对“白马之盟”的具体实践吧！

三、吕氏外戚集团之沉浮

汉初数十年，除刘氏宗室和军功大臣集团之外，曾一时活跃在汉初政坛的还有一支重要的政治势力，这就是吕氏外戚集团，这是两汉时期第一次出现的外戚豪族集团。总的来看，这一集团的崛起是与刘邦生前和军功大臣所定立的“白马之盟”的政治原则相违背的，这必定会激起吕氏集团与刘氏宗室和军功大臣集团之间的矛盾，也就在一开始便注定了吕氏集团最终覆灭的结果。

吕氏集团的核心人物是汉高祖刘邦的结发妻子吕后——吕雉。当刘邦在丰沛起兵反秦时，吕雉的宗族几乎全部参加了这支姻亲的队伍。吕雉的两个哥哥吕泽、吕释之都做了刘邦军中带兵的将领，战争胜利后，他们二人都因功封侯。但吕泽在汉九年（公元前 198 年）先于刘邦死去，吕释之也在惠帝三年（公元前 192 年）去世。这二人是吕氏集团中最早封侯的，他们之封侯，尽管也靠了身为刘邦姻亲的关系，但多半还是因为他们是从刘邦起事的元勋，也建有一定的军功，在汉初军功集团中占有一席之位，不可视为普通的外戚。

吕氏外戚集团的兴起，最早也要在刘邦死后。刘邦建汉后，对几乎遍布整个关东的异姓诸侯王的势力始终有芒刺在背的强大威胁感。一直到刘邦生前的最后一刻，他的精力始终主要放在对异姓王的杀伐上，终于在他的有生之年基本上解决了这一一直困扰着他的大问题，也为他的继位者扫除了一大隐患。然而，令他不得不接受

---

[1] 《汉书·高惠高后文功臣表》。

的现实是军功大臣集团对皇朝从中央到地方政治的控制，而且，除了这批一起打江山的下属和臣子，他也不可能再有其他人可以依靠，这使刘邦深感他身后刘氏之安危必然会系于这批军人的手中，于是，在他即将离开这个世界的前夕，匆匆与心腹的军功大臣订立“白马之盟”的盟约，也许是怀着满腹的忧虑舍下了自己亲手缔造的帝国大业。

刘邦死后太子刘盈即位，是为惠帝。惠帝在位七年，政事实际上已全由吕后决定，惠帝只是名义上亲政。他即位之初，对母亲在对待戚夫人母子时所表现出的毒辣和残忍感到莫名的悲愤，他让人转告母亲：

> 此非人所为，臣为太后子，终不能治天下。❶

从此，这位宅心仁厚，又性情懦弱的年轻君主，终于选择了一种消极的近乎自虐的方式表示了对吕后的不满，“日饮酒为淫乐”，结果早早地结束了自己的生命。死时他只有24岁。惠帝死后，吕氏实行“临朝称制”。但此时吕氏的势力还未开始向汉皇朝政坛的核心层发展，军政首要，完全由军功大臣集团的王陵、陈平、周勃、灌婴四人充任。不过，吕后在此时已决心扶持吕氏势力，来作为自己的依靠。因为除了惠帝外，吕氏再无亲子，惠帝的死或许使吕后感到了从未有过的空虚和无援。这时的她能想到和依靠的只能是自己的吕氏宗亲。实事求是地讲，扶持诸吕是这位“临朝称制”的女主在当政期间决策的一个重大失误。但依当时的政治现实这可能是吕后的唯一选择。

吕后扶持诸吕，第一步就是提高吕氏的政治地位，封吕氏宗亲兄弟子侄为王或侯。当吕后召集朝臣议论此事时，只有右丞相王陵以高帝与大臣“非刘氏而王，天下共击之”的“白马之盟”的盟约为由表示反对。吕后便转而向陈平、周勃征求意见，得到的答复是：

> 高帝定天下，王子弟；今太后称制，欲王昆弟诸吕，无所不可。❷

---

❶《汉书·外戚传》。

❷《汉书·王陵传》。

得到陈平、周勃的支持，吕氏得以顺利地封王封侯。从惠帝死去，到吕后病逝，八年之中，吕后共在其宗亲兄弟子侄中封了吕台、吕嘉、吕产、吕禄、吕通以及吕后的外孙张偃六人为王，又封吕种、吕平、吕他、吕更始、吕庄等十余人为侯。吕氏宗族中的男子几乎都得到封侯的爵赏，成了一个大贵族豪族。吕后实现了分封吕氏的第一步目标，便设法使诸吕掌握实际的军政大权。但这一目标似乎一直到高后八年，吕后临终前才最终实现。在此之前朝中要津一直控制在陈平、周勃这班军功大臣手中。此时，陈平代王陵任右丞相，王陵因当面廷争，被吕后调任太傅架空起来，愤然辞官，从此淡出汉初政坛，周勃也保住了太尉的职务，吕后的亲信大臣审食其则迁升至左丞相之位，成了帝国政府的第二号首脑，但因其"得幸太后，常用事，公卿皆因而决事"，[1]一时权倾朝野。反观诸吕虽然得以封王封侯，但似乎并未真正掌握皇朝军政大权。按《汉书·外戚传》的记载：

吕后持天下八年，病困，以赵王（吕）禄为上将军居北军，梁王（吕）产为相国居南军，戒产、禄曰："高祖与大臣约，非刘氏王者天下共击之，今王吕氏，大臣不平。我即崩，恐其为变，必据兵卫宫，慎毋送丧，为人所制"。

可知，吕禄为上将军，吕产为相国，分别控制南北军，只是吕后为防止她死后，诸吕被制而作的临时决断。按照司马迁的说法，吕后设法将诸吕安排在朝政要职，而首倡此议者，是张良十五岁的儿子张辟强。《史记·吕后本纪》载：

七年秋八月戊寅，孝惠帝崩。发丧，太后哭，泣不下。留侯子张辟强为侍中，年十五，谓丞相曰："太后独有孝惠，今崩，哭不悲，君知其解乎？"丞相曰："何解？"辟强曰："帝毋壮子，太后畏君等。君今请拜吕台、吕产、吕禄为将，将兵居南北军，乃诸吕皆入宫，居中用事。如是则太后心安，君等幸脱祸矣。"丞相乃如辟强计。太后悦，其哭乃哀。吕氏权由此起。

司马迁此说，视军国大事太过儿戏。破绽颇多，并不足采信。傅

[1] 《史记·吕太后本纪》。

乐成对此有精致的分析，可以参见。[1]

吕后一死，情况立即发生逆转。原本在吕后健在之时，凭借着她的威望、权势和智谋，尤其是她身为太后所拥有的无上权力，对吕氏宗族来讲自然形成了一个保护伞，谁也奈何不得。所以陈平、周勃等人，对吕氏宗族的兴起也只能用虚与委蛇的办法给予应付。而不是给予正面的对抗。就像陈平回答王陵的当面责难时所言："于面折廷争，臣不如君；全社稷，定刘氏后，君亦不如臣。"[2] 看来他们在保存自我寻找时机。吕后的死，无疑是铲除吕氏外戚的好时机。偏偏这位足智多谋的女主，在临终之前，把中央禁军的统辖大权交给了自己的宗亲子弟。这不但让吕氏掌握了实权使周勃的太尉，陈平的丞相变成摆设，而且给军功大臣们铲除吕氏的计划增加了很大的难度。不过，吕后宗亲的这些子弟，其才智和胆略，实在是较他们的这位女长辈差得太多，徒有兵权，都终落得束手待擒、宗族尽灭的下场，这恐怕也是吕后生前最为忧虑也最不愿看到的结果。可是，平心而论，这一后果不正是吕后自己埋下的种子吗？

那么，吕后扶持诸吕又意欲何为呢？后世对此议论颇多。举凡都以为吕氏意在危刘氏之社稷。其实，这种议论是颇欠公允的。倒是清儒赵翼在《廿二史札记》卷三《吕武不当并称》条中对此有较为允当的议论。他的看法归纳起来有三点：第一，吕后并无以吕代刘的意图；第二，吕后之扶持诸吕，乃是因为孝惠死后，吕后本人没有亲嫡子孙可以扶持，而且其用意是怕吕氏在她死后受人之制；第三，吕氏对刘氏宗室子弟一般采取政治合作的态度，大批地封王拜侯，又"吕氏有女，不以他适而必以配诸刘，正见后之欲使刘吕常相亲。"当然，吕后的这番安排，尽管用心良苦，但却是徒劳无益的。用意虽佳，结果却适得其反。最根本的一点，是她对扶持吕氏可能造成的与军功大臣和刘氏宗室的矛盾及其尖锐性缺乏足够的估计，当她在临终之前，意识到了问题的严重性，并做出了尽可能的安排，但已为时晚矣。

说到底，军功集团与刘氏宗室在"白马之盟"的政治原则下，结成了一个牢固的政治同盟，分享大汉皇朝的政治权力。这一原则建立

---

[1] 傅乐成："西汉的几个政治集团"，载韩复智主编《中国通史论文选辑》（上）第三编，南开书局1984年版。

[2] 《汉书·王陵传》。

的政治基础，即是前节所论的“德”与“功”。吕氏宗亲终究是不具备这一政治基础的，他们凭空想从这一政治同盟中分享一部分权力，与军功集团和刘氏宗室发生冲突，自是必然之事。这次冲突和最后的大火并，最根本的原因在于政治权力的争夺，所谓“安刘”之功，乃是欺人之谈。

第二章　军功集团：平民王政的政治支柱

汉承秦制。从中央政权结构看，其设置基本上沿用了秦王朝首创的三公九卿制。汉王朝之三公九卿根据其起源与职掌不同，大致可以划分为管理国家日常政务的政府机构和负责皇室事务的宫廷机构两大部分。至于三公九卿，不必拘泥其三九之数，也不必拘泥其一定的名谓，在两汉四百年历史中，其中的变化相当的繁杂。一般而言，西汉初年的三公，指丞相、太尉、御史大夫，九卿多指俸禄在中二千石以上的中央主要官僚机构的长官，如奉长、郎中令、卫尉、廷尉、典客、少府、中府、治粟内史等，总之三公九卿可理解为中央政府主要官僚的泛称就可以了。关于这一点，学界已有共识。杨鸿年先生在《汉魏制度丛考》❶ 中对汉魏制度，尤其是宫省制度作了系统的解析，他指出，汉朝中央职官的设置，可以分为三类：第一类可以叫作省官，即在省中（禁中）工作或其关系与省内特别密切的官吏；第二类叫做宫官，即设在省外宫内的官吏；第三类叫做外官，即设在宫外的官吏。杨先生的分类法既考虑到了中央官僚机构的职能划分，又首次将空间结构因素引入官制研究之中，实乃其治史之高明创见。将杨先生的分类与政府、宫廷的两大机构的分类法相参照，省官和宫官两类，因其机构多在宫中，以帝后为中心，大致属于宫廷机构，主要负责皇室事务。而外官则相当于政府机构。

政府机构，以丞相府为中心，辅以太尉、御史大夫以及九卿中的廷尉、卫尉、治粟内史、典客等，分掌军事、司法、经济、外交等行政事务，是国家行政运作的核心。宫廷机构由九卿中掌握皇室事务和皇宫宿卫的主要官员，如奉常、宗正、太仆、少府、卫尉、郎中令等

---

❶ 杨鸿年：《汉魏制度丛考》，武汉大学出版社 1985 年版。

以及皇帝的亲近侍从官员，如尚书、常侍、给事中等构成。以帝后所在之长乐未央两宫为核心，构成以帝后为中心的宫廷。当然，这种划分只能是在静态的机构设置上的划分法，事实上，在现实的行政运作中是不可能截然分开的。比如汉初的丞相，统制百官，国家事务事无巨细都在其节制之下。再如，汉初实行朝会制度，有资格参加朝会的高级官员都有参加国事的讨论和国策的制定权力，很难按其职务，将其行政职掌截然分开。这也反映了在汉初中央行政还未发展到后世那样严密的程度。

汉初之地方行政结构则基本上是实行郡国并行之制，这是汉政与秦制主要不同之一。汉初实行分封诸侯王制，由异姓到同姓，中间经历了残酷之杀伐，到刘邦死前，基本上废除了异姓诸侯王，并与军功大臣们订立“白马之盟”的盟誓：非刘氏不王，非功不侯。同姓诸侯王势力在汉初占据了大汉皇朝地方统治的绝对优势。随着汉初后期，景帝时期尤其到武帝时期削藩政策的实行，王国政治地位逐渐下降，郡县的比重大增。

汉初，中央政权形成政府行政和帝后的宫廷两大机构的划分以及地方行政郡国并行之制的实行，是与汉皇权建立之政治基础相适应的。简单说，这是汉初军功集团与刘氏皇室依据在创建政权过程中所形成的双务性的政治契约，为实现双方的约信和承诺而达成的对政权分享之结果。实际上，汉初刘邦君臣所建构的是一种皇权、政府和王国三分天下的政权结构。在这种政权结构之下，掌握政权，执行政治运作分别是皇帝、刘氏宗氏和军功大臣集团。当然并不是三者各行其是，而是三者的联合专政。

一、汉初的相位与相权

《汉书·百官公卿表》：丞相：

> 掌丞天子助理万机。秦有左右。文帝即位，置一丞相，十一年更名相国，绿绶。孝惠，高后置左右丞相，文帝二年复置一丞相。

丞相一职掌承天子助理万机，几乎无所不统，权力最重，为汉初第一位高官。《后汉书·百官志一》注引应劭曰：

丞相旧位在长安时，府有四出门，随时听事。……国每有大议。天子车驾亲奉其殿，殿西王侯以下更衣并存，每岁州郡听采长吏臧否，民所疾苦，还条奏之，是为之举谣言者也。

又引干宝《周礼注》曰：

《礼》，司徒（即汉初丞相）府中有百官朝会殿，天子与丞相决大事，是外朝之存者。

“可见当时不仅皇帝之未央宫中有殿，丞相府中也有百官朝会殿。皇帝要和丞相议论国家大事，还要亲临其殿”。[1] 其职权之大，地位之尊可以想见。陈平说：“宰相者，上佐天子理阴阳，顺四时，下育万物之宜，外镇抚四夷诸侯，内亲附百姓，使卿大夫各得其任职焉，”[2] 其职责所在上自天时，下至人事。正因为职事繁重，丞相府拥有属吏三百余人，是中央最大的官府机构，据《汉官仪》：

武帝元狩六年，丞相吏员三百八十二人。

《汉官仪》所载乃武帝时的情况，汉初丞相地位远比武帝时期为高，想必这时丞相属吏之规模当不在此时之下。丞相为百官之长，依秩第一。丞相之下，为太尉，地位仅次于丞相，分工掌武事。从职分上看，权力也很重。但由于当时丞相无所不统，武事亦属丞相之职掌范围，因此，太尉一职也不常设。从太尉周勃无府节不得入北军的情况看，身为最高军职的太尉，也并无实际节制兵力的权力。至于御使大夫则一向被认为是丞相之副二，即副丞相，职掌监察，权力也较重。从汉代行政运作机制来看，御使大夫作为丞相的副手，其府一般与丞相府并称二府，构成中央政府行政机构的核心。

由于丞相位高权重，是中央政府行政的中心，所以自西汉建立之初直到武帝朝以前都由军功大臣集团的中坚人物担任。他们依次为：西汉第一任丞相（相国）萧何，萧何以后为曹参、王陵、陈平、审食其、吕产、周勃、灌婴、张苍、申屠嘉、陶青、周亚夫、刘舍、卫绾。其中，除了吕产因吕氏外戚的关系为相一年终被杀身亡外，其他人都是军功大臣集团的成员，或他们的后代。这其中有一段时间，丞相分

---

[1] 陈仲安、王素：《汉唐职官制度研究》，中华书局1993年版，第2页。

[2] 《史记·陈丞相世家》。

左右两职，王陵、陈平，陈平、审食其，周勃、陈平都曾分任右、左丞相。到周勃免相，陈平为丞相，复为一人专任。

萧何举宗数十人从刘邦起事，建汉后评定功次第一，封侯食邑万户。是汉初军功大臣集团的第一号人物，他之任丞相，乃是自然的事情。汉初第二任丞相曹参，楚汉战争时，一直在前线指挥作战，身经百战，战功卓著，堪称武功第一，但汉初评定功臣秩次，刘邦以皇权作威压，擢萧何功第一已造成萧曹不和。也许是为了避免萧曹同朝共事，刘邦派曹参到齐国任相，把治理这一东方屏障的大权交给了曹参。萧何死时，曹参正在齐相任上，消息传到齐，曹参即刻“告舍人趣治行，‘吾切入相’，居无何，使者果召参。”[1] 曹参自以为萧何死后，继任相位者非己莫属，当然是有原因的。前文已述，汉皇朝之建立就是依靠了军功大臣集团，尤其是刘邦晚年与军功大臣之间的“白马之盟”更约定了刘氏宗室与军功大臣之间的政治契约，军功大臣集团掌握汉朝军政大权已是当时时代政权结构下的必然产物。萧何死后，军功大臣集团之中，资历、功劳可以与曹参相提并论者再无一人，所以，曹参继任相位乃是军功集团内论资排辈的当然结论。也说明汉初军功集团业已完全控制了政府和汉朝政权。

惠帝五年，曹参死于丞相任上，吕后将丞相一职一分为二，任命王陵、陈平为相。王陵是随刘邦起兵之元老，汉初功臣排名坐位在第十二位。他为人豪侠任气，在刘邦集团中深具威望。陈平追随刘邦较迟，到汉二年才加入刘邦集团，因而受到刘邦集团元老层的排挤，但陈平以其智慧权术，受到刘邦的赏识，得以在军功集团中立足，汉初功臣中排位第四十七位。陈平多智善变，长于审时度势，在吕氏封诸吕为王的问题上，他表现出很大的政治灵活性，迅速得到吕后的信任。被任命为左相。至于继王陵以后出任左丞相的审食其也是刘邦集团中的元老级人物，据《史记》《汉书》之记载，都暗示他与吕后关系暧昧，属于军功集团中的亲吕派。他与陈平入相，显然是和吕后的支持分不开的，但二人尚属汉初的军功中坚，他们入相，也符合汉初军功集团控制政府的传统。

吕产之任相、封侯，显然是与上述传统相背离的，所以尽管吕后

---

[1] 《汉书·曹参传》。

在世时，由于吕后的主持和陈平的居中调和，军功大臣集团与吕氏之间尚能互相忍让，相安无事。然吕后一死，双方的平衡即刻被打破。吕氏被加上“危刘”的罪名，遭到族灭。吕产这个汉初唯一一个以无军功之外戚出任丞相者，也成了汉初唯一一个死于非命的丞相。吕氏既灭，众臣以为“代王母家薄氏，君子长者，且代王高帝子，于今见在最为长，以子则顺，以善人则大臣安。”❶ 于是大臣乃迎立代王刘恒为帝，是为文帝。据称文帝之入承大统，是大臣们看中她的母家薄氏出身低微，不至于再搞出一个吕后来的缘故。对于代王刘恒而言，被众臣推为皇帝，可说是事出偶然，他本人是始料不及的，所以在接到消息后，对其中祸福一时尚难以判断。后经其中尉宋昌的劝说，由宋昌骖乘，张武等六人乘传护送，到长安登基。“夜拜宋昌为卫将军，领南北军，张武为郎中令，行殿中。”一切安排妥当，然后才下达了正式的即位诏令。当年元月，文帝“乃修代来功，诏曰：‘方大臣诛诸吕迎朕，朕狐疑，皆止朕，唯中尉宋昌劝朕，朕以得保宗庙，已尊昌为卫将军其封昌为壮武侯，诸从朕六人，官皆至九卿。’”❷ 这也算一朝天子一朝臣吧。文帝任用代王时期的旧臣，如宋昌为卫将军，统领南北军；张武（原代王之郎中令）为郎中令，统领皇宫内之亲卫侍从。南北军分由卫尉、中尉统领，分别负责宫城殿门和京城之守卫，至此南北军由宋昌一人兼领。如前述，郎中令、卫尉、中尉等职是汉代宫廷机构的主要职务，负责皇宫内外的侍卫。这说明，文帝即位，立刻由自己的心腹旧臣接管了宫廷机构的大权，组成了自己新的宫廷机构。然而，终文帝朝，丞相一职，文帝却始终未能以自己的心腹取而代之。文帝初立，以陈平、周勃为右、左相。此时，由于国家刚刚经历了一场政权动荡，汉初之功臣在诛诸吕、迎文帝登基过程中，势力扩张，比功定位，论资排辈的风气再次盛行起来。❸ 陈平自度功劳和资历尚无法高于周勃之上，于是再施计策，以退为进。主动将右丞相位让于周勃。但周勃少文多质，不任吏事，结果在文帝询问朝政时，出了洋相，又自知功高震主，便呈请自愿罢相。陈平便独居相位。仅过了一年，陈平死去，周勃复为相，这其中的意味又颇似当年曹参入

---

❶ 《汉书·高五王传》。

❷ 《汉书·文帝纪》。

❸ 李开元：《汉帝国的建立与刘邦集团》，三联书店 2000 年版。

相，因为功劳与资历可出周勃之右者，满朝文武，恐怕找不出一人。周勃以后，灌婴、张苍分别继任丞相，这二人也都是军功集团的元老，灌婴在功臣中名列第九，在刘邦集团中与周勃齐名，时人以绛灌称之（周勃封为绛侯）。张苍从汉四年到吕后八年，分别出任赵、代、淮南三王之相，因功封北平侯，在功臣中排位六十五。文帝四年到文帝后二年张苍任相历十五年之久，以老免。张苍免相后，由谁来继相位，曾令文帝颇难决断。据《汉书·申屠嘉传》，张苍免相，文帝以皇后弟窦广国贤有行，欲相之，曰："恐天下以吾私广国"，久念不可，而文帝时军功大臣余见无可者，乃以御史大夫（申屠）嘉为丞相，因故邑封为故安侯。我们从这件事情当中，可窥见两条重要信息：其一，到文帝后期虽然军功集团"余见无可者"，但汉初的政治传统仍然有很大的政治惯性，影响力是不可低估的。其二，贵为皇帝的汉文帝在用相问题上也必须尊重和服从这一传统。想改变这一传统，但终究"久念不可"。

毕竟自然规律是不可抗拒的，到申屠嘉于景帝二年死，这时汉初的军功大臣已无健在者了。然而，因了传统之惯性，功臣列侯的第二代，如陶舍子陶春、周勃子周亚夫、刘襄子刘舍分别在景帝朝出任相位，直至景帝后元元年，首位与军功集团不存在任何关系的卫绾入相，标志着汉初军功集团在汉代政治的最高层中最终消失。

综上所述，"非功不侯""非侯不相"，这一不成文的法规自"白马之盟"以后，明确而严格地成为汉初相位的法则，君臣皆不得违反。这自然保证了汉初军功集团对汉朝政府机构的支配权力，当然，这只是事情的一个方面。另一方面，不言自明，军功集团以此为条件，需保证对刘氏宗室的承认和拥戴，这就是"白马之盟"的双务性契约的另一面——"非刘氏不王"，刘家天下。

二、无为而治的政治方针下的汉初皇权

一般认为，汉初的政治方针是由陆贾所倡导之"无为而治"。总的说来，这种认识是大体正确的。说大体正确是因为无为而治的国策，并不是大汉建国伊始就已确立。事实上，刘邦建汉后一直到他去世，大汉的国策基本上是崇尚进取和有为的。到惠帝以后，女主称制，诸吕的兴起，曾一时破坏了刘邦晚年与大臣之间"白马之盟"的政治契

约。随着诛诸吕，从文帝以后汉朝政治又回归“白马之盟”之后形成的政治框架，军功大臣集团力图维持这一政治模式，以巩固自身集团的政治利益，文帝、景帝也依赖这批军功大臣的支持维护和稳定皇权，双方在这样一种政治情势之下，达成某种政治平衡，这便是无为而治国策出笼的历史背景。

我们知道，刘邦一班君臣多是起于寒微的下层平民。追随刘邦的功臣大致可分为两类：一类是从沛县起事就跟随刘邦的所谓“沛泗集团”，[1] 这是刘邦的一班故旧，私人间的联系较为密切。比如萧何、曹参、周勃、灌婴、樊哙等，都是这一集团的代表。这一集团除萧曹曾任秦之县吏之外，其他人基本上都没有任何政治经验，恐怕他们治国驭民的才能也十分有限。另一类则是在楚汉战争中陆续加入刘邦集团的，这批人加入刘邦集团，并逐步获得刘邦的信任和重用，多半是因为他们的才能，可以说这批人中是人才辈出的。刘邦最终取得战争的胜利，多半是凭借了这批人的军功。如攻取整个黄河以北以及最终决战之垓下之战，都是凭了他们中最主要的几位，韩信、英布、彭越等。刘邦集团这样的成员构成，对汉初政治格局的影响是深远的。事实上，早在战争的进程中，这种影响就已经明显地表现出来。刘邦为争取政治的同盟，不得不把一些有实力的政治集团的首领和军事将领分封为王。到汉朝建立以后，刘邦共封了七个异姓的诸侯王，其中只有一个（燕王卢绾）是属于“沛泗集团”的成员，其他六王：楚王韩信、淮南王英布、梁王彭越、赵王张敖、韩王信、长沙王吴芮都可称得上实力派人物。刘邦分封这些异姓王，显然是迫于以前的成约及当时的形势，内心实有所不甘。同时，对他们的既成势力，也自然会感到心存恐惧。这些异姓王，尤其是韩信、英布、彭越三人，都手握重兵，凭借着楚汉战争时建立的卓越战功，形成“震主之威”。[2] 建汉以后，刘邦所致力的最大工作，便是从事剪除这部分不稳定的功臣。他为此几乎无岁不征。直到他死前还奋战在征讨陈豨和英布叛军的战场之上。等到异姓王被铲除干净，刘邦的生命也到了尽头。但对于汉王朝的政

---

[1] 傅乐成：“西汉的几个政治集团”，载韩复智主编：《中国通史论文选辑》（上）第三编，南开书局1984年版。另李开元则称这一集团为“丰沛元从集团”和“砀泗楚人集团”，见李开元：《汉帝国之建立与刘邦集团》，三联书店2000年版。

[2] 《史记·淮阴侯列传》。

治框架，千头万绪，也还未理出个头绪来。在灭异姓王的同时，刘邦又分封了同姓子弟以取代异姓诸侯王对地方的统治。所以直到刘邦死去，中央集权与地方诸侯之间的关系，依然被置于这么一种分封诸侯的政治框架之中，始终是剪不断，理还乱。只好交给他的继任者们去剪理了。

汉初另一个困扰着大汉皇朝的问题，就是北边的匈奴问题。在这一问题的处理上，一开始便显示了刘邦的锐意进取精神，但这一次，他错误地估计了形势，结果白登之围被匈奴四十万精锐整整围了七昼夜，幸得陈平用计，通过贿赂匈奴阏氏，得以解围逃脱。此后，刘邦接受娄敬的“和亲”政策，通过下嫁汉室公主和贿以财物的策略，基本上保持了双方粗安的关系。但同时，刘邦对北方政局也非纯然采取守势，在执行与匈奴“和亲”政策的同时，刘邦也加强了北部边区的防卫，多次派周勃、樊哙等对北方叛汉降匈奴的韩王信、陈豨、卢绾等人进行毫不妥协的打击，并将儿子刘恒、刘建封为代王和燕王，辅以功臣宿将，率大军进驻边防，对匈奴采取积极的防御。这在一定程度上抑制了匈奴大规模的入侵，直到刘邦死之前，匈奴对汉皇朝的危害基本上被控制在最小的程度之内。以此言之，说汉初，尤其是刘邦时期，在对待匈奴问题上采取无为而治的政策，是不符合事实的。积极防御和“无为”显然是有根本不同的。

事实上，在刘邦建汉初期，汉初的大政论家陆贾在建国方针问题上，就为刘邦提出了整套的无为而治的方案。他与刘邦在建国方针问题上的一段著名争论，已为治史者耳熟能详，这就是马上得天下与马下治天下的国策之争。刘邦显然被陆贾政治主张所折服，“不怿而有惭色”，乃命陆贾“试为我著秦所以失天下，吾所以得之者何，及古成败之国”。❶ 陆贾乃精心创作《新语》十二篇全面阐述了他的治国方策，这其中的核心内容便是“无为而治”的政治理念。“它以‘无为’为最高政治理想，以仁义、礼法、任贤为基本内容，为西汉皇朝的长治久安创建了思想理论基础。”❷ 其文有曰：

君子之为治也，块然若无事，寂然若无声，官府若无吏，亭

---

❶ 《史记·陆贾列传》。

❷ 安作璋、孟祥才：《汉高帝大传》，河南人民出版社 1997 年版，第 290 页。

落若无民，闾里不讼于巷，老幼不愁于庭，近者无所议，远者无所听。邮亭无夜行之吏，乡闾无夜名之征，犬不夜吠，鸟不夜鸣，老者息于堂，丁壮者耕耘于田，在朝者忠于君，在家者孝于亲。于是赏善罚恶而润色之，兴辟雍痒序而教诲之。然后贤愚异义，廉鄙异科，长幼异节，上下有差，强弱相扶，小大相怀，尊卑相承，雁相随，不言而信，不怒而威，岂恃坚甲利兵，深刑刻法，朝夕切切而后行哉？[1]

显然，按陆贾的这套政治主张，无为的背后是儒家“仁义礼乐”的实现和法家“赏善罚恶”的落实，“不言而信，不怒而威”“不言”“不怒”乃是无为，然无为而威信立，实则是有为，故“无为而无不为”。这是典型的道家理论。但陆贾又绝非纯粹的道家，因为透过其“无为而无不为”的理论框架，他的政治理想乃是行儒家之仁义礼教和法家之赏善罚恶。所以熊铁基先生将其名为秦汉之“新道家”是颇有见地的。[2]

刘邦对陆贾的政治主张是折服的，但遗憾的是他生前并没有机会去亲自实践这套无为而治的政治学说。因为有太多的难题要他去解决，他不得不去有所为，尽可能给他的继任者创造一个粗安的政治环境，由他们去实践无为而治的国策。

《史记·吕太后本纪》太史公曰：

孝惠皇帝，高后之时，黎民得离战国之苦，君臣俱欲休息乎无为，故惠帝垂拱，高后女主称制，政不出房户，天下晏然。刑罚罕用，罪人是稀。民务稼穑，衣食滋殖。

按司马迁的上述见解，惠帝、文后时代正是无为而治的时代。[3]一般看来，大凡论及无为而治，莫不以“轻徭薄赋”“约法省禁”“与民休息”为论。诚然，这些都是无为而治政策的重要组成部分。历来论者之论述已多，兹不赘述。然，无为而治政策还包括另一项，也是更具决定性意义的内容，即君臣之间在政治建树上的无为。这一方面

---

[1] 《新语·至德》。

[2] 熊铁基：《秦汉新道家略论稿》之《〈新语〉是汉初新道家之代表作》，上海人民出版社 1984 年版，第 69～82 页。

[3] 李开元：《汉帝国的建立与刘邦集团》，三联书店 2000 年版，第 257 页。

更应该得到学人的重视。因为政治无为，是无为而治政策的核心，它决定了汉初的整体政治方向。然就惠帝、高后时期而言，惠帝是不理朝政的，可说是“无为”了，但从刘邦死到吕后去世，前后十五年时间，当时朝政掌握在吕后之手，对这位称制的女主来说，无为而治并不是她的最佳选择。尤其是在对待刘邦生前制定的政治模式的问题上。吕后一方面尊重这一政治传统，努力去平衡与军功大臣集团之政治关系。但另一方面又在积极地扶植吕氏的势力，分封诸吕，在中央政府和宫廷机构中扶持吕氏，安排他们逐步地掌握实权。从这个意义上说吕后在政治建树上并非是绝对无为的。当然，也正是她的“有为”，逐渐破坏了“白马之盟”所制定的政治模式。随着吕后之死，诸吕被诛也算是吕后一手制造的结果。当然我们说吕后在政治建树上有所作为，主要还局限在皇室内部，吕后封诸吕为王，严格说来，对军功集团所控制的汉朝政府机构的影响是有限的。陈平以为“高帝定天下，王子弟；今太后称制，欲王昆弟诸吕，无所不可”[1]，显然是以为王诸吕乃皇室内部的事情，并未侵害汉初军功集团的政治利益，也没有破坏白马之盟的政治模式，所以“无所不可”。但是到吕后临终之前，终于打破“白马之盟”的政治模式，任吕产为相，吕禄为上将军，控制南北军。这样一来，吕后的有为，便超出了当时政治模式所能认可的范围，结果可以想见。

从这个意义上讲，惠帝、吕后时期，从总的政治方针上看，仍可称为“无为而治”的时代。据《汉书·曹参传》载：惠帝时，曹参代萧何为相，日夜饮酒为戏，不理朝政：

> 惠帝怪相国不治事，以为“岂少朕欤?”乃谓窋（曹参子）曰：“女归，试私从容问乃父曰：高帝新弃群臣，帝富于春秋，君为相国，日饮，无所请事，何以忧天下？然无言吾告女也。”既沐浴归，时间，自从其所谏参，参怒而笞之二百曰：“趣入侍，天下事非乃所当言也。”至朝时，帝让参曰：“于窋胡治乎？乃者我使谏君也。”参免冠谢曰：“陛下自察圣武熟与高皇帝?”上曰：“朕乃安敢望先帝！”参曰：“陛下观参熟与萧何贤?”上曰：“君似不及也”。参曰：“陛下言之是也，且高皇帝与萧何定天下，法

---

[1] 《汉书·王陵传》。

令既明具，陛下垂拱，参等守职，遵而勿失，不亦可乎?”惠帝曰：“善，君休矣”。

从此以后，惠帝再也不曾过问政事。这则故事每每被引作汉初推行无为而治的证据，这是对的，但应该看到，曹参怒笞曹窋，原本就没有给皇帝面子，在朝堂之上，又指教皇帝“陛下垂拱”，竟公开让皇帝不要过问，或者说干涉政事，一切政务，由“参等守职”，就是说一切政务由政府机构因循办理。应该说，这种态度在此后，专制皇权正常发展的时期，是非常罕见的。这说明，此时的皇权是有限的。在很大程度上被政府权力所分割和削弱了。李开元对此有精彩的论述，他指出：

> 刘邦之皇权由于其内在相对性这两个条件的限制，从其诞生起，就具有分权的性质，是一种相对性有限皇权。这种相对性有限皇权，因白马之盟的订立而固定化，形成一种以汉朝宫廷、汉朝政府和诸侯王国各为一方的三权并立的政治结构。基于这种三权并立的政治结构的相对有限皇权，正是汉初君臣无为的历史背景的起端。惠帝期间，宫廷尚未成型，诸侯王皆未成年，不管是宫廷、王国还是政府，人事一仍高帝旧命，完全由汉初军功受益阶层一手掌握，三权并立的政治结构中，汉帝国之政治重心，偏重于汉初军功受益阶层一方。当时的君臣无为，是以皇权弱小，几乎不能过问政事为历史背景的，是一种在弱君强臣的前提下，由汉初军功受益阶层主导的政治安定。[1]

文帝即位后，面对扶他登上皇位的刘邦旧臣，只有保持与他们的合作态度，在政治上继续实行“无为而治”。而此时文帝的朝廷又添加了另一个让他无从解决的大难题。那就是刘邦分封的同姓王势力之坐大，直接威胁到文帝帝位的稳固。经过十余年的相对稳定的发展时期，同姓诸侯王所控制的地区、人口增加，实力随之增强。在惠帝以来的无为政策支配下，中央对地方诸侯王国，除了由中央委派王国相以外，对王国内政基本上采取不干涉主义。正如《史记·吴王濞列传》所言：

---

[1] 李开元：《汉帝国的建立与刘邦集团》，三联书店2000年版，第257～258页。

会孝惠高后时，天下初定，君国诸侯，各务自拊循其民。

文帝同样出身于诸侯，而且是当时刘邦诸子中力量最为微弱的，也是最没有希望入主皇宫的一个。军功大臣们也正是看中他这一点。所以，当文帝以代王入登大宝之后，对渐已坐大的宗室诸侯王自然不敢过分地约束。诸侯王对文帝自然也不会十分尊敬。终文帝朝，同姓诸侯王的气焰是十分嚣张的。文帝对他们只能极尽优厚之策，竟使吴王刘濞得以煮盐铸钱，招致天下亡命，称病不朝，文帝还要赐几杖请吴王安心养病，甚至于济北王刘兴居竟起兵造反。结果，终于养出日后的七国之乱来。

从诸侯王坐大到最终反叛，可以说是汉初无为政策的条件下，中央集权政府与诸侯王割据势力矛盾的必然结果。当然，这又取决于双方力量的对比和双方对情势的判断。文帝时期，控制中央政府的军功大臣，笃信黄老，只懂得如何巩固自身集团的政治利益，是毫无进取精神的一班怕事之徒，对诸侯势力的无限制发展，只能是装聋作哑，自然谈不上什么限制和防范措施。甚至对作乱不法的诸侯，也未能做出严厉的制裁。不过，在这一时期，也有人对诸侯王势力的发展给皇朝带来的危害以及如何对付诸侯王势力有比较准确和切合实际的认识。这就是贾谊和晁错。

贾谊先为河南守吴公门人。后吴公擢升廷尉，便随吴公到长安，被吴公举荐给汉文帝。得文帝赏识，“超迁，一岁中至太中大夫”❶并“议以谊任公卿之位”，❷却因受军功集团首脑周勃、灌婴等的反对而终遭弃用，先后被调任长沙王和梁怀王太傅，自此远离了汉帝国权力的中心。就是在梁怀王太傅任上，他写了有名的《治安策》，对当时之时局提出了许多独到的见解。在对待诸侯王问题，他敏锐地观察到，诸侯王终究要成为帝国最大的隐患，而目前双方之所以保持相对稳定的态势，是因为“大国之王幼弱未壮，汉之所置傅相方握其事。数年之后，诸侯王大抵皆冠，血气方刚，汉之傅相称病而赐罢，彼自丞相以上编置私人，如此，有异淮南、济北之为邪！此时而欲为治安，虽尧舜不治。”所以，针对这种情况，他认为防止这一大隐患的最好办

---

❶《史记·屈原贾生列传》。

❷《汉书·贾谊传》。

法，就是削弱诸侯王的势力，使之无力与朝廷对抗。因为“大抵强者先反，淮阴王楚最强，则最先反……卢绾最弱，最后反，长沙乃在二万五千户耳，功少而最完，势疏而最忠，非独性异人也，亦形势然也。”据此，他指出：

> 欲天下之治安，莫若众建诸侯而少其力，力少则易使以义，国小则亡邪心。❶

客观地说，贾谊敏锐地洞察到中央集权政治与分封诸侯王的政治模式在政权体制方面的尖锐矛盾以及由此可能带来的恶果，所以，他强调中央集权相对于地方诸侯势力保持在力量对比上的绝对优势的重要性，具体的办法，就是“割地定制”，将大诸侯国化整为零。此外，贾谊又有“列侯就国”之策。《汉书·贾谊传》载，文帝初：

> 诸法令所更定，及列侯就国，其说皆谊发之。

所谓列侯就国就是诏令在京的列侯功臣们迁离长安，搬到自己的侯国居住。如此一来，列侯被散布于全国各地，远离汉朝的政治中心，从此对朝政的影响便无从谈起了。这对当时列侯中的主要阶层，即军功大臣集团在政治上的打击是相当大的，因此也遭到很大的抵制。据《汉书·文帝纪》，三年十一月，文帝诏曰：

> 前日诏遣列侯之国，辞未行。

所云前日诏即汉帝二年十月发布之列侯就国诏。时间过了一年有余并未得到执行。于是文帝三年十一月又重申此令，而且这次是拿丞相周勃开刀，“丞相朕之所重，其为朕率列侯之国”。按汉初的政治传统，非功不侯，非侯不相。列侯就国策的执行，使身为侯爵的丞相要“就国”，看来这个丞相是不好再当了。周勃辞职就国，是为文帝做了一个表率，此举说明文帝已开始有意否定汉初“非功不侯，非侯不相”的政治传统了。列侯若不想离开京城，或继续在朝廷担任职务，必须在皇帝的特许之下，这无疑加深了皇帝的权力。与此同时，贾谊还提出“侯国迁徙策”，即将散处在王国领土当中的侯国，皆迁徙到汉直辖的郡中，这对于朝廷对他们实施有效的监控是很有利的。

---

❶ 《汉书·贾谊传》。

不难看出，贾谊的这两项政治方案，对军功集团政治权力而言，无疑是具有灾难性的，所以受到这批大臣的仇视，贾谊政治上的被压抑，也就在所难免了。诚如北宋文学家苏东坡《贾谊论》所论：

若贾生者，非汉文之不能用生，生不能用汉文也。夫绛侯亲握天子玺尔授之文帝，灌婴连兵数十万以决刘吕之雌雄，又皆高帝之旧将，此其君臣相得之分，岂特父子骨肉手足哉！贾生，洛阳之少年，欲使其一朝之间尽弃其旧而谋其新，也已难矣！

苏东坡言“此其君臣相得之分”，算是看到了问题的本质，所以他认为贾谊在政治上不得意，正在于他不喻此时政权结构之玄妙，举事过于急切所致。这一见解可说是入木三分的。贾谊在梁王太傅任上忧郁而死，他的政治主张，如同他本人在政治上的不得志一样，在文帝朝没有也不可能得到全面的实践。然而，贾谊的政论，针对时弊，毕竟抓住了汉代初年政治问题的症结，虽然没有取得实权得以一展其才，实现他的政治抱负，可是他的大部分见解，终于成为以后汉朝建国的准则，从这个意义上讲，可以说贾生之哀，在其生不逢时。

贾谊死后。另外一个改革者继之而起，那便是晁错。据《汉书·晁错传》记载：文帝诏有司举贤良学士，晁错也在当选之列，上亲策诏之，在对策的百余人中，

唯错为高策，由是迁中太夫。

错又言宜削诸侯事，及法令可更定者，凡书三十篇，孝文虽不尽听，然奇其才。当是时，太子善错计策，爰盎诸大臣多不好错。

晁错，少习申商刑名，后又受《尚书》于伏生。文帝时曾任太子家令。他主张对诸侯采取强硬的“削地”政策，由此受到爰盎等当权派的压制。

景帝即位，对这位故太子家令给予重用，先为内史，不久迁为御史大夫，“请诸侯之罪过，削其支郡”，开始了其削藩的政治实践，结果自然引起公卿列侯宗室的一片不满。晁错于时“更令三十章，诸侯灌哗。”晁错之为政，受到的阻力是可想而知的。以至于他的老父亲亲自到长安，“谓错曰：‘上初即位，公为政用事，侵削诸侯，疏人骨肉，口让多怨，公何为也！’错曰：‘固也，不如此，天子不尊，宗庙不安。’父曰：‘刘氏安矣，而晁氏危，吾去公归矣！’遂饮药死，曰：

'吾不忍见祸逮身'”。[1] 晁错无论如何也没有想到会赔上老父亲的性命。但从这件事可看出当时政治中改革派与当权的军功旧臣之间的矛盾，几乎到了不可调和的程度。可以说晁父之死，已经预示了晁错的最终命运。事实上，晁错当然已预见到硬性削地，可能会激起的叛乱，但他认为“削之亦反，不削之亦反。削之，其反亟，祸小。不削之其反迟，祸大。”[2] 可见晁错之强行削藩，实乃逼诸侯王早反，以图尽早解决这一大隐患。事情如晁错所料，吴王刘濞联合七国反叛，但他不曾料想的是景帝会因爰盎进一言竟将自己一家齐斩于市。那么，爰盎乃何许人呢?

我们知道，到景帝即位以后，军功大臣集团已趋于幻灭。景帝朝的几个当政要员中，除了一个申屠嘉，已无军功大臣出身者。倒是军功大臣的第二代中出了几个人物，陶青、周亚夫、刘舍先后出任丞相，这也可看作是军功大臣集团的政治影响在汉朝政坛的延续。然而，这批军功子弟似乎也未能像他们的父辈一样，将朝政紧紧控制在自己的手中，因为此时另一以个人为中心的豪门继之而起，这便是景帝的母亲窦太后的从兄子窦婴及其门下的一批人。爰盎就是其中之一。[3] 爰盎本为吕禄舍人，文帝时以兄爰哙任为郎中。以直谏见称，也因此“不得久居中”，后调任外职，先后任陇西都尉，齐国相和吴国相。晁错任御史大夫，曾使人告爰盎在任吴相期间，受吴王财货，被抵罪，免为庶人。可能就在此期间，爰盎投靠了窦婴，做了他的门客。吴楚七国之乱的消息传到长安，晁错欲以此治爰盎之罪，受其丞、史劝谏，犹豫不决。不想此时，爰盎却捷足先登，凭窦婴的关系，受到景帝召见，“盎入见，竟言吴所反，独急斩错以谢吴，吴可罢”。景帝乃宁可

---

[1] 《汉书·晁错传》。

[2] 《史记·吴王刘濞列传》。

[3] 如此说来，到景帝朝，中央政坛大致由这么几股政治势力，其一为一批军功余孽，如周亚夫等。其二，为后党集团，如窦婴、爰盎等。其三，是为景帝所信用提拔的一批干臣，如晁错等。这三股势力，绞在一起，为争夺政权而明争暗斗。首先是晁错被爰盎设计置死，之后周亚夫被景帝下狱冤死，尤其是周亚夫之死，表面看是因其子私买工官葬器，被告发牵连，系狱不食而死，其实政治的权力斗争恐怕是真正的原因：这其中有两件事与周亚夫的死有直接的关系，其一是栗太子被废黜之事。其二就是景帝王皇后兄王信封侯事。（李开元对此已有详论，请参见其著《汉帝国的建立与刘邦集团》第226页。）。周亚夫之死于非命，标志着军功集团最终成为一个历史名词，至此，作为汉初以来有力地限制着皇权独立的政治力量的军功集团已经不复存在（同上，李开元著第227页）。

信其有，不可信其无，糊里糊涂送了晁错的命。

晁错虽死，但他削藩的主张却得到了全面的实施。七国之乱也被迅速地平定，有意思的是，参与平定七国之乱的却正是他的主要政敌，这对晁错来说简直就是一大讽刺。但就汉朝皇权而言，这毕竟是一次大胜利。前文已述，汉初"白马之盟"的政权结构之下，宫廷皇权、诸侯王国王权和以丞相为中心的政府形成相对平衡的三种互为牵制的政治力量，汉初政治因此可称为三权并立的政治结构。到景帝平定七国之乱时，一方面作为汉初皇权最大的限制力量的军功大臣集团已无可挽回地幻灭了；另一方面诸侯王政即将结束。而且，汉初数十年的无为而治，与民休息政策，使社会经济得到恢复和发展。又为景帝以后尤其是武帝朝结束无为政治，开创雄图大展的西汉盛世，奠定了强大的经济基础。

三、事功集团的兴起及其政治意义

汉五年，刘邦即皇帝位于定陶，建立了西汉皇朝。不久，在一次庆功宴上，刘邦君臣畅谈功罪得失，"刘邦所以有天下，项羽所以失天下"之玄机。高起、王陵对曰：

> 陛下慢而侮人，项羽仁而爱人。然陛下使人攻城略地，所降者因此予之，与天下同利也，项羽妒贤忌能，有功者疑之，战胜而不予人功，得地而不予人利，此所以失天下。

以刘邦功臣的眼光来看，大汉之建立，实乃刘邦与众大臣"同利"之结果。所谓"同利"，以现代的理念来看，就是分享胜利所带来的政治权力，即建立刘氏皇族与军功大臣的联合专政。由此构成汉初政权结构中军功大臣集团，占据上至中央下至地方郡县的绝大部分职位。据李开元先生的统计：军功大臣在汉初三公九卿、王国相和郡太守三支机构中所占的总比例是，高帝时为96%，惠帝、吕后时期为81%，文帝时为50%，景帝时为30%。现据李开元的研究成果，编制"汉初军功大臣在三公九卿、王国相、郡太守中所占比例表"如下（见下页）：[1]

[1] 李开元：《汉帝国的建立与刘邦集团》，三联书店2000年版，第二章。

	三公九卿	王国相	郡太守	总比例
高帝	100	100	88	96%
惠、吕	90	86	60	81%
文帝	62	29	40	50%
景帝	46	18	0	30%

总的看来，军功大臣在汉初数十年中一直占有较高比例。而这一比例随时间的推移，在逐渐降低，说明军功集团已失去了在政府中的主导地位。而这一过程是先由地方郡县开始的。随着军功集团逐渐退出汉代政府机构的主导地位，自然会产生一个新的问题，这就是由谁来填补随之而来的政治真空呢?

我们知道，主持汉初政治四十余年的军功集团，是依靠他们在建汉过程中创建的武功，他们虽然把旧政权推翻，但对于新帝国的国家政权建设，国家制度的建树并没有创造的见识和能力。只能是求得保持政治现状和既得的利益。在思想倾向上，尊信黄老刑名之学。一方面崇尚无为，极少政治建树，另一方面，却倚重刑名之学，对反对势力进行残酷打击。据目前的汉初军功大臣在三公九卿、王国相、郡太守中所占比例表资料和学界对汉代汉律的研究来看，汉法之严密，远远超过了以往的想象。在这样的政治空气之下，平时对人民不大过问，一旦出事，就搬出汉法来，“所以若论汉初的政治，‘不教而诛’四字，足以尽之”。[1] 显然，保持如此庞大的帝国政治之正常运作，单靠“无为”显然是不行的，必然需要大批的掌握专业行政职能的行政官员的专业才能。为此，一大批行政专业人才正在逐步成长为汉代政治之中坚。我们称这样的行政专业人才为事功官僚集团，以区别于汉初的军功集团。

事功官僚集团应具备下列几个特点：

第一，这一集团的活动，已与政权的创建没有了直接的联系，即是说，他们的活动是在既存政权之下，为既存政权服务并受制于既存政权的法律法规之下的。这是该集团的基本特点，也就决定了该集团维护和依存于既存政权的特点。

---

[1] 傅乐成：《西汉的几个政治集团》，载韩复智主编：《中国通史论文选辑》（上）第三编，南开书局 1984 年版。

第二，他们或以法律，或以行政，或为军事职能为专业，属于职业性的行政技术集团，以出色的行政技能和成绩而升任官僚集团，因此我们称为事功官僚集团，他们是保证政府行政正常运作所不可或缺的。

第三，他们对皇权的依赖性。从职能上讲，他们的存在价值就是维护皇权体制的正常运作，这就决定了他们与皇权的密切关系，是皇权的积极维护者和皇朝命令的忠实执行者。

总之，所谓事功集团，是一批依附于既存政权，在中央或地方行政机构之中，凭借其知识、才能，担任行政、军事、司法、教育等职业性技术职务而升任封建政府行政或军事官员的官僚集团。按一些学者的分类，他们又包括军吏、法吏、儒吏，或可统称为士吏。即以各种“术”和“学”为赖以出仕才能之官吏，这种“持有各种有赖以出仕之术学的人，称为士”，[1] 以此为吏就是士吏。汉代事功官僚集团最早出现在何时，已无可考。然现有资料表明至少在文帝以前，这类官僚所占比例不是很高，三公九卿、王国相中更是难觅其身影。高帝朝已知郡太守一级官员中，可判定为事功官僚者也仅见两例，占判明出身之郡太守人数（17 人）之 12%。[2]

文帝以后，此类事功官僚逐步得以发展。为行文之便利，现将相关主要资料列引如下，再作分析。[3]

（一）三公九卿

吴公：《汉书·贾谊传》：

> 文帝初立，闻河南守吴公治平为天下第一，故与李斯同邑，而尝学事焉，征以为廷尉。

张释之：《汉书·张释之传》：

> 张释之，南阳堵阳人也。……以訾为骑郎，事文帝……拜为谒者仆射。……其后，拜释之廷尉。

---

[1] 李开元：《汉帝国的建立与刘邦集团》，三联书店 2000 年版。

[2] 汉中守田叔，云中守孟舒。见《汉书·田叔传》。

[3] 有些官僚出身的情况较为复杂，往往兼有数种身份，尤其是文帝时期之前由于战争的原因，一大批出身士吏的官僚，都因战争需要，从军并建立了一定的军功，从而成为军功集团的成员。这种的实例，如御史大夫赵尧，本为执法的刀笔小吏，又如张苍，本为秦之御史，精通法律之吏，从军有功封北平侯。

卫绾：《汉书·卫绾传》：

卫绾，代大陵人也，以戏车为郎，事文帝，功次迁中郎将。醇谨无它。……吴楚反，诏绾为将，将河间兵击吴楚有功，拜为中尉，三岁，以军功封绾为建陵侯。……召绾拜为太子太傅，迁为御史大夫，五岁，代桃侯舍为丞相。

直不疑：《汉书·直不疑传》：

直不疑，南阳人也，为郎，事文帝……稍迁至中大夫，吴楚反时，不疑以二千石将击之，景帝后元年，拜为御使大夫。

郅都：《汉书·酷吏·郅都传》：

郅都，河东大阳人也，以郎事文帝。景帝时为中郎将，敢直谏，而折大臣于朝。济南瞯氏宗人三百余家，豪猾，二千石莫能制，于是景帝拜为济南守，至则诛瞯氏首恶，余皆股栗。……都迁为中尉。……致行法不避贵戚。

宁成：《汉书·酷吏·宁成传》：

宁成，南阳穰人也，以郎谒者事景帝。……稍迁至济南都尉……后长安左右宗室多犯法，上召成为中尉。其治效郅都。

（二）王国相

爰盎：《汉书·爰盎传》：

高后时，盎为吕禄舍人，孝文即位，盎兄哙任盎为郎中。……调为陇西都尉。……迁齐相，徙为吴相。

冯唐：《汉书·冯唐传》：

冯唐，祖父赵人谒，父徙代，汉兴徙安陵，唐以孝著，为郎中署长。……十年，景帝立，以唐为楚相。

灌夫：《汉书·灌夫传》：

灌夫字仲孺，颍阴人也，父张孟，尝为颍阴侯灌婴舍人，得幸，因进之，至二千石，故蒙灌氏姓为灌孟。吴楚反时，颍阴侯灌婴为将军……夫以千人与父俱……吴军破，夫以此名闻天下。

（三）郡太守

季布：《汉书·季布传》：

季布，楚人也，为任侠有名。项籍使将兵，数窘汉王。项籍灭，高祖购求布千金……（后以朱家进言）上乃赦布。……拜郎中。……布为河东守。

公孙浑邪：《汉书·公孙贺传》：

贺祖父昆（浑）邪，景帝时为陇西太守，以将军击吴楚有功，封平曲侯，著书十余篇。

魏尚：《汉书·冯唐传》：

今臣窃闻魏尚为云中守，军市租尽以给士卒，出私养钱，五日壹杀牛，以飨宾客军吏舍人，是以匈奴远避，不近云中之塞，虏尝一入，尚师车骑击之，所杀甚众。

晁错：《汉书·晁错传》：

晁错，颍川人也，学申商刑名于轵，张恢生所，与洛阳宋孟及刘带同师。以文学为太常掌故。……太常遣错受《尚书》伏生所，还……诏为太子舍人、门大夫，迁博士。……拜错为太子家令。以其辩得幸太子，太子家号曰："智囊"。……景帝即位，以错为内史。

李广：《汉书·李广传》：

李广，陇西成纪人也。……孝文十四年，匈奴大入萧关，而广以良家子从军击胡，用善射，杀首虏多，为郎，骑常侍。……景帝即位，为骑郎将，吴楚反时，为骁骑都尉，从太尉亚夫战昌邑下，显名。以梁王授广将军印，故还，赏不行。为上谷太守，数与匈奴战。……后徙陇西，北地、雁门、云中守。

文翁：

庐江舒人也。少好学，通《春秋》，以郡县吏察举，景帝末，为蜀郡守，仁爱好教化。……又修起学官于成都市中，招下县子弟以为学官弟子，为除更徭，高者以补郡县吏……至武帝时，乃令天下郡国皆立学校官，自文翁为之始云。

综合以上材料，从文帝以后，中央三公九卿到地方王国相和郡太守中，非军功大臣集团出身者逐渐增多。从其出身看，以法律官吏和军职官吏为多。前者如吴公、晁错、郅都和宁成。这部分官吏大都有了由地方升任中央官吏的经历，正反映了这一阶层在汉代政府中逐步成长为政权支柱的特点。后者如公孙浑邪、灌夫、魏尚、李广等，举凡皆因军职，任边郡太守起家，公孙浑邪、魏尚都是生长于边郡之人，以习武善战由军吏升任边郡太守，颇为典型。另如灌夫、李广则因参加平定吴楚七国之乱而崭露头角。文翁的出身较为复杂。文翁，以习《春秋》起家为吏。论者以为，汉代的春秋之学，直接用于狱治司法，与律令之学直接相联。故将文翁划为法律吏，恐非妥[1]。按文翁在蜀郡太守任，"又修起学官于成都市中，招下县子弟以为学官弟子，为除更徭，高者以补郡县吏，次为孝弟力田。常选学官童子，使在便坐受事。每出行县，益从学官诸生明经饬行者与俱，使传教令，出入闺阁。县邑吏民见而荣之，数年，争欲为学官弟子，富人至出钱以求之。由是大化，蜀地学与京师者比齐鲁焉。至武帝时，乃令天下郡国皆立学校官，自文翁为之始云。"其行政则依经术，显然应属儒吏之列。当然，直到武帝朝，儒吏之势力尚十分弱小，"儒吏对于政治的较多参与，在元帝以后。"[2]

按前文所引用李开元先生的研究成果，军功大臣集团在汉初由中央到地方郡各级政府官员中的比例，从高帝时的96%，到景帝时已降至30%，与此相应，笔者称之为事功官僚集团的文法吏、军职官吏等逐步充斥各级政府，填补了军功大臣退出政坛之后留下的权力真空。到景帝时各类事功集团官僚在三公九卿、王国相及郡太守中的总平均数已占到61%，远远超过了军功集团的比例。[3] 由于事功官僚集团不具备军功大臣集团那样参加创建政权的军事活动，因而他们也不会像军功大臣集团那样对自己所创建的政权具有明确的所有权意识，他们权力之获得尽管主要是依赖了自身所具有的行政、司法和军事才干，但他们的活动是在既存政权框架之内完成并服务于这一政治框架的，而此时，随着军功大臣集团的退出以及文景以后王国政治的衰落，汉

[1] 李开元：《汉帝国的建立与刘邦集团》，三联书店2000年版，第222页。
[2] 李开元：《汉帝国的建立与刘邦集团》，三联书店2000年版，第72页。
[3] 李开元：《汉帝国的建立与刘邦集团》，三联书店2000年版，第70页。

初所建立的皇权、政府与王国三权并立的政权结构，逐步开始向皇权一极发展，从这个意义上讲，事功集团所服务与服从的对象只能是皇权。他们依赖皇权获得政治权力，并运动他们的权力，为皇朝服务，成为巩固皇权的中坚力量以及皇命的忠诚执行者。

总之，事功集团的兴起一方面与皇权的加强相伴而生，另一方面又反过来进一步巩固和加强了皇权。到武帝朝皇权得到极端的集权化，正是建立在这一基础之上的。

第三章　汉初的王国政治：双轨一体的平民王政

王国政治是分封制度的产物。

分封制度到西周初年已形成较为系统、完备的制度。在此后数千年中，它又是中国整个历史链条中不可或缺的一环。有论者以为“它与中央集权在一定历史时期内，共同形成了历史发展的‘度’，是中央集权制的过渡，辅佐与补充”，“损益集于一体”。[1]它构成中国传统社会中一个始终无法开解的“结”，管东贵先生称之为“血缘情结”[2]——政治上不能不倚恃血缘，但倚恃血缘又有难以排除的问题——跟先帝所立宗藩起冲突。这就是《汉书·贾谊传》所说：

> 亲者或亡分地以安天下，疏者或指大权以逼天子。

这是由于“后属疏远”的血缘渐疏效应所导致的必然结果。套用一句古话，真成了“成也分封，败也分封”，封有封的问题，不封又有不封的麻烦。我们知道，秦始皇统一中国，废除分封体制，实行单一郡县制，看起来上下一致，号令一出，强大无比，实则非常脆弱，[3]结果二世而亡了。尽管并没有人因此去否定中央集权的历史进步意义，但毕竟秦王朝把中央集权推向极点，导致“二世而亡”，其历史教训

---

[1] 朱弘：“关于秦汉分封制的历史反思”，载《中国史研究》1989 年第 1 期。

[2] 管东贵：“秦汉封建与郡县由消长到统合过程中的血缘情结”，载《燕京学报》新五期，1998 年 11 月。

[3] 王连升：“秦汉时期中央与地方关系新论”，载《历史教学》1991 年第 1 期。

是深刻的。[1] 陈胜起义以后，有人指责秦王朝“夫秦为无道，破人国家，灭人社稷，绝人后世，罢百姓之力，尽百姓之财”[2]。所谓破人国家，灭人社稷，绝人后世与不实行分封，尽管不完全是一回儿事，但至少也有这种含义在其中。尽管这反映了社会保守势力的倾向，却有

---

[1] 关于秦之速亡，原因是多方面的，古今论述多矣。但其中涉及如下问题有必要讨论：其一，关于为政目的问题。秦中央王朝在政治行政上建立起严密的行政组织和完备的法律系统，建立了当时世界上最为完备的文官系统，其行政是高效的，但它却没有提出为政的目的，不用说六国的后裔，即便是秦王朝的宗室在这种政治体制之下，也没有政治出路。一般而言，政治总是由无数个个体所构成的社会中的政治，为政目的必须与部分个体的人生目的相契合，这种政治才能够得到这部分人的支持，为政目的所容纳的个体人生目的越多，这种政治就越稳定（刘广明：《宗法中国》，上海三联书店 1993 年版，第 34 页）。其二，关于秦王朝的社会结构问题，正如许倬云所说：秦朝看上去是非常庞大的帝国，而且它的最上层有李斯这种学者，秦始皇本身对法家的研究也非常彻底，在上层他用了一批非常优秀的将领，一大批非常能干的官吏，他们专业化的分工也很好，但只是统治阶层而已，下面是空的，整个没有社会基础支持，中间也没有管理层次的干部……所以它的文官体系从上到中，上层对中层可以控制得很好，中层联系下层的完全没有，可以说是一个半截的结构，下面中间完全是散的，因此不能维持下去。（许倬云：《历史分光镜》，上海文艺出版社 1998 年版，第 218 页），这样的政权结构实际上反映了秦王朝根据政权与地方社会之二元对立，“秦王要任用法家，力图将西周以来那种以家为基础的家国二元一体结构改造成为以自我（王权）为核心的一元结构。但由于并未能也不可能真正摧毁社会的基层社区组织，他的努力事实上造成了国家与社会二元对立的结构形式。”（陈明：《儒学的历史文化功能》，学林出版社 1997 年版，第 57 页）。其三，关于反秦的势力问题，所谓“秦有叛人而无叛吏”，反秦的势力主要是来自“人”而非“吏”，也就是说，反抗秦王朝统治的是被政府权力所统治的人民，包括下层百姓，以及已成为下层百姓的六国贵族后裔，正如《汉书·伍被传》载伍被所说：“秦为无道，残贼天下。杀术士，燔诗书，灭圣迹，弃仁义，任刑法……百姓悲痛愁思，欲为乱者十室而六；……百姓离心瓦解，欲为乱者十室而七；……父不宁子，兄不安弟，政苛刑惨，民皆引颈而望，欲为乱者十室而八。”以此三者而论，秦王朝的问题主要出在结构问题上，暴政只是外在表象而已，只是秦速亡的推动力，其根本问题在于内部结构出了问题。这倒不是说，秦的结构问题就是没有实行分封。但比诸商周历史可以说这至少是问题的一个方面。柳宗元曾有一段高论以为：“盖以诸侯归殷者三千焉，资以黜夏，汤不得而废；归周者八百焉，资以胜殷，武王不得而易。循之以为安，仍之以为俗，汤、武之所不得已也。”（《封建论》、《全唐文》，中华书局 1983 年版，第六册卷 852 第 5876 页），柳宗元的高明之处，就在于他发现封建“非圣人意也”而是“势也”。并不是商周之汤武主动地不想独享天下，所以由上而下分封诸侯，事实上，诸侯的分封看来是从上而来，实则是由下而上发展起来的形势使古代君王不得不如此，是“汤武之所不得已也。”至秦王朝建立，这种自下而上的“势”，即六国势力依然存在，形势与商周之初相比并无根本性改变（改变是显著的，至少郡县制已有很大的发展。但从社会结构上看，由宗法血缘关系维系起来的作为基本生产单位和社会结构的血缘宗法组织依然是中国社会的基础，国家与社会的二元化依然存在），单纯的郡县制必然造成国家、社会之二元对立，由下层而发动对秦王朝的反叛也就是自然而然的事情。

[2] 《史记·张耳·陈余列传》。

着极广泛的市场。所以从陈胜反秦过程中，一直到刘邦建汉，人们对秦二世而亡的历史反思始终没有停止过，可以说，楚汉年间以及刘邦建汉以后实行分封的原因之一，就是这一历史反思的结果。所谓“惩戒亡秦孤立之败，于是剖裂疆土”，正是那个时代人们思想意识中较为一致的看法。事实上，陈胜起兵之时，陈余、张耳就曾向陈胜进言：

> 愿将兵毋王，急引兵而西，遣人立六国后，自为树党，为秦益敌，敌多则力分，与众则兵强。如此，则野无交兵，县无守城，诛暴秦，据咸阳，以令诸侯；诸侯亡而得立，以德服之，则帝业成矣！今独王陈，恐天下懈也。❶

汉初君臣对此恐怕都是一致认可的。司马迁说：

> 天下初定，骨肉同姓少，故广强庶孽，以填抚四海，周承卫天子也。❷

班固亦曰：

> 汉兴之初，海内新定，同姓寡少，惩戒亡秦孤立之败，于是剖裂疆土，立二等之爵。❸

都反映了这种情形。董仲舒在《春秋繁录》中亦表达了大致相同的意思：

> 古之圣人见天意之厚于人，故南面而君天下，必以兼利之，为其远者目不能见，其隐者耳不能闻，于是千里之外割地分民而建国立君，使为天子视所不见，听所不闻，朝者召而问之也。诸侯之言犹诸侯也。

所以，汉初君臣没有秦始皇统一中国之初那种分封还是郡县之争，❹ 一则郡县制行之有效，已是君臣所共识，二则分封功臣、子弟也是刘邦君臣的共同愿望，于是在郡国并存的政治体制之下，有了王

❶ 《资治通鉴》卷七《秦纪二》。

❷ 《史记·汉兴以来诸侯王年表》序。

❸ 《汉书·诸侯王表》序。

❹ 事实上，始皇君臣关于国体之争，严格说来也并非什么郡县与分封之争，王绾也好，淳于越也好，并没有否定郡县制。只是在郡县的同时，在燕、齐、荆等“地远”之所，封王以“镇之”，以有效地控制这些新征服的地区，特别是远离关中的地区。

国政治的形成。

一、汉初分封与王国政治的形成

前文已论及，汉初国家政权构成是皇权、政府权力与王国政权的三权并立的政治结构。根据刘邦与军功大臣之间所订立的“白马之盟”之“非刘氏不王，非功不侯”的政治契约，在汉皇权建立过程中由于战争需要和形势所迫而分封的异姓王被铲除殆尽以后，刘邦又先后分封刘氏子弟和军功大臣为诸侯王、侯，史称前者为“同姓王”。到刘邦晚年：“子弟同姓为王者九国，唯独长沙异姓，而功臣侯者百有余人。自雁门、太原以东至辽阳，为燕、代国；常山以南，太行左转，渡河、济、阿、甄以东薄海，为齐、赵国；自陈以西，南至九嶷，东带江、淮、谷、泗，薄会稽，为梁、楚、淮南、长沙国；皆外接于胡越。而内地北距山以东尽诸侯地，大者或五、六郡，连城数十，置百官宫观，僭于天子。汉独有三河、东郡、颍川、南阳，自江陵以西之蜀，北自云中至陇西，与内史凡十五郡，而公主、列侯颇食邑其中。”❶ 以上九个同姓王所占疆土已占去大汉皇朝疆域的半数以上，朝廷所直辖的土地，只有内史、上郡、北地、陇西、汉中、巴郡、蜀郡、广汉、云中、上党、河东、河内、河南、南阳、东郡等十五个郡。从地理位置上讲，关东广大地区尽为诸侯王占据，而汉中央直接掌握的土地，主要集中在旧秦国疆域之内，也包括韩、魏、楚西部的部分土地。可以说这种分封制的推行，几乎是恢复了秦统一全国前的形势。从政治角度而言，由于刘邦分封同姓王，是对楚汉间因功封王（即异姓王）的分封原则的重大修改，分封诸侯王被限定在皇室刘姓，亦即因血缘原则，这又可以说是对六国王政的恢复，只不过其旨在确立新兴的刘氏家族的世袭王权。被分封的同姓王，其王国的政权机构与中央基本相同，除了由中央任命其王国丞相与太傅之外，各级官吏均由诸侯王自己任命，在政治上基本保持着半独立的状态，这种政权体制，我们称为王国政治。❷

---

❶ 《史记·汉兴以来诸侯王年表》序。

❷ “同姓王”分封之前，刘邦早已分封了九个异姓王，一则这些异姓的诸侯王存在的时间都很短，二则异姓王享国时期，正是汉初政治的草创时期，异姓王政治在汉代政治史上并未形成一种相对独立的政治模式。故我们所说的王国政治，专指同姓王政，而不包括异姓王时期。

汉初王国政治，起于田肯首议。《汉书·高帝纪》，高帝六年十二月，刘邦设计于陈执楚王韩信，田肯贺上曰：

> 甚善，陛下得韩信，又治秦中。秦，形胜之国也，带河阻山，县隔千里，持戟百万，秦得百二焉。地势便利，其以下兵于诸侯，譬如居高屋之上建瓴水也。夫齐，东有琅琊，即墨之饶，南有泰山之固，西有浊河之限，北有渤海之利，地方二千里，持戟百万，县隔千里之外，齐得十二焉，此东西秦也。非亲子弟，莫可使王齐焉。

此议颇受刘邦之赞许，于是诏曰：

> 齐，古之建国也，今为郡县，其复以为诸侯。将军刘贾数有大功，及择宽惠修洁者，王齐荆地。

正月，韩王信等奏请封刘贾为荆王、刘交为楚王、刘喜为代王、刘肥为齐王。这是汉初封同姓王之始。事实上，同姓王之封与铲除异姓王几乎是同步的。这以后张敖失国，遂有刘如意之同姓赵国，燕王刘建是废燕王卢绾后所封，梁王刘恢、淮南王刘长所封则分别是梁王彭越和淮南王英布之故国。

我们知道，汉初并没有像秦始皇统一之初关于郡县与分封的政治争论。“惩亡秦孤立之败”，实行分封似乎是刘邦君臣一致的主张。也正因为此，刘邦对田肯的建议才会颇为赏识。从田肯之议看，他对汉初之政治形势以及秦齐两地的战略地位是有深刻的了解的，故田肯奏立刘氏王齐，使之与刘邦亲治秦中遥相呼应，颇中刘邦之意。吕后当政，刘氏诸侯王受到一定的打击，梁王刘恢、赵王刘如意被废，齐王刘肥、楚王刘交的封地被割。与此同时，诸吕得封，共八王，加上高祖末年所封同姓王中所剩五王以及长沙国，吕后朝共有王国十四国。从表面来看，吕后分封诸吕为王，显然是破坏了“白马之盟”中“非刘氏不王”的约信，但是，正如陈平所言：

> 高帝定天下，王子弟；今太后称制，欲王昆弟诸吕，无所不可。[1]

---

[1] 《汉书·王陵传》。

吕后之王诸吕，严格说来并未从根本上改变汉初三权并立的政权结构。刘邦分封同姓王从法理上看，是恢复六国之王政，其法权的依据是血缘原则，这与吕后分封诸吕从法理上看是相同的。故在陈平等人看来，诸刘也好，诸吕也罢，都是皇族之内部事务，高帝也好，吕后也罢，也都是皇权之代表。分封吕氏为王，不过是将刘氏血缘封王的原则，由皇室刘氏扩大到皇后之吕氏而已。但是，当吕后继续扶持诸吕，使之掌握原本属于军功集团的政府权力的时候，三权并立的原则受到破坏，掌权的实力派大臣通过武力终于解决了吕氏外戚集团，恢复了汉初之政治格局。文帝由诛诸吕的军功大臣扶上皇位，立即恢复了齐、楚、赵等同姓王之故地。修正了吕后将血缘分封原则扩大至诸吕的政策，遵循非刘氏不王之原则，基本上按照吕后之前的情势，完全恢复了汉皇朝与诸侯王国之旧格局。“汉之新贵族王政，再次确认为只限于刘氏皇族。”❶ 由于文帝本系藩王出身，他上台后如何平衡皇权与原本和自己地位相当的同姓诸王的关系，是汉文帝颇费心思的一件大事。终文帝朝基本上对同姓王采取一种宽容与安抚政策。文帝前元三年和六年，济北王刘兴居和淮南王刘长先后谋反被诛。由此引发文景时期汉中央对王国之削藩政策，最终导致“七国之乱”。待吴楚被平，王国之独立政治时代亦行将结束了。

二、王国的政治运行

汉初之王国，在政治上是半独立的（经济上则基本上是完全独立的）。前文已述，刘邦之分封同姓王，实质上是对六国政治传统之复兴，而六国政治传统，归根结底是一种血缘政治原则。就此而言，刘邦之同姓王分封之原则并不是建立在“功”的基础上的“有功则封，无功则不封”。事实上，同姓王的分封靠的是血缘的亲疏，而血缘亲疏是自然而成的。从这个意义上讲，刘邦时期乃至整个汉初之同姓王由于他们的王位来自既定的血缘，由此而来的王权也就是既定的和不受约束的，这也就从一开始就注定了王权与中央皇权之间最终的对立。

汉之同姓王分封制度，包括至少有“诸侯相国法”❷ 之存在。即

---

❶ 李开元：《汉帝国的建立与刘邦集团》，三联书店2000年版，第96页。

❷ 李开元：《汉帝国的建立与刘邦集团》，三联书店2000年版，第111页。

汉之诸侯王国相必须由汉朝廷任命。如汉元年封刘肥为齐王，同时任命曹参为齐相；九年封刘如意为赵王，同时任命周昌为赵相；十一年，刘长封淮南王，张苍为淮南相。据《史记·曹相国世家》：

惠帝元年，除诸侯相国法。更以参为齐丞相。

可知惠帝元年曾对刘邦时期所定之“诸侯相国法”做了一次修订，改诸侯王相国为丞相。至于这其中的意义，因资料所限，不必妄断，但至少说明惠帝以前，“诸侯相国法”就已在实行。

《汉书·百官公卿表》载：

诸侯王，高帝初置，金玺盭绶，掌治其国。有太傅辅王，内史治国民，中尉掌武职，丞相统众官，群卿大夫如汉朝。

《续汉书·百官志》亦载：

汉初立诸王，因项羽所立诸王之制，地既广大，且至千里，又其官职傅为太傅，相为丞相，又有御史大夫及诸卿，皆秩二千石，百官皆如朝廷，国家唯为置丞相，其御史大夫以下皆自置。至景帝时……遂令诸王不得治民，改丞相曰相，省御史大夫、廷尉、少府、宗正、博士官。

从上引两资料看，诸侯王国的政权机构设置与汉皇朝是大致相同的，但王国政权中的核心职位之王国相，从封王始就是由中央任命的。这无疑在一定程度上保证了中央对王国政治保持一定的影响和制约力。其最重要的一条，就是诸侯王国相，有节制地方军事之权。如陈豨为赵相国，“监赵、代边，边兵皆属焉”。曹参相齐，也掌控东方车骑二十余万，率兵参加平定陈豨、英布的反叛，这对中央而言，无疑是一个重要的实力保证。再就汉初之王国相的身份来看，文帝以前几乎没有例外，全部出身于军功大臣集团。从这个意义上看，汉初之王国政治模式，可以说几乎是汉中央政治的翻版，军功集团把持王国相位，王国的军权往往是军功集团把持的，诸侯王国的政治处境大体与汉朝皇帝相类似。汉文帝以藩王入主长安，即皇帝位，依然保持了汉初中央皇权政治模式，恐怕也与汉初王国之政治传统不无关系。文帝以后，文景两朝王国相中事功集团出身者逐渐占到优势。这与军功集团整体的衰落是相一致的。

总的看来，汉初王国政治与中央政治还保持着相当之联系。这主要表现在王国政府官员与中央政府官员之间保持着相当的流动性或者互换性。这与武帝以后实行左官律，王国官员不得入仕汉朝是根本不同的，具体说，王国相升任中央政府官职或中央政府官员被任命为王国相在汉初是很平常的。例如，曹参由齐相入汉相；张苍，先后任赵、代、淮南相，吕后八年升任汉御史大夫，元帝四年为汉丞相；爰盎，先后任齐相、吴相，于景帝三年入为汉朝之奉常；张释之，也是由淮南相升任汉朝之廷尉。以上数例是由王国相而入汉朝中央者。另由中央三公九卿而任王国相者，如郦商高帝朝曾任卫尉，于高帝十年被任为赵相，周昌高帝时任中尉、御史大夫，高帝九年任为赵相。此外，如张苍还曾做过常山太守，周昌也曾任内史。这说明，从总体上看，王国政治与中央政治存在某种一体性特征，至少从人才资源而言，双方具有共享性。这样的实例自然以曹参相齐最为典型。曹参相齐。从政治性质而言，他并不是齐王的政治代表，曹参身居齐相，然更是汉朝之齐相，从政治身份而言，他是代表了中央在地方王国之权力，再从曹参由齐相入为汉相的事实来看，汉初王国政治并非独立于汉朝政治之外的。王国政治与中央政治的这种一体性，事实上正是刘邦分封同姓的初衷之所在。

当然，从客观上讲，王国分封之初，或因受封者年岁尚小，王国势力羽翼未丰，加之由军功大臣出身之王国相掌控王国政权，王国政治与中央保持着比较浓厚的一体性的色彩，诚为贾谊所言：“大国之王幼弱未壮，汉之所置傅相方握其事”，[1] 是汉初王国与汉皇朝相安的客观条件，然“数年之后，诸侯王大抵皆冠，血气方刚，汉之傅相称病而赐罢，彼自丞相以上偏置私人，如此，有异淮南、济北之为邪！此时而欲为治，虽尧舜不治”。待诸侯势力逐渐坐大，终致形成尾大不掉之势，必然成为中央政权之分裂势力。正如贾谊评论文帝时诸侯王势力的发展所说：

> 天下之势方病大肿，一胫之大几如腰，一指之大几如股，平居不可屈信，一二指搐，身虑无聊。

---

[1] 《汉书·贾谊传》。

事实上，贾谊早已窥破同姓分封与中央政治之间的必然的对立关系，在这一点上，同姓也好，异姓也好，在对中央政权的割据性方面是相同的：

> 其异姓负强而动者，汉已幸胜之矣，又不易其所以然，同姓袭是迹而动，既有征矣，其势尽有复然。

可以说异姓分封、同姓分封，在与对皇权的分裂关系上是一脉相承的。所谓“又不易其所以然”，即是说，不改变分封这一造成诸侯反叛的根本原因，“同姓袭是迹而动”则是必然之事。这是贾谊作为一个政治家的政治眼光之独到之处。

尽管如上文所述诸侯王国的王国相、傅是由中央任命的，但王国依然保持着较为独立的政治权力，这其中最主要的一条就是诸侯王可以自己任命除王国相、傅以外的王国官员，《汉书·高五王传》赞曰：

> 以海内初定，子弟少，激秦孤立亡藩辅，故大封同姓，以填天下。时诸侯得自除御史大夫、群卿以下众官如汉朝，汉独为置丞相。

这样的实例如梁孝武在梁国：

> 招延四方豪杰，自山东游士莫不至；齐人羊胜，公孙诡，邹阳之属。公孙诡多奇邪计，初见日，王赐千金，官至中尉，号“公孙将军”，多作兵弩弓数十万，而府库金钱且百巨万，珠玉宝器多于京师。

显然，招延豪杰、自置官属是诸侯王扩充自己势力的重要手段。

七国之乱平定以后，景帝对诸侯王国政治作了很大的修正。主要是限制诸侯王国的自治权力。比如下令诸侯王不得再亲自治国，废除诸侯国王自置官吏的权力，封国中所有的官吏都改由朝廷任免，并且继惠帝更“诸侯相国法”之后，对此进行了新的修订：改王国丞相为相。这样王国相由相国，而丞相，到只称相，想必随着王国政治权力的被削夺，王国相的政治地位也随之下降，显然不只是名谓改变那么简单。随后，王国之御史大夫、廷尉等官职被废除，王国官员也被大量减员。[1] 这样诸侯王除吏权和治国权被剥夺，王国政治被大大削弱。继军功大臣逐步衰落以后，限制皇权的另一支主要力量也无可挽回地衰落了，大汉皇权在此后逐渐得到加强。

按照当时的诸侯王国法，[2] 诸侯王必须按时到长安朝会。[3] 时限大概为五年一朝。如《汉书·文三王传》载：

> 代孝王参，五年一朝，凡三朝。
> 梁怀王揖（又作胜），五年一朝，凡再入朝。

当然，根据与皇帝的亲密程度和关系远近，也有不按此例者。如景帝之同母弟梁孝王武："十四年入朝""十七、十八年比年入朝，留，其明年乃之国""二十一年入朝""二十四年入朝""二十五年复入朝"到"三十五年冬，复入朝，上疏欲留，上弗许，归国"。梁孝王武因是景帝的同母弟，有窦太后在朝中照应，所以得以频繁入朝会。并得以长期留居长安，但后来与景帝关系逐渐疏远，到三十五年欲留京师却遭到皇帝的拒绝，从这个意义上讲，入朝会仍是皇帝之恩宠，但同时可能还是一种对皇帝的义务，因此，不朝会者，须得到皇帝之特许，否则则要按律处罚，重至死罪。如文帝时就特许吴王刘濞"赐吴王几杖，老，不朝。"这其中的政治意味，不言自明在于体现诸侯王国对中央皇权的归属关系。因此，从法律角度而言，汉朝之法律，乃是全国之通行大法，诸侯王国不得在此之外擅兴法律，如《汉书·淮南王传》：丞相张苍奏淮南王刘长之罪状，其中之一便是"擅为法令，不用汉法"。因此，诸侯王国虽然在政治上保持着如除吏等相对独立的权力，但皇朝对诸侯王还掌握有削地夺爵甚至生杀予夺的权力。由汉皇朝任命之王国傅、相也握有王国行政、军事等大权，并可通过上书举报等方式劾奏诸侯王之不法。对此皇帝可责成丞相、御史大夫、廷尉或大鸿胪等组成专门法庭进行审议判决，报皇帝批准后执行。

---

[1] 《汉书·百官公卿表》：景帝中元五年，令诸侯王不得复治国，天子为置吏，改丞相曰相，省御史大夫、廷尉、少府、宗正、博士官、大夫、谒者郎诸官长丞皆损员。

[2] 关于汉代"诸侯王国法"，因资料所限，目前已难以了解其全貌。现仅知有"诸侯相国法"之名目，其具体内容也已不得而知，从张家山汉简来看，汉律之内容，多继承秦律，但又有很大的发展，汉代法律条文之多，至"典者不能遍睹"是可信的。以此观之，汉代关于诸侯王国的律令，想必也是十分齐备的。

[3] 《汉书·吴王传》注引孟康曰："律，春曰朝，秋曰请，如古诸侯朝聘也。"

总之，汉初王国之分封，从异姓王之军功原则，到同姓王之血缘原则的转移，由此而形成的政治格局基本上可认定为对六国传统的恢复。所不同的是同姓之分封，限于刘氏一姓。同为刘氏一姓之同姓王国，在法理上讲，王国的分封与王国权力的依据是与刘氏皇室血缘之亲疏远近，这就是六国传统。从政治关系上讲，同姓王国与中央所保持的是一种既具有很强的相对的政治独立性，又必须将其政治运行纳入中央之法律体系之下的政治关系。[1] 王国政治虽然拥有相对独立的行政权力，但并不具备立法权力，这是汉初同姓王国政治最基本的特点。这就决定了当王国政治之运行一旦超越了中央法律体系之认可范围，必然要与中央政治发生对立和冲突，从而成为中央政治之分裂势力。事实上，在同姓王大规模的联合叛乱，即七国之乱之前，汉皇朝对于王国已有立法限制：如诸侯王不得窃用天子仪朝，[2] 诸侯王无虎符不得擅自发兵，[3] 诸侯王之间不得私自会晤，不得与外戚之家私自交往，不得擅自出境，不得擅自爵人，赦死罪，不得收纳亡人，藏匿亡命等。[4] 这都表明王国政治的独立性是有限的，必须遵大汉皇朝汉律。随着诸侯王势力的扩大，中央法律体系对王国的法律约束力与来自诸侯王国的政治对抗力之间的矛盾越来越激化。最终导致双方的决裂，即诸侯王国的叛乱。

三、削藩与叛乱

王国政治与中央集权的矛盾逐步扩大，迫使汉中央皇朝改变对诸侯王的放任政策。开始对诸侯王国采取抑制政策，实施对王国的削藩，即削减王国的封地，划归中央政权直接管辖的郡县统治。

削藩之议，首倡于贾谊之《治安策》。他提出："欲天下之治安，莫若众建诸侯而少其力，力少则易使以义，国小则亡邪心"，最后达

---

[1] 汉代法律中，还定有专门的王国法律如"诸侯相国法"等。

[2] 淮南王长，就以窃用天子仪制而坐罪，死于迁徙途中。另，得天子特许也有例外者，如梁孝王刘武，"得赐天子旌旗，从千乘万骑，出称警，入言跸，儗于天子"。按《汉仪注》：皇帝辇动，左右侍帷幄者称警，出殿则传跸，止人清道也。按此梁孝王乃行天子之仪制也。

[3] 《汉书·高五王传》："王欲发兵，非有汉虎符验也。"可证。

[4] 参见白寿彝总主编：《中国通史》第五册，上海人民出版社 1995 年版。丙编·典志第十三章。

到“辐辏并进而归命天子”[1] 之功效。严格说来，贾谊之策还不能称为削藩，只是将诸侯王分而化之，弱化诸侯王的势力。前文已述，文帝即位以后，基本上恢复了吕后专政之前的汉皇权与诸侯王国之旧格局。到第二年，文帝以齐哀王刘襄死为契机。对刚刚恢复的诸侯王国格局进行了一些调整。一是分封自己的三个儿子刘武、刘参、刘揖分别为代王、太原王和梁王（梁揖死，无子，国除，徙刘武为梁孝王，刘参为代王，兼代、太原而王之）。二是将齐国一分为三，即齐国由刘襄子刘则继承，又割齐国之地分别立刘肥子刘章和刘兴居为城阳和济北王。三是分赵国为二，赵王刘遂王赵不变，又分赵王之河间立赵王刘友子刘辟强为河间王。文帝的上述做法，引起刘章和刘兴居兄弟二人的不满。刘章与刘兴居二人在诛诸吕时有功，大臣们曾以赵王与梁王之位相诺。文帝即位，只给了二人各益封二千户，黄金千斤的封赏，显然与二人的政治期望相差甚远。文帝二年“乃割齐二郡以王章、兴居”，二人自以为“失职夺功”[2]，心存不满。不久，刘章死，刘兴居则乘匈奴南下文帝亲征之机兴兵反叛，结果失败自杀。这是汉初同姓王国第一次兵变。到文帝六年，淮南王刘长谋反，国除。这是七国之乱前的另一次小规模反叛。从这次反叛到文帝十五年，汉皇朝与同姓王基本保持相安局面。文帝十五年，正式接受贾谊之“众建诸侯而少其力”的政策，开始大规模调整诸侯王国。将齐国一分为五，这样，加上重新恢复之文帝二年从齐国所分之城阳、济北二国，汉初刘肥之齐国已被分为七国，即刘肥子刘将闾、刘辟光、刘贤、刘卯、刘雄渠之齐、济南、淄川、胶西、胶东以及刘志之济北、刘喜之城阳国。刘长之淮南国，也一分为三，即淮南、衡山、卢江，分别以刘长子刘安、刘勃、刘赐为王。这是文帝对王国政治的最大一次调整。有论者称为“众建诸侯期”。称“汉对于诸侯王国之抑制政策，由此而开始明显起来。”但“汉朝与诸侯国的领土都相对稳定不变，各诸侯王之王系也基本稳定不变，同时，汉与诸侯王国之关系，汉之诸侯王国制度，也是稳定不变的”。[3] 当然，表面稳定之下，汉与诸侯王国之平衡已经被打破，已出现汉皇朝操纵王国之势。

---

[1] 《汉书·贾谊传》。

[2] 《汉书·高五王传》。

[3] 李开元：《汉帝国的建立与刘邦集团》，三联书店2000年版，第98～99页。

到景帝时，汉皇朝终于开始以更为直接的手段来对付诸侯王国，即直接削夺诸侯王国的土地。众所周知，这是景帝采纳了晁错削藩策的结果。汉皇朝的首位削藩对象是刘戊之楚国。刘戊，楚王郢客之子，楚元王刘交之孙，文帝六年立。景帝二年，因在为薄太后服间私奸，被削去东海、薛郡两郡。第二年遂与吴王等七国谋反，兵败被杀。此外，被汉皇朝削地的还有赵王刘遂之常山郡（后以此郡立中山国刘胜）、刘卯之胶西六县。七国之乱以后，吴国与济南国被除。吴国原有三个郡中，吴郡被划为汉之属郡，东阳、鄣郡则被置江都国，封景帝子刘非为王，济南国被除后亦划为汉郡。

事实上，虽然从文帝开始已明显地表现出对王国的抑制政策，但另一方面，文景在削藩的同时，又在分封新的同姓王，从新的分封对象看，几乎都是皇帝的亲子，如文帝三子，景帝十三子之封王，几乎都是和削先帝所立之王同时进行的。景帝二年，新置六王，除临江王刘阏之领土，由汉南郡分置以外，其他五王，皆因旧王国国土而立，这也许可以叫做以亲制疏吧。

从总数上看，通过这种削藩和新置亲子为王的转换，七国之乱以后诸侯王国的数量与文帝时期相比基本上保持着不太大的变化。从文帝朝到景帝朝，诸侯王国数由十七个增加为二十个，但各国所实际控制的领土数量已大大缩小了。一般王国土地仅限于一郡或仅相当于一郡之部分。如齐国仅剩有临淄一郡，楚国也仅有彭城一郡。这与汉初齐国跨州连郡，拥有七十余城的庞大势力已不可同日而语了。当然，尽管王国势力已受到很大的削弱，但就制度而言，王国分封制度并没有得到彻底的改变，即是说，汉皇朝并没有从政治框架上废除王国政治。尽管在七国之乱后的景帝五年，王国政治被进行了一次重大的修正，王国政治大大地被削弱了。

其实，文帝、景帝时期虽然接受贾谊、晁错之策实行削藩，但在汉初的郡县与封国双轨一体的政治框架之下，政治又不能不倚恃血缘，而倚恃血缘又有难以排除的问题——跟先帝所立宗藩易起冲突，这样，每每使封建子弟的政治工程演变成为几乎动摇国本的宗藩问题。管东贵先生在评论汉代双轨一体政治框架中的“血缘”因素时说：“如果再对照汉朝重建政治跟血缘关系后政权维持了几百年的情形看，则可以清楚地看出‘血缘’因素在成败上发生的作用。”[1] 按此似乎汉朝政权维系了几百年，“血缘”因素，即分封的王国政治功不可没。其实，从历史发展的实际看，所谓“重建政治跟血缘关系”，准确地说，是将血缘关系巧妙地从政治生活中剔除出去。班固称“（秦）内亡骨肉本根之辅，外亡尺土藩翼之卫……（汉）卒折诸吕之难，成太宗之业者，也赖之于诸侯也。”[2] 以当时的情形而言，无疑可称得上一语中的。但随之而来的问题是：尽管在同宗的皇室之间，同姓王国危及皇权的程度一点也不比吕氏之乱来得轻。可见，皇权与宗藩的关系并非政治与血缘关系的重建那么简单，在双轨一体的政治框架之下，封也有问题，不封也有问题。而真正有效的手段，只能是将血缘关系与政治生活分离开来，使诸侯王国“惟得衣食租税，不与政事”。[3] 事实上，管先生对双轨一体政治框架下的分封体制的不稳定性也有准确之估计，他以为“封建一轨之所以不稳定，主要原因有二：一是由于战国以来诸侯高度自主的传统跟皇帝专制之间的矛盾，如果失去血缘的亲和力，就容易产生紧张；二是由于做皇帝的环境各异，对血缘倚重倚轻，各有不同的需要，待时过境迁，一旦出现‘后属疏远’的效应，就容易产生大麻烦，汉七国之乱，晋八王之乱，明靖难之师都这样”。以此言之，管先生之重建政治与血缘之关系，或许可理解为一种将血缘与政治分离之关系，就像管先生自己所论：“直到武帝时，才使‘诸侯惟得衣食租税，不与政事，’于是乃形成‘郡县封建双轨一体而由皇帝专制’的一种新的政治体制。”[4]

---

[1] 管东贵：“秦汉封建与郡县由消长到统合过程中的血缘情结”，载《燕京学报》新五期，1998年11月。

[2] 《汉书·诸侯王表》序。

[3] 《汉书·吴王传》。

[4] 管东贵：“秦汉封建与郡县由消长到统合过程中的血缘情结”，载《燕京学报》新五期，1998年11月。

第四章　汉初的地方豪强：平民王政下的地方社会

一、汉初地方豪强之构成

战国以后，社会关系出现全新的变化，产生了全新的阶级关系：世袭旧贵族、军功新贵族、无封爵邑的官僚阶级，社会上的豪富之家，包括商人和豪强；居于社会下层的是农民、小手工业者、奴隶，还有一部分宾客、游侠。[1] 这种阶级关系构成了秦代社会之基础，换言之，秦汉时期的社会就是建立在这样一种阶级关系的基础之上。

西汉建立到刘邦去世，刘氏皇室与建汉的军功大臣，一直致力于寻求一种平衡双方政治关系的全新的政治框架，通过"白马之盟"确立了汉初之政治结构：刘氏皇族与军功贵族和官僚构成汉初统治阶级。这包括刘氏皇室贵族，即同姓王侯和军功贵族，即功臣侯，以及占据汉初政权各级官僚机构的军功官僚。他们构成一个相对稳定并相当封闭和具有排他性的统治集团。世袭旧贵族（即所谓六国之后）在楚汉之际昙花一现之后，又不可挽回地衰落了，但他们依然可能保持着传统的经济势力，成为地方豪富的重要组成部分，当然，他们已经从统治阶级下降为被统治的社会力量的上层了。此外，汉初的地方豪富作为一股重要的社会力量，还包括富商大贾以及被称为"豪杰兼并之家"的地方豪猾和闾巷之侠。

首先来看世袭旧贵族。

这部分人主要是原六国贵族的后裔，在亡国后，已失去了贵族的身份，但由于其雄厚的经济实力仍保持着在地方上的势力而成为豪族，是地方上的大姓。如"田儋，狄人也，故齐王田氏之族也，儋从弟

---

[1] 何兹全：《中国古代社会》，河南人民出版社 1991 年版。

荣，荣弟横，皆豪杰，宗疆、能得人"，即其代表。到汉初迁徙豪强时，齐诸田、楚昭、屈、景以及燕、赵、韩、魏之后都在迁徙之列，按《后汉书·五行志三》注引杜林疏曰：

> 及汉初兴，上稽旧章，合符重规，徒齐诸田，楚昭、屈、景，燕、赵、韩、魏之后，以稍弱六国强宗。

可见，六国贵族之后裔，仍是汉初地方社会之强宗大姓。这批人中的一大部分，在灭秦战争以及稍后的楚汉战争期间，曾借着陈胜、项羽等"兴灭国，继绝世"所重新复辟的六国政治传统，纷纷复辟，重建起六国政权，楚之孙心、齐之诸田、韩王信、魏王豹等都是此属。[1] 而张良、项梁、张耳、陈余等亦都属六国之后。秦亡后，楚汉相争，六国贵族或归楚或属汉，又卷入创建新政权的战争之中。追随刘邦集团的张良以及韩王信、张敖（张耳子）都在西汉建立后因功封王封侯，成为西汉王朝的新贵。但随即又在刘邦削除异姓王的斗争中被铲除殆尽，从此作为一个政治阶层在汉初舞台上消失了。当然，六国势力并未从此被彻底消灭，并且，"又由于文景时期以清静无为既定国策出现了政治上的宽松气氛和经济上的自由放任政策，从而为六国贵族势力的发展提供了宽松的外部条件；加上他们文化素质高，经营能力强，经济力量很快发展起来。他们役财骄溢，或至兼并，甚至武断乡曲，直到西汉中期以后，六国贵族作为一个社会群体才不复存在了。"[2] 大概到武帝时期，"徙强宗大姓，不得族居"对这一群体的破坏作用相当大，加之从景帝后期开始的重用酷吏政策，对这类地方大姓的残酷打击，使这一群体作为一般地方势力最终解体了。

再看富商大贾。

主要指那些经营手工业、商业和高利贷起家之豪族，到西汉中期以后，他们又投资土地，如司马迁所云："若至力农畜，工虞商贾，为权力成富，大者倾郡，中者倾县，下者倾乡里，不可胜数。"[3] 成为一股不可忽视的社会力量。

---

[1] 《汉书·韩王信传》赞曰：秦灭六国，而上方遗烈扫地尽矣。楚汉之际豪杰相王，唯豹、韩（王）信，田儋兄弟为旧国之后。

[2] 仝晰纲："秦汉时期的乡里豪民"，载《社会科学辑刊》1996 年第 3 期。

[3] 《史记·货殖列传》。

一般而论，皆以秦汉以重本抑末为既定国策。但汉初的情形并不如此。所谓“汉兴，海内为一，开关梁，驰山泽之禁，是以富商大贾周流天下，交易之物莫不通”。[1] 工商业经济在汉初皆有一个大发展时期。尽管汉初在政治上对商人已有严格的压制，令商人不得衣丝乘车，不得入仕为官，但汉初经济政策基本上呈自由放任政策，“孝惠，高后时，复弛商贾之律”，[2] 文景时期，实行轻徭薄赋、休养生息的无为而治政策，经济进一步放宽。文帝时竟一度废除盗铸钱令，使富家大贾得到了迅猛的发展。司马迁曾列举了三十余种工商业生产项目，均可制造出所谓“千乘之家”，可证汉初放任经济政策为富商大贾和大工商业主发展所带来的便利。司马迁列举之业，包括商业、手工业、农、林、牧、畜、渔各业以及高利贷，反映了汉初工商业发展的水平。司马迁列举秦末到汉初的富商大贾，蜀卓氏、程郑，宛孔氏，鲁邴氏以冶钱起家，皆家致千余；齐刀闲以渔盐致富，关中宣曲任氏，则以“力田畜”富者数世，无盐氏则以子贷钱，富埒关中，以上各家所业各有不同，但共同的特点是“通商贾之利”，卓氏，“运筹策”，程郑，“贾椎髻之民”，刀闲，亦逐“商贾之利”，任氏则更以囤积粮谷而起家。以上各例，都可证司马迁“用贫求富，农不如工，工不如商”殆非虚言。

司马迁所举不过是汉初富商大贾中的代表人物“此其章章大异者也”，其他“若至力农畜工虞商贾，为权利以成者，大者倾郡，中者倾县，下者倾乡里者，不可胜数。”在当时商品经济得到高度发展的情势之下，“富商大贾或蹛财役贫，转毂百数，废居居邑，封君皆低首仰给。冶铸煮盐，财或累万金，而不佐国家之急。黎民重困。”[3] 可见，富商阶层已是汉初地方力量的重要代表，按司马迁所言：“凡编户之民，富相什则卑下之，伯（百）则畏惮之，千则役，万则仆，物之理也。”[4] 这些富商大贾凭借他们手中的经济力量，不但“田池射猎之乐，拟于人君”，“千金之家比一郡之君，巨万者乃与王者同乐”，

---

[1] 《史记·货殖列传》。
[2] 《史记·平准书》。
[3] 《汉书·食货志》。
[4] 《史记·货殖列传》。

而且，可以“因其富贵，交通王侯，力过吏势，以利相倾”[1]，将其触角逐步地伸向政治领域，干预地方行政。

再看“豪杰并兼之家”之地方豪猾。

严格说来，所谓“豪杰并兼之家”很难说是一个独立的社会阶层。从身份上来讲，这部分人可能拥有多重性，他们一般是大地主、大工商主或高利贷者，即是说他们都拥有庞大的产业，都是一批地方豪富之家。正像《后汉书·酷吏传》所言：

> 汉承战国余烈，多豪猾之民，其并兼者则陵横邦邑，杰健者则雄张闾里。

所谓“并兼”是指他们利用自己的势力去侵夺小民，甚至国家利益，因此，这里所谓地方豪猾，主要是特指这一集团的豪霸性，是当时社会力量中的恶势力，他们为害乡里，鱼肉百姓，对抗官府，正如《汉书·董仲舒传》所言，他们：

> 因乘富贵之资力，以与民争利天下……是故众其奴婢，多其牛羊，广其田宅，博其产业，畜其积委，为此而亡已，以迫蹵民。

与国家利益相悖离，与官府相对抗，还表现在他们与官府争民，截留国家税收等方面，如《盐铁论·未通篇》所说：

> 大抵逋流，皆在大家，吏正畏惮，不敢笃责，刻急佃民。佃民不堪，流亡远出，中家为之出役，后亡者为先，亡者服事。

这里所谓的大家，即指地方豪猾。

这样的豪猾之家，一般都是地方大族，一族往往数百家，横于乡里，不遵法度，如“济南瞯氏，宗人三百余家、豪猾；二千石莫能制”，即是其典型代表。再如河北涿郡，“大姓西高氏、东高氏，自郡吏以下皆畏避之，莫敢与牾。咸曰：‘宁负二千石，无负豪大家’，宾客为盗贼。发，辄入高氏，吏不敢追，”[2] 则是公然与官府对抗了。所以，从汉初开始，这样的豪猾之家就是汉皇朝的镇压对象。

最后，再看闾巷之侠。

---

[1] 《汉书·食货志》。

[2] 《汉书·酷吏传》。

闾巷之侠是司马迁颇为赞赏的一个社会集团，他们重然诺、守信义、舍己为人，救人于危难，成为社会上有势力的阶层。他们的势力一般并不来自仕宦，也不来自经济的实力。他们非官非吏，社会地位也不甚高，但却在社会上享有极高的声誉，因此也具有很强的社会号召力。司马迁对这一阶层是赞赏有加的，他说："孟尝、春申、平原、信陵之徒，皆因王者亲属，籍于士卿相之富厚，招天下贤者，显名诸侯，不可谓不贤者。比如顺风而呼，声非加疾，其势激也，"固然可以称贤但未必难能可贵，"至若闾巷之侠，修行砥名，声施于天下，其不称贤，是为难耳。"❶ 在司马迁看来，战国四公子招贤纳士为世人所推崇，是因为他们的权势与声望。而闾巷之侠则不同，他们扶贫济弱、仗义行侠，自然也拥有很多的土地财产，但财富并不是决定他们声望和势力的主要因素。如郭解，轵人。"洛阳人有相仇者，邑中贤豪居间者以十数，终不听，客乃见郭解，郭解夜见仇家，仇家曲听解。解乃谓仇家曰：'吾闻洛阳诸公在此间，多不听者，今子幸而听解，解奈何乃从他县夺人邑中贤大夫权乎！'乃夜去，不使人知，曰：'且无用，待我去，令洛阳豪居其间，乃听之'。"❷ 郭解作为一个外乡人，可以居中调解洛阳仇家之纠纷，凭的乃是他的声望。调解成功又不贪己之功，又为自己博得了更大的声望。诚如司马迁所赞："吾视郭解，状貌不及中人，言语不足采者，然天下无贤与不肖，知与不知，皆慕其声，言侠者皆引以为名。"凭的就是"名声"二字。正是凭着这种名声、声望，闾巷之侠成了地方社会秩序实际上的掌握者和维护者，就像郭解所言，控制和维护地方秩序乃"邑中贤大夫"之权也。

因为他们有声望，所到之处，备受欢迎，如朱家"自关东莫不延颈愿交"，❸ 郭解入关"关中贤豪知与不知，闻其声争交欢解"。❹

汉初的闾巷之侠，势力较大者如剧孟、朱家、郭解等人。

剧孟，洛阳人。据《史记·游侠列传·剧孟传》说：

> 洛阳有剧孟。周人以商贾为资，而剧孟以任侠显诸侯。吴楚反时，条侯为太尉，乘传车，将至河南得剧孟，喜曰：吴楚举大

---

❶ 《史记·游侠列传》序。
❷ 《史记·游侠列传·郭解传》。
❸ 《汉书·游侠传》。
❹ 《史记·游侠列传》。

事而不求剧孟，吾知其无能为已矣。天下骚动，宰相得之若得一敌国云。

周亚夫的话显然太过夸张，但由此也可见剧孟社会势力之大，是不假的。此外再看朱家的例子。《史记·游侠列传·朱家传》载：

朱家，鲁人也。鲁人皆以儒教，而朱家用侠闻。所藏活豪士以百数，其余庸人不可胜言。振人不赡，先从贫贱始，家无余财，衣不完采，食不重味，乘不过驹车。专趋人之急甚己之私。既阴脱季布将军之轭，乃布尊贵，终身不见也。自关以东，莫不延颈愿交焉。

《郭解传》：

郭解，轵人也。及解年长更折节为俭，以德报怨，厚施而薄望。然其自喜为侠益甚。既已振人之命，不予令其功，其阴贼著于心发于睚眦如故云。而少年慕其行，亦辄为报仇不使知也。……邑中少年及旁近县贤豪夜半过门常十余车，请解解客舍养之。及徙豪富茂陵也，解家贫不中訾。吏恐，不敢不徙。卫将军为言"郭解家贫不中徙'。上曰：'布衣权至使将军为言，此其家不贫"。解家遂徙。诸公送者出千余万。

朱家藏活豪杰之士以百数，其中知名者如季布将军，都是一些国家的钦犯，朱家之于国家权力之对抗关系一目了然。所谓"专趋人之急"，乃是对抗政府之人，可以说是一伙不法之徒。郭解与朱家完全是同一类人，因睚眦之怨而草菅人命，从政府立场而言，这些人也可称得上一些恶势力。当然，他们往往打着扶贫济弱的旗号，与官府势力对抗，在民间也颇得名望。即便是地方胥吏，对他们也不敢轻言得罪。《郭解传》记载，郭解一次外出：

人皆避之，有一人独箕踞视之。解遣人问其名姓，客欲杀之，解曰："居邑屋不见敬，是吾德不修也，彼何罪！"乃阴使尉吏曰："是人，吾所急也，至践更时脱之。"每至践更，数过，吏弗求。怪之，问其故，乃解使脱之。

由此可见游侠之势力，是以影响到地方之行政。他们活动能力甚大，甚至可与朝廷权贵有所交往。如朱家为季布之事即通过夏侯婴向刘邦求情，赦免了季布。而郭解则更有大将军卫青向皇帝说情，想必其交往不浅。班固在《汉书·游侠传序》中曾对这些闾巷之侠作出评价：

> 布衣游侠剧孟、郭解之徒，驰骛于闾阎，权行州域，力折公侯。

可说是恰如其分的。

从汉初游侠之风如此之盛的实际看，汉皇朝对游侠基本上实行一种放任之政策。从《史记·游侠列传》所载的几则故事来看，政府对乡里邑聚的实际控制力似乎是十分有限的。比如郭解的外甥与人饮酒，因强迫对方强饮，被对方刺死。郭解的姐姐怒曰：“以翁伯（郭解，字翁伯）之义，人杀吾子，贼不得！”弃尸于道，想以此迫郭解为其报仇。后来杀人者迫于无奈只好找到郭解告以实情，郭解曰：“公杀之固当，吾儿不直”，竟将杀人者“免罪”，“诸公闻之，皆多解之义，益附焉”。通观此事，自始至终，未能见到官府的身影。按说人命关天，官府无理由不予过问，但郭解私放案犯，似乎还得到当地社会势力的赞赏。这一方面说明，汉初地方政府的统治力还未能很好地延伸到社会基层，另一方面也说明，当时地方势力之强大，事实上，后者正是前者的原因。当然，这种情况不可能长此下去，随着汉政权的逐步稳固和加强，对地方的控制力也在逐渐加强，景帝时“济南瞯氏，陈周肤亦以豪闻，景帝闻之，使使尽诛此属”❶。武帝时，郭解亦以大逆不道被诛。对地方游侠势力的政策逐渐转向以打击措施为主，原因正在于游侠势力对国家专制统治越来越强的危害。

二、汉初的豪强政策与地方豪族势力的发展

如上所述，汉初地方豪强势力得到一定规模的发展。这与汉初实行较为宽松和放任的豪强政策有密切的关系。西汉朝在武帝以前，社会的主要问题在于汉皇朝与诸侯王势力的对立，皇朝对地方势力基本上是无暇顾及的，加之在经济上实行放任自由政策，与民休息，“于是罔疏而民富。役财骄溢，或至并兼，豪党之徒，以武断于乡曲。宗

---

❶ 《汉书·游侠传》。

室有土，公卿大夫以下争于奢侈，室庐车服僭上亡限，物盛而衰，固其变也”。[1]

汉初对地方豪强政策最主要的一条就是迁豪政策。

一般看来，迁徙豪强是国家对地方豪强的一种抑制政策。自秦统一中国后，就开始迁徙豪强政策，当时迁徙豪强的主要对象是六国贵族。[2] 汉初，刘邦接受娄敬的建议，继续实行秦王朝的徙豪政策，“徙齐、楚大族昭氏、屈氏、景氏、怀氏、田氏五姓关中”。[3] 迁豪的对象是在秦亡过程中重新发展起来的六国贵族后裔。事实上，在汉四年，即公元前203年也就是刘邦即皇帝位的前一年九月，就曾“徙诸侯于关中”。关于汉初迁豪政策的目的，按娄敬的说法，很明显有两个：其一，是备胡，即加强关中的防务，以备北方匈奴对关中之威胁。其二，“诸侯有变，亦足率以东伐”，[4] 还是为了加强关中的实力。一般都认为这些措施是为了压制地方豪强。严格说来，这种看法不能说绝无道理。但是，我们将目光放到当时的历史实际中，就可以发现，当时的实际情况是，东方六国贵族主要散布在关东地区，也就是各异姓诸侯王的领地之内。如果说他们为这些异姓诸侯“所资”，被诸侯用来扩充自己的实力，是完全可能的，所以娄敬建议，将六国强族迁入关中，一则削弱了东方的实力，二则更主要是加强了中央所直接控制的力量，故曰：“此强本弱末之术也”。[5] 很显然，这一政策的直接目的，是削弱东方诸侯。说是与东方诸侯争夺地方势力并非言过其实。至于汉四年徙诸侯于关中，想来目的也在于此，只不过当时争夺这些诸侯势力者是刘项而已。这从刘邦在迁豪入关中以后所给予被迁豪强的优待政策也可得到证明。《汉书·高帝纪》：

> 九年冬十月，徙齐、楚大族，昭氏、景氏、屈氏、怀氏、田氏关中，与利田宅。

---

[1] 《汉书·食货志》。

[2] 秦大规模迁豪有两次，一次是“始皇二十六年，徙天下豪富于咸阳十二户”，另一次是“秦末世迁不轨之民于南阳”。参见仝晰纲：“秦汉时期的乡里豪民”，载《社会科学辑刊》1996年第3期。

[3] 《汉书·高帝纪》。

[4] 《汉书·娄敬传》。

[5] 《汉书·娄敬传》。

“与利田宅”自然是十分优待的。劳干先生曾有论曰：

> 徙民时只说在关中与利田宅，而不说对于原有田宅如何处置，当然是仍归原主。原主既徙，在其外田地的收入，也必年年远到京师，而京师更得充实也。[1]

从这个意义上说，与其说汉初迁徙豪强是对其进行的一项抑制政策，不如说是一项扶持加利用政策。当然，在自然经济条件下的安土重迁社会观念支配下，安居乡里乃是社会安定、经济发展的重要前提。大规模迁徙人口，在当时看来是“令百姓远弃先祖坟墓，破业失产，亲戚别离，人怀思慕之心，家有不安之意”。[2] 远途迁徙对豪强势力所带来的负面影响也是存在的，这其中恐怕最大的影响就是动摇了他们的社会基础。但这种影响的时效性又是十分有限的，事实上，汉中期以后乃至东汉以后出身关中的大族，其中就有很多是汉初从东方迁徙而来的。他们凭借家世的传统和庞大的经济实力，很快又发展成为这块土地的主人。

《后汉书·五行志》三注引杜林疏曰：

> 及汉初兴，上稽旧章，合符重规，徙齐诸田，楚昭、屈、景，燕、赵、韩、魏之后，以稍弱六国强宗。邑无营利之家，野泽无兼并之民，万里之流，海内赖安……强干弱枝，本支百世之要也。

另如《汉书·地理志》亦曰：迁徙豪强

> 盖以强干弱枝，非独为奉山陵也。

班固《西都赋》也有此论：

> 盖以强干弱枝，隆上都而观万国也。

所谓“强干”者，即将地方豪强迁至京师，以为强中央所控之实力。弱枝者，则是“衰弱诸侯”也。[3]

高帝以后，至文景时期未见有大规模的迁豪之事。景帝五年有

---

[1] 劳干：“西汉户口与地理之关系”，载《历史语言研究所集刊》第五本第二分册，1935 年。

[2] 《汉书·元帝纪》。

[3] 《汉书·陈汤传》曰：“初陵京师之地，最为肥美，可立一县。……可徙初陵，以强京师，衰弱诸侯，又使中家以下得均贫富。”

"正月，作阳陵邑，夏募民徙阳陵，赐钱二十万。"[1] 为这一时期仅见的一次徙民，但似乎并不是专门指对地方豪强的，从赐钱二十万来看，也看不出压制豪强之意。

西汉中期以后，随着王国问题的解决，六国旧贵族渐次嬗变为富商大贾和地方兼并之家。武帝以后，汉王朝仍继续迁豪政策，其迁徙对象主要是郡国豪杰和訾富之家。而且，对被迁徙的豪强依然保持一定的优待政策，赐钱、赐田宅。但是，随着豪强地主势力的发展，徙豪政策越来越不合时宜，到西汉末年遂被弃之不用，自此以后，终东汉之世，未见有徙豪之举。

汉初经济政策与豪强势力的发展。汉初实行放任的自由经济政策。首先是大力扶持一批军功地主阶层，刘邦建汉以后，就下诏令：规定原来无爵、有罪获赦及爵不到大夫的军吏卒，一律赐爵为大夫；军功爵在大夫以上者，分别增加一级爵位，并规定爵位在七大夫以上者，皆令食邑；非七大夫以下，免除本身和全家的赋税徭役。我们知道，这次诏令的赐爵对象是所有参加过楚汉战争的汉军士卒。之所以强调为复员的士卒赐爵，是因为爵位与占有土地、田宅是密切相关的。这就是汉初"以有功劳行田宅"之法。通过这项法令，在汉初造就了大批的新的军功地主阶层。他们是汉初豪强地主的基本力量之一。其次，汉初实施"开关梁、驰山泽之禁"的自由工商政策，"是以富商大贾周流天下，交易之物莫不通，得其所欲。"[2] 商业经济得到很大的发展，尽管从刘邦时鉴于商人这些"不轨逐利之民，蓄积余业以稽市物，物踊腾粜"，[3]"乘上之急，所卖必倍"，[4] 而带来的财政困难，制定了压抑商人的政策，"令贾人不得衣丝乘车，重租税以困辱之。"[5] 并规定"市井之子孙，不得仕官为吏"，但这些措施，只是将商人阶层踢出了政治圈子，却无力限制他们经济实力的增长，重租可以不动声色地转嫁到消费者，这其中自然也包括宗室、贵族们的头上。到孝惠、高后时，政府又"驰商贾之律"，文帝时甚至废除盗铸钱令，使

[1]《汉书·景帝纪》。
[2]《史记·货殖列传》。
[3]《史记·平准书》。
[4]《汉书·食货志》。
[5]《史记·平准书》。

民放铸，商业经济得到前所未有的发展。到景帝时，又进一步开放国家商业政策，尤其是放松了对商人的政治限制，允许商人可以为吏，《汉书·景帝纪》载，景帝后元二年曰：

> 今訾算十以上乃得官，廉士算不必众。有市籍不得官，无訾又不得官，朕甚愍之。訾算四得官，亡令廉士久失职，贪夫长利。

这就等于开了商人入仕之途，到武帝时遂有重用大批商人为宦之举措。另外，商业的发展，直接促进了专门以商品生产为目的的大手工业的发展。汉初从事“冶铸煮盐”之业的大业主们“得管山海之利，采铁石鼓铸，煮海为盐，一家聚众或至千余人，大抵尽收放流人也，远去乡里，弃坟墓，依倚大家。聚深山穷泽之中，成奸伪之业，遂朋党之权，其轻为非亦大矣。”❶ 以至造成了“以资强暴，遂其贪心，众邪群众，私门成党”，“强御日以不制，而并兼之徒形成”的局面。❷

汉初的赋税政策，也为地方豪强的发展提供了便利。汉初，社会经济遭受到极大的破坏，汉皇朝考虑到战后社会经济恢复的需求，实行什伍税一的低租税政策。到文景时期在实行入粟实边和郡县足用之后，政府对粮食的需求量大减，于是减田赋实行三十而税一。我们知道，田赋是按土地交纳的，这种轻田赋政策的受益者只能是大土地地主，而对无地或少地的农民并没有太大的实际意义。相反与轻田赋政策相对应的是重人口税政策，这是压在农民身上最沉重的负担。这一情况正如荀悦《汉纪》所批评的那样：

> 古者什一而税，以为天下之中正也。今汉民或百一而税，而谓鲜矣！然豪强富人占田逾侈，输其赋太半，官收百一之税，民收太半之赋，官家之惠优于三代，豪强之暴酷于亡秦，是上惠不通，威福分于豪强也。今不正其本，而务除租税，适足以资富强。

汉政府到文景时期还实施贵粟政策，即输粟拜爵以及与之相为表里的买爵赎罪制和买复制。文帝按照晁错之议：“今民入粟边，六百石爵上造，稍增至四千石为五大夫，万二千石为大庶长，各以多少级

---

❶ 《盐铁论·复古》。
❷ 《盐铁论·禁耕》。

数为差”，[1]待边境储粮足用五年之后，又改为入粟郡县，同样可以得到相应的爵级。有了爵级则可以享受赎罪、免役等政治特权。景帝时继续实行这项政策，以至于武帝时“兵革数动，民多买复及五大夫，征发之士益鲜。”[2]自然，可以输粟拜爵再以爵赎罪、买复者，绝非一般之小民，正如王夫之所论：

> 入粟六百石而拜爵上造，一家之伯亚旅，力耕而得六百之赢余者几何？无亦疆豪挟利以多占，役人以佃收其半也；无亦富商大贾以金钱笼致而得者也。如是则重农而农益轻，贵粟而金益贵。[3]

这项政策的得益者，也只能是那些强豪之家与富商大贾。他们利用手中掌握的经济实力，通过输粟拜爵从而改变自己的社会政治地位，并以此为基础逐步将势力伸向皇朝政治，发展成为官僚、地主、富商大贾三位一体的豪族。

汉初的土地自由买卖政策也为地方豪强的发展提供了保障。西汉建国之初，由于长期战乱而造成的“地有遗利，民有余力，生谷之土未尽垦，山泽之利未尽出也，游食之民未尽归农也”的局面，汉初统治者鼓励农民占垦荒田。开垦者对所占垦荒田拥有所有权，故得买卖，政府对土地买卖基本上是不予干涉的。汉初大丞相萧何即曾假权势贱买民田宅数千万，尽管从史书记载来看，萧何此举是为避免刘邦猜忌的自污手段，但证明当时买卖土地已很普及，据说刘邦得到百姓上告萧何强买土地一事也只是一笑了之。萧何后来可能还大量购买土地，并且“购买田宅必居穷处，为家不治垣屋，深恐子孙不贤，为势家所夺。”[4]可见，土地易主，在当时已是十分寻常之事，易主的最普遍手段无疑是买卖。所以董仲舒总结汉初几十年的情况时说：

> 秦……除井田，民得买卖。富者田连阡陌，贫者无立锥之地……汉兴循而未改……[5]

看来，董仲舒亦把到武帝时期已十分严重的土地兼并的原因归结

---

[1] 《汉书·文帝纪》。
[2] 《史记·平准书》。
[3] 王夫之《读通鉴论》。
[4] 《汉书·萧何传》。
[5] 《汉书·董仲舒传》。

为土地的自由买卖政策。《史记·货殖列传》说，关中富商大贾中最有名的是从齐国迁入关中的诸田：田啬、田兰，以及韦家栗氏，安陵、杜之杜氏，他们“皆非有爵邑奉禄，弄法犯奸而富，尽椎理去就，与时俯仰，获其赢利，以末致财，用本守之。”显然，他们是把从事商贾所赚取的资产投资购买土地，成为大地主。到武帝时明确下诏：

贾人有市籍者及其家属无得籍名田，以便农。敢犯令，没入田僮。

这是以法令的形式，明确规定商人不得兼营土地。但事实上，我们看到这项法令的有效性是十分令人怀疑的。例如武帝时颁布算缗告缗令：

杨可告缗遍天下，中农以上大抵皆遇告……得民财物以亿计，奴婢以千万数，田大县数百顷，小县百余顷，宅亦如之。于是商贾中家以上大率破。❶

这里所谓“大县数百顷，小县百余顷”的土地，自然是没收商人的土地。这从反面也证明在汉代初年，商人是大量占有土地的。文景时期晁错曾进言：农民“于是有卖田宅，鬻子孙以偿责者矣。”❷ 一方面是地方豪强兼并土地，另一方面则是小农破产，被迫出卖土地，就如贡禹所说：“贫民虽赐之田，犹贱卖以贾。”❸

总之，汉初实行的宽松国策，无论在政治上、经济上给地方豪强的限制都不甚严格。到武帝以后严厉打击地方豪强政策，在汉初还未见实施。迁豪政策本身也很难讲是对地方豪强的打击政策，况且，汉初也只是在刘邦时期大规模实施迁豪政策，文景时期三十余年见于史载的徙民也仅有景帝五年一次，从对象上看，是募民徙阳陵，也并非专门针对地方豪强。至于汉初实施的各项经济政策，其主要特征可归纳为自由放任政策，对地方豪强中的富商大贾和大地主阶层的发展极为有利，低田赋政策和土地自由买卖政策，对地方豪强经济势力的扩张以及大地主兼大商人的二位一体的新的地方豪强势力的发展提供了

---

❶ 《史记·平准书》。
❷ 《汉书·食货志》。
❸ 《汉书·贡禹传》。

可能。可以说，汉初网禁疏阔，对地方豪强不加任何限制，使之放开手脚发展自己的势力，到武帝时期，地方豪强势力终于过度发展，成为继汉初王国问题之后，汉中期以后的主要社会问题。

三、养士之风与汉初的豪族政治

养士之风，始于春秋，到战国方为大盛。一方面，一些权臣贵戚广招门客，借以扩大声誉，采纳良策，以巩固自己的地位；另一方面，那些恃才待进又苦于进见无门的士人投身权贵门下，为主人献计献策，进而寻求机会或通过主人的举荐而获得政治机会。这种情况到战国时期已是非常盛行。如战国四公子所养之士加起来当不在万人以下，吕不韦的门下也有三千之众。养士之风的产生又与战国时期开始流行的游学对策和举荐制并行的一套客卿制有极大的关联。事实上，所谓客卿，即是国君所养之士。国君封游士宾客为卿以示尊崇，这些客卿本身并没有一定的职位，被国君尊而礼之，给以优厚的待遇，以备顾问、参谋之用。一旦国家需要则可委以职权，或以带兵，或以出使，或与谋国政，决疑难，解是非。[1] 养士之风之所以在战国时期得以盛行，与战国时代社会政治之变迁有密切的关系。第一，春秋时代，旧秩序的土崩瓦解，使社会结构发生极大的分解和重组，所谓“高岸为谷，深谷为陵”，宗族势力变动不居，简言之，一方面是一大批的高低不等的贵族阶层被社会政治所抛弃，降为士甚至庶人阶层；另一方面又为庶人上升为士提供了契机。《韩非子·外储说左上》的一则故事，可说是这一时代变化的最好证明：

> 王登为中牟令，上言于襄主（赵襄子）曰：“中牟士曰中章、胥已者，其身甚修其学甚博，君何不兴之？”主曰：“子见之，我将为中大夫”。……（于是）中牟之人弃其田耘，卖宅圃而随文学者邑之半。

尽管韩非子说“弃其田耘，卖宅圃而随文学者邑之半”是有夸饰成分在其中，但至少新的士人阶层的产生是不用置疑的。他们可以不拘原有的身份，或为贵族之后，或为贩夫走卒，不受其职业、身份之

---

[1] 田昌五、臧知非：《周秦社会结构研究》，西北大学出版社1996年版，第299页。

限制，专心向学。或指点江山，或激扬文字，为实现自身的政治理想而奔走，谋求自己的前途，入仕干政无疑是他们的最佳选择，他们是新的政治体制下新兴官僚集团的后备军。这是战国时代养士之风之所以盛行的人才基础。第二，到战国时代，西周世卿世禄的政治制度开始瓦解，法家的尚贤理论以专制王权为中心，把矛头直指世卿世禄时代的贵族群体，在这一理论支配之下，各国都开始了全新的政治改革，“宗室非有军功论，不得为属籍。明尊卑爵秩等级，各以差次名田宅臣妾，衣服以家次，有功者显荣，无功者虽富无所荣华。”[1] 已成为新的时代精神。取代由贵族而成为新的政治体制下的当权者的新兴军功官僚集团，建立和维系新的政权体系所依靠的是他们的政治才能以及以此而建立的功勋。所以说“作为一种政体，与宗法贵族政治相冲突的军功地主是一个强大的利益集团，他们在军事和阶级活动中崛起，是社会变动中最活跃的因素和主要的体现者，具有强烈的分享政治权力的要求。”[2] 当然他们同时又必须是新的政治体制（即中央集权的君主体制）下君主权力的最积极的支持者和维护人。因为那是他们借以分享政治权力的基础。事实上，上述战国四公子，虽身为旧贵族，但从其政治倾向而言，他们基本上可看作是新的政治力量的代表。在全新的体制之下，一方面新兴地主需要全新的行政人才来填充和运行取世卿世禄的宗法政治而代之的新型政治体制；另一方面则是士人为寻求在新的政治体制之下参与政治的广泛需求，这是战国养士之风得以盛行的体制方面的原因。简单说，随着宗法贵族退出政治舞台而带来的政治真空需要新的社会力量在填充。第三，战国时期养士之风的盛行和当时政治体制转变前提下的多元政治有关。这可以从两个方面来理解：其一，各国内政治正处于新旧两大阶级（即旧贵族和新兴地主阶级）的交替时代，各阶级都需要自己的代言人，尤其是新兴的地主阶级通过吸纳新的士人阶层来壮大自己的力量，这就为养士盛行提供了可能；其二，战国时期是列国纷争的时代，政论是多元的。政出多头，士人游历其间，合则用，不合则去，上为国君之客卿，下为各级官僚之养士，遂成战国养士之风。这可以说是战国养士之风盛行的时代原因。

---

[1] 《史记·商君列传》。

[2] 陈明：《儒学的历史文化功能》，学林出版社 1997 年版，第 54 页。

《汉书·游侠传》序：

及到汉兴，禁网疏阔，未之匡改也。是故代相陈豨从车千乘，而吴濞、淮南皆招宾客以千数。外戚大臣魏其、武安之属竞逐于京师，布衣游侠剧孟、郭解之徒驰骛于闾阎，权行州域，力折公侯。众庶荣其名迹，觊而慕之。

到汉初兴，养士之风再次盛行。班固在这里并未深究其中的原因，只是说“禁网疏阔，未之匡改也”，汉初的放任政策，固然是养士之风盛行的重要原因，但更重要的恐怕还应该从汉初政治结构方面寻找答案。

前文已述，汉初重建的政治结构是皇权、政府权力和王国政权三权并立的政治结构。在政治体制上表现为一种郡国并行体制。尤其是就汉初同姓王的分封原则而言，基本是一种西周宗法制度之下血缘分封原则的复兴。可以说汉初的政治形态在一定程度上恢复了六国之政治传统。尽管同姓诸侯王与六国相比其政治的独立性是相对和有限的，但毕竟王国政治作为汉初政治的一元，使汉初政治无疑也具有了多元政治的雏形，养士之风的重新兴起，或许可以说是六国传统复兴的一项主要内容。傅乐成曾有论曰：“从刘邦死后到文景这段时期，汉朝的中央政权，不算巩固。那时诸侯势力强大，函谷关以东几乎全是他们的封土……中央的不干涉政策，促成他们的娇恣不法。……因此战国时代的一部分风尚，又于此时复活。在民间活跃着‘权行州域，力折公侯’的游侠者流，在中央高级官吏以及列国诸侯之间，则盛行着‘鸡鸣狗盗，无不宾礼’的养士之风。”[1]

从上引《汉书·游侠传》序班固的议论中可见，汉初养士可大致分为诸侯王养士、外戚大臣养士和布衣豪杰之游侠养士三类。

诸侯养士，应首推代相陈豨。《汉书·卢绾传》载：

豨以郎中封为列侯，以赵相国将监赵、代边，边兵皆属焉。豨少时，常称慕魏公子，及将守边，招致宾客。常告过赵，宾客随之者千余乘，邯郸官舍皆满。

陈豨招收宾客多至数千，已完全压过了战国四公子的派头。所谓

---

[1] 傅乐成：“西汉的几个政治集团”，载韩复智主编：《中国通史论文选辑》（上）第三编，南开书局1984年版，第377页。

宾客私养，自然是为己所用，所以赵相周昌乃上言“豨盛宾客，擅兵于外，恐有变”。其宾客之多，所握势力之大，竟能引起大臣对其给皇朝带来威胁的担忧。陈豨也终以宾客而反，可见一斑。

吴王刘濞、淮南王刘长也都以能养士称于当世。吴王刘濞“即招致天下亡命”[1]，淮南王刘长“收聚汉诸侯人及有罪亡者，匿与居，为治家室，赐与财物爵禄田宅”。[2] 其子淮南王安，亦“招致宾客方术之士数千人”，然三王终以谋反灭国。武帝于元狩元年（公元前122年）下诏尽捕淮南王与衡山王之宾客党朋，牵连致死者竟达数万人之多，可见其宾客之众多。

到景帝初年，这股养士的风气又由地方诸侯王国传到中央。[3] 这与当时政治的变化又不无关系。此时，军功大臣集团已开始零落。朝廷需要新兴的政治集团。在这种政治情势之下应运而生了两个新的政治集团，一个是前文所论之事功集团，另一个则是养士的豪门。其代表人物是外戚的窦婴和田蚡。

《史记·魏其武安列传》载：

> 窦婴，孝文后从兄子也。父世观津人，喜宾客。

看来是有养士的传统的。窦婴在吴楚反时，被拜为大将军。乃举荐其家中所养名士袁盎、栾布于上，吴楚破，封婴为魏其侯，“诸游士宾客争归魏其侯。”[4]

田蚡，孝景后同母弟也。于孝景后三年，封为武安侯。史称：

> 蚡新用事，卑下宾客，进名士家居者贵之，欲以倾诸将相。上所填抚，多蚡宾客计策。[5]

武帝初以魏其侯为丞相，武安为太尉。后因御史大夫赵绾请无奏事东宫，激怒窦太后，魏其、武安也被免丞相、太尉。但田蚡却凭着王太后的缘故“亲幸，数言事多效，天下吏士趋势利者，皆去魏其归

---

[1] 《汉书·吴王刘濞传》。

[2] 《汉书·淮南王刘长传》。

[3] 傅乐成：“西汉的几个政治集团”，载韩复智主编：《中国通史论文选辑》（上）第三编，南开书局1984年版，第378页。

[4] 《史记·魏其武安列传》。以下不加注者，均引自此。

[5] 《汉书·田蚡传》。

武安，武安日益横”。武帝建元六年，窦太后死。武安侯田蚡东山再起，出任丞相，而窦婴则失去窦太后的靠山，“益疏不用”，失去了权势，诸宾客纷纷散去，只剩下一个“为人刚直使酒，不好面谀”的灌夫。灌夫以勇武显名，“好任侠，已然诺”，也是一个善养士的人。自其失官家居“虽富，然失势，卿相侍中宾客益衰”。和窦婴的情形极为相似，于是：

> 乃魏其侯失势，亦欲倚灌夫引绳排根生平慕之后弃之者。灌夫亦倚魏其而通列侯宗室为名高，两人相为引重，其游如父子然。

二人从此结为死党，互为援引。此后，田窦冲突，以至相互上书诋毁，都想置对方于死地，其重要原因之一，就是对于宾客的争夺而引起的。窦婴因宾客冷落，自然极感羞愤，灌夫之不去，为他保留了最后一点面子，因此引灌夫为知己，“相恨知晚也”。并且要借着灌夫去打击“生平慕之而后弃之者”。所以当灌夫因田蚡欲夺窦婴之田而怒骂籍福，❶ 以及在为田蚡娶妇的酒宴上骂座被田蚡扣留时，窦婴也抱定“终不令灌仲孺独死”的决心，竭力营救。这固是死党精神的表现，同时也是为保住最后一点面子，故窦婴不惜为此拼掉老命。最终也因此双双丢掉性命。纵观田窦两家豪门之争，从表面上看，虽因双方政治权力地位的转移所致。但这件事似乎只能看作两大豪门私怨之争，其中却少了政治意味，主要的还是由于私人情感的冲突，借养士的分合而起的斗争。而非政权的争夺或政见的争执。❷ 由此可见，当时盛行之养士之风对皇朝政治之影响。

到田蚡死后，中央官员的好客之风，逐渐衰竭。其中原因，正如卫青所言：

> 自魏其武安之厚宾客，天子常切齿。彼亲附士大夫，招贤绌不肖者，人主之柄也。人臣奉法尊职而已，何以招士。❸

显然，权贵们招揽宾客与皇帝的专权是格格不入的，所以自田蚡

---

❶ 据傅乐成先生考证，籍福是窦婴所养之士，后以窦氏失势而转投田蚡者。参见傅乐成：“西汉的几个政治集团”，载韩复智主编：《中国通史论文选辑》（上）第三编，南开书局 1984 年版，第 377 页。

❷ 以上所论，参引了傅乐成先生的创见。

❸ 《史记·卫将军骠骑列传》。

以后，汉廷的丞相，除了公孙弘还有几个宾客外，“其后李蔡严青翟赵周石庆公孙贺刘屈继踵为丞相。自蔡至庆，丞相府宾馆虚丘而已。至贺、屈时，坏以为马厩车库奴婢室矣”。[1] 养士之风遂逐渐衰竭，到西汉末年方又重新盛行起来。

游侠豪猾养士是汉初养士之风盛行的另一种表现，《游侠传》所记汉初游侠，几乎个个是宾客盈门。游侠郭解所养宾客，动辄杀人越货，最终郭解也被其客乱法所累以致灭族而亡，可说是游侠养士而遭其祸的典型。再如《史记·季布列传》载季布弟季心：

> 气盖关中，遇人慕谨，为任侠。方数千里士皆争为之死。

也是宾客死士成群的人。季心曾因杀人逃匿吴国，藏匿于吴相袁盎处，“长事袁丝，弟畜灌夫、籍福之属。”袁盎、灌夫、籍福之辈都是一批“为任侠”的人，可算是义气相投了。其他如，《汉书·酷吏传·严延年传》载：涿郡

> 大姓西高氏、东高氏，自郡吏以下皆畏避之，莫敢与牾，咸曰“宁负二千石，无负豪大家”。宾客放为盗贼，发，辄入高氏，吏不敢追。

同书《赵广汉传》：

> （颍川）郡大姓原、褚宗族横恣宾客犯为盗贼，前二千石莫能禽制。

这些事例都是地方豪猾放纵宾客为害地方的典型。

总之，汉初的政权结构以及宽松、放任的政治环境之下，作为六国传统之一的养士之风得以复兴，并在一定的时期得到盛行，无论是诸侯王、中央高级官僚或者是地方豪猾、游侠之士，他们借养士而形成一股力量或以对抗中央、或以对抗政府，要么就是权力斗争和个人私怨斗争的工具。总的来看，养士之风促进了各类豪族势力的发展，或者说是豪强势力膨胀的一个重要表现，但这种情形总是与逐步加强的中央集权的潮流所逆的，所以到汉武帝以后，成为中央政府严厉打击的对象，因失去生存的环境而逐步衰竭。

---

[1] 《汉书·公孙弘传》。

第五章　汉武政治：平民王政的转型

武帝朝无疑是汉代政治的转折时期。其政治方针从无为而进取，其政制由宽松、放任而严酷、专断，其政治思想由黄老刑名而儒术治国。可以说到武帝朝汉代的整个政治面貌为之一新。开创了我国历史上著名的西汉盛世时期。我们知道，从汉初到汉景各朝以来的为政方针，基本上是按黄老无为而治的基调来制定，这种政策实际上是一种默认政策，即对汉初形成的刘氏宗室与军功集团按“白马之盟”的契约共享汉代国家政权局面的默认和维护。汉初六十年这一局面基本上没有发生大的改变。贾谊不知其中玄妙，少年轻狂，提出一系列的“专政”之术，固然说切中时弊，但至少是不合时宜。结果引起军功阶层后代的一致反对，终遭弃用，抑郁而死。英年早逝，故可悲叹。由此也可见司马迁将其与屈原合传作《屈原贾生列传》之良苦用心。到武帝时，“军功”阶层已衰落了，刘邦至文景在国家政治体制的创建方面又无任何之建树，因而随着旧政治阶层以及由他们所建构的政权体制的衰亡，汉代政治出现一段真空。这不但表现在军功集团衰退以后，汉代人才和统治阶层的真空，更体现在国家政治思想方面以及政权体制建树方面的真空。当然，这段政治真空给汉武帝个人以展示其雄才伟略的大舞台。但综观武帝一生，很难说他对于汉代政治建树有什么突出的作为，可以说他是以一番开拓之“伟业”，代替了在他那个时代应该完成的另外一项更为重要的任务，即建立一套全新的政治结构模式和政治运作模式，这其中的关键是解决军功集团以后汉代政治结构的重建问题。具体说，就是由什么样的政治阶层，以什么样的方式来重新建构汉代政治的问题。这自然也包含了汉代统治思想的重建问题。

一般看来，武帝以后“罢黜百家，独尊儒术”，开创了儒家政治的全新时期，随着儒家思想成为统治思想之核心，经学隆盛，选官也以经学儒术为标准，通过经学入仕，儒生成为新的政治阶层，成为汉代中期以后政治的中坚。我们知道，儒者作为古代知识阶层的主体之一，他们以为社会提供理论模式、创造思想文化价值为己任，有自己的风尚和道德标准，有着“参天地化育”的道德实践精神，有着自己的理想和现实批判精神。但是，以读经为中心的教育与选官制度在武帝朝形成以后，学儒已不再是一种单纯的思想修养和品格追求。学儒已完全成为读书人干求利禄的敲门砖了。对于大多数人来说，读经的主要目的甚至是唯一目的就是取得入仕做官的资格，已经不再是真正去追求那一套儒学思想体系了。《汉书·儒林传》曰：

> 自武帝立五经博士开弟子员，设科射策，劝以官禄，讫于元始，百余年间，传业者寖盛，支叶蕃滋……盖禄利之路然也。

正如翦伯赞所论：先秦儒者“一般地说并不（为）升官发财，而是为了追求他们所信奉的真理，董仲舒以后的儒家学者则不然，他们把儒家哲学当作政治的敲门砖”。[1]

概言之，官僚化和为追求利禄而读经，越来越成为汉中期以后儒者的一种普遍倾向，“曲学阿世，热衷富贵”[2]几乎成了大部分儒者的写照，“守经据古，不阿当世”[3]之誉，已经越来越为众儒者所不堪。此其一。其二，如《汉书·公孙弘传》赞所言：

> 是时汉兴六十余载，海内艾安，府库充实，而四夷未宾，制度多阙，上方欲用文武，求之弗及，始以蒲轮迎枚生，见主父而叹息。群士慕向，异人并出，卜式拔于刍牧，弘羊擢于贾竖，卫青奋于奴仆，日磾出于降虏，斯亦向版筑饭牛之朋已。

尽管说“汉之得人，于兹为盛”，但武帝所得而用之人，却并非什么纯粹的儒士。[4]向以为武帝按照董仲舒的建议“罢黜百家，独尊

---

[1] 翦伯赞：“秦汉历史上的若干问题”，载《历史学》1979年第1期。

[2] 《汉书·朱云传》。

[3] 《汉书·贡禹传》。

[4] 班固《汉书·匡张孔马传》赞云：“孝武兴学，公孙弘以儒相”，之后，“蔡义、韦贤、玄成、匡衡、张禹、翟方进、孔吉、平当、马宫及当子晏，咸以儒宗居相位，服儒衣冠，传先王语，其酝籍可也，然皆持禄保位，被阿谀之讥”。这其中并无武帝朝为相者，况且，从其所为来看也只是一群以儒术干求利禄的政客，实在难堪“儒士”之称。至于公孙弘，则更是“习文法吏事，缘饰以儒术”，从根本上讲，尽管口悬经术，实不过是一个文法之吏而已。

儒术”，一改汉朝风气，为儒术大开入仕之门。这其实是极大的误解，不用说董仲舒根本未能得到武帝的重用，在武帝朝三公九卿之中，我们也很难找到真正的儒士身影。相反武帝所用之人基本是一些新的军吏阶层和法吏阶层。诚如汲黯所言，武帝用人“内多欲而外施仁义”，[1] 武帝真正感兴趣的是董生的“大一统”学说，对儒者的兴趣则很有限。如上班固所说“群士慕向，异人并出”，也不过是卜式、桑弘羊、卫青、金日磾这样的“酷吏”和“利臣”而已。

总而言之，武帝时期，汉代政治发生了根本性的转折，汉初三权并立的政治局面终于被打破，中央皇权得到了极大的加强，汉初的王国政治被终结。汉帝国政治统一，国力强盛，堪称“盛世”。但纵观武帝朝始终，武帝君臣在汉代政治思想和政治体制建设上却毫无建树可言。汉代政治模式的真正建立已是昭宣以后。当然，武帝表面上还是尊儒的，也的确为儒者做过一些好事，立太学，设经学博士，为儒士进入政治开创了晋身之阶，为士人阶层的发展创造了有利的条件，也为“汉政”之确立，做了准备。所以我们将武帝时期的政治特征，名之为“转型期政治”。武帝统治时期也就是汉代政治的转型时期。

一、汉武皇权向政府权力的渗透

汉初政权结构是皇权、王国与政府三权并立的。政府权力以丞相为核心。丞相总揆百官，掌控皇朝军国大政，代表皇帝“助理万机”，几乎是无所不统。相对于秦始皇式的专制皇权，汉初皇权是一种“共天下”理念支配之下的有限皇权。从实质上看，刘邦即皇帝位，不过是霸业政治的达成，以汉为盟主，以各诸侯王国为同盟的反楚联盟的胜利宣言。天下乃是刘氏与刘邦集团的所有成员共同打下的，共同所有的，当然应该共同公平地分配天下。[2] 所以汉初的丞相为首的中央政府机构的各级长官都是在共同打江山过程中建立军功的刘邦集团的军功大臣。这就是所谓共同打天下，共同坐天下，共同创业，共同所有之“共天下”的理念。正如《汉书·高帝纪》高帝十二年三月诏所云：

---

[1] 《史记·汲黯郑当时列传》。

[2] 李开元：《汉帝国的建立与刘邦集团》，三联书店 2000 年版，第四章第三节。

吾立为天子，帝有天下，十二年于今矣。与天下之豪士贤大夫共定天下，同安辑之，其有功者上致之王，次为列侯，下乃食邑。而重臣之亲，或为列侯，皆令自置吏，得赋税，女子公主。为列侯食邑者，皆佩之印，赐大第室。吏二千石，徙之长安，受小第室。入蜀汉定三秦者，皆世世复。

我们知道，这是刘邦临终前不久下达的一份诏书，我们可以将这份诏书看作是刘邦对其十二年帝王生涯的总结，更是对其身后汉代政治的安排。大致与此同时，他与心腹之军功大臣，还订立了“非刘氏不王，非功不侯”的“白马之盟”。与此相为表里，构成上述三权并立的结构。可以说这是汉代初年政治形势的产物。

这种相对皇权，到文景时期已开始出现初步的变革。主要标志是汉皇朝对王国政权的削夺。到景帝平定吴楚七国之乱，实施大规模的削藩，王国政治已遭受了极大的打击。而此时掌握政府大权的军功大臣集团也已衰落了，到景帝末年，随着军功集团退出汉初政治舞台，汉代政权出现了真空。武帝即位后，汉初三权并立的结构已逐渐松动，为武帝加强皇权提供了客观的条件。汉代皇权逐渐向政府权力渗透，并逐步控制了政府权力，作为政府首脑的丞相，不但手中权力被严重地削夺，甚至其生命都已失去了基本保障，成了皇权任意宰割的对象。汉武帝朝前后十二任丞相，竟有五任于相位之上死于非命。以至于公孙贺得到丞相之位，竟“顿首涕泣”，不受相授，结果引得汉武帝十分不悦，最终也难逃“父子死狱中，家族”[1]之命运。

武帝向政府权力的渗透，主要是通过加强中朝官之权力以逐步分解相权，达到控制政府的目的。

中朝指黄门之内的禁中。这里是君主处理机要事务的地方。所谓中朝官则指有权自由出入禁中，参与机要之官。[2]历来对中朝官职的论述颇多。今人有杨鸿年先生在《汉魏制度从考》中辟有专节详尽解释。陈仲安、王素二先生《汉唐职官制度研究》也有专题考述。诸先生的论证颇多发明，但似乎仍有剩义可论。

三国孟康最早论及中朝与外朝之区分，《资治通鉴》卷三二汉成

---

[1] 《汉书·公孙贺传》。

[2] 陈仲安、王素：《汉唐职官制度研究》，中华书局1993年版，第17页。

帝元延元年十一月：

红阳侯立举陈咸方正，对策，拜为光禄大夫，给事中。丞相方进复奏咸前为九卿坐为贪邪免，不当蒙方正，备内朝臣。

胡三省注引孟康曰：

内朝，中朝也，大司马、前后左右将军、侍中、常侍、散骑、诸吏，给事中为中朝官，丞相以下至六百石为外朝官也。

按此大司马、前后左右将军、侍中、常侍、散骑等职为中朝官者，皆因其“给事中”，也就是说，中朝官乃指给事“禁中”的官职。但《汉书·刘辅传》云：

于是中朝左将军辛庆忌、右将军廉褒、光禄勋师丹、太中大夫谷永俱上书。

注引孟康，则无诸吏后“给事中”三字，与胡注虽三字之差，但文意去之甚远，不知孰是。宋人刘奉世在《汉书勘误》中对孟康之说加以异议曰：

案文，则丹、永皆中朝也。盖时为给事中、侍中、诸吏之类。

据此，按刘奉世之见，凡加给事中、侍中诸吏等官号时才可称中朝官，则与胡注引孟康之解有相合之处。

《汉书·百官公卿表上》曰：

侍中、左右曹诸吏、散骑、中常侍，皆加官，所加或列侯、将军、卿大夫、将、都尉、尚书、太医、太官令至郎中亡员，多至数十人。侍中、中常侍得入禁中，诸曹受尚书事，诸吏得举法，散骑骑并乘舆车。给事中亦加官，所加或大夫、博士、议郎，掌顾问应对，位次中常侍。中黄门有给事黄门，位从将大夫。皆秦制。

《汉书补注》注此引钱大昕曰：

自侍中而下，《汉书》所称中朝官也，亦谓之内朝臣。考高帝时卢绾为将军，常侍中；孝惠时郎侍中皆冠鵕，贝带，傅脂粉，是汉初已有侍中。武帝初，严助、朱买臣皆侍中，贵幸用事，始与朝政。厥后，卫青、霍去病、霍光、金日磾皆由侍中进，而权势出宰相右矣。

按钱大昕之说，侍中、中常侍得入禁中，自是中朝官，则汉初已有中朝之官。但他在所著《三史拾遗》中又说：

然中外朝之分，汉初盖未有之，武帝始以严助、主父偃辈入直承明（殿）、与参谋议，而其秩尚卑，卫青、霍去病虽贵幸，不干丞相，御史职事。至昭宣之世，大将军权兼中外，又置前后左右将军在内朝预政事；而由庶僚加侍中，给事中者，皆自托为腹心之臣矣。此西京朝局之变，史家未明言之，读者可推验而得也。

按此，中朝官之设，与中外朝之分，在钱大昕看来是两回事。我们认为这种看法是完全正确的。因为汉初虽然有侍中、中常侍之职，但他们并没有和外朝的政府行政系统形成相对的两大组织系统。这两大系统的区分是武帝朝才出现的。

《汉书·百官公卿表》说，侍中、左右曹等职为“加官”。加官是什么意思呢？前引《汉书·刘辅传》云：

于是中朝左将军辛庆忌、右将军廉褒、光禄勋师丹、太中大夫谷永俱上书。

传文明言辛庆忌、廉褒、师丹、谷永四人为中朝（官），按《汉书》各传：辛庆忌官拜“右将军、诸吏、散骑、给事中”，师丹“以光禄大夫给事中，由是为少府，光禄勋，侍中”，谷永“征永为太中大夫，迁光禄大夫，给事中”。廉褒《汉书》无传，任官详情不得而知。按上引《汉书》各传，辛庆忌、廉褒、师丹、谷永四人被称为中朝官，并不是因为他们的本官左右将军，光禄勋，太中大夫是中朝官，而是因为他们的加官侍中、诸吏、散骑、给事中是中朝官。[1] 陈仲安、王素二先生据此认为：

中朝官由加官与职官组合构成，因其加官为中朝官故可给事禁中，职官可以召听参预处理机要事务。所以所谓中朝官的制度，大致是通过加官来实现的。

---

[1] 陈仲安、王素：《汉唐职官制度研究》，中华书局1993年版，第16页。

仅仅有权自由出入禁中的官，如宦官不是中朝官；仅仅参预处理机要事务的官，如尚书，也不是中朝官。❶

事实上，我们认为二先生此论实在是一个极大的误解。依笔者看来，这是二先生将中朝官与中朝官制度混为一谈而引起的误解。但二先生认为中朝官制度，大致通过“加官”来实现的，这一看法却实在是精辟之论。

笔者认为，中朝官和中朝制度是相为关联的两回事。中朝官就是中朝官，即指能入禁中之官职。这其中包括侍中、中常侍、散骑、诸吏，还包括尚书令、中书令两大系统。尚书，本秦官。据《宋书·百官上》说：

秦世，少府遣吏四人在殿中主发书，故谓之尚书。

又云：

秦时有尚书令、尚书仆射、尚书丞。

《汉书·百官公卿表》少府属官下有尚书令、丞，又郎中令属官有“仆射，秦官，自侍中、尚书、博士、郎皆有。”可知汉代确有尚书之职。《汉书·窦婴传》载：

孝景时，婴尝受遗诏，曰“事有不便，以便宜论上。”……婴乃使昆弟子上书言之，幸得召见，书奏，案尚书，大行无遗诏，诏书独藏婴家，婴家臣丞封。乃劾婴矫先帝诏害，罪当弃市。

据此事可推知尚书应负责保存皇帝下诏之副本档案。因而属于皇帝身边的秘书类的人物。尚书与尚冠、尚衣、尚食、尚浴、尚席并称“六尚”，但与后五者相比，尚书的工作性质与其完全为皇帝的生活起居服务性质有所不同，尚书的工作因涉及政治事务，故使之具有皇帝私人政治秘书的身份。

中书令，始设于武帝后期，一般由宦官担任。其职能本与尚书令机构没有什么大的区别。那么何以又设此机构呢？原来，尚书机关设在宫内禁外，武帝后期“游宴后庭”不与朝臣见面，就连尚书也因无

❶ 陈仲安、王素：《汉唐职官制度研究》，中华书局 1993 年版，第 17 页，原注参阅王素《三省制略论》第 79 页。

法进入后庭而难得与皇帝见面，如此一来便有中书之设。《续汉书·百官三》说：

> 尚书令一人，千石，本注曰：承秦所置，武帝用宦者，更为中书谒者令。成帝用士人，复故。

按此，则中书令乃由尚书令改设，且改用宦官。事实上，这一记载是有错误的。据《汉书·百官公卿表上》，少府属官中既有尚书令、丞，又有中书谒者令、丞。尚书与中书显系两个机构。据杨鸿年先生考证认为，中书乃武帝时增设，与中书谒者合为一官，原尚书机构并未发生变化。他举二例为证：一是元帝时，石显为中书令，同时又有尚书令五鹿充宗；二是宣帝时命令臣民上封事，可以不经过尚书，直接由中书令出外取之。[1] 事实上这样的例证恐怕还有更多。据陈仲安先生考证，武帝时第一个中书令是被处宫刑的司马迁，大致在此同时，张安世擢升尚书令。[2] 因之，中书与尚书同时并置，应无疑问。

陈仲安、王素二先生又认为二者虽同时并置，但又是一个机构，地位也不平等，中书是领导者，尚书是被领导者。但是，我们认为，二先生此说并无直接证据可以资证。二先生据《汉书·楚元王传》：中书令“（石）显干尚书事，尚书五人，皆其党也。堪（周堪，光禄大夫领尚书事）希得见，常因显白事，事决显口。会堪疾瘖，不能言而卒。”以为，“这里说尚书五人皆为石显之党，证明中书尚书是一个机构，尚书完全受中书领导。”[3] 尚书完全受中书领导可能不假，但以五尚书皆为石显死党为由说尚书与中书为同一机构，则至少显得不够慎重。事实上，所谓“显干尚书事”，正可证尚书是独立于中书的一个机构，否则石显何“干”之有呢？干者，干涉也，也就是干预尚书之职权，如何能说自己的长官干预其责呢？

到武帝时，武帝对丞相权力过大的现实极为不满，因此几乎与丞相田蚡发生冲突，田蚡死后，武帝便着手设置“中朝”以削夺丞相权力。正如陈仲安、王素二先生所论：所谓中朝官制度，大致是通过

---

[1] 杨鸿年：《汉魏制度丛考》，武汉大学出版社 1985 年版。

[2] 同时，陈先生又说张安世擢升尚书令也有可能与司马迁为中书令不完全同时。但武帝之世有中书令也有尚书令是可以肯定的。这表现了先生治书之严谨态度。

[3] 陈仲安、王素：《汉唐职官制度研究》，中华书局 1993 年版，第 23 页。

“加官”来实现的。我们认为这其中包括两项内容：其一，是为朝臣加侍中、诸吏、左右曹、中常侍等“加官”，所加官号一般为原属中朝官之称，使之“给事中”，可入宫中参预机要。其二，武帝以后，尚书作为皇帝身边的枢密机构，地位日益重要，大臣参预中枢，则必须加“领尚书事”或“平尚书事”❶头衔，方可入参机要。总之，通过“加官”将原来属于中朝官的职称加在朝臣之上得以参预机要，由此构成武帝心腹近臣组成的“中朝”以分割相权，这便是中朝官制度。《汉书·百官公卿表》也正是在此意义上说侍中、左右曹、诸吏、散骑、中常侍、给事中等为“加官”。当然，有些中朝官职则根本就是为了实施中朝官的制度而新设的官职，如中书令。

另外，中朝官还有一个重要的“加官”，这就是大司马。《汉书·百官公卿表》太尉条说：

> 元狩四年初置大司马，以冠将军之号……无印绶官属。

师古注曰：

> 冠者，加于其上共为一官也。

武帝初置大司马官职，既无印绶，亦无官属，只是冠于大将军、骠骑将军之上的一个名号，实际上也是一种“加官”，由于这一加官在所有加官中最为尊贵，武帝以后形成中朝官制度，就以大司马为首，所以孟康注所列中朝官，首列大司马，正是此义。

总之，武帝通过中朝官制度，利用身边的近臣和心腹之臣加中朝官职，使之掌控机要，分割丞相之事权，使皇权开始向政府权力渗透，初步加强了皇权。此后，丞相不再是“助理万机”的行政首领，而逐

---

❶ 领尚书事始于霍光，武帝临终，以霍光为大司马大将军，金日磾为车骑将军，上官桀为左将军，桑弘羊为御史大夫，并受遗诏辅昭帝，霍光“领尚书事”故能政事一决于光。以后辅政大臣，凡有权处理政务者，也类有此衔。陈仲安、王素《汉唐职官制度研究》列有《西汉辅政大臣领尚书事情况表》可以参见。另所谓“平尚书事”按《汉书·百官公卿表上》注晋灼曰：“《汉仪注》：诸吏、给事中日中朝谒，平尚书奏事，分为左右曹。”按左右曹、诸吏、给事中等本为中朝官，作为加官称号，所加此称号者均可出入禁中，这就是我们所说的中朝官制度。但这些中朝官者本身并不是尚书机构成员，但可以受尚书事及平尚书奏事。如《汉书·张敞传》说“（于）定国为大夫，平尚书事。”同书《于定国传》则记此事云：“宣帝立，大将军光领尚书事，条奏群臣谏昌邑王者皆超迁。定国由是为光禄大夫，平尚书事，甚见任用。”

渐变成了皇帝的助手。其决策职能已被皇权取而代之。当然，这一过程并非一蹴而就的。首先，中朝官制度，是以给朝臣加中朝官称号的方式，使其得以参与机要，以便皇帝通过这一制度直接控制朝政。但毕竟中朝官作为一个特殊的官僚机构，缺乏独立性，实际上不能与外朝官彻底分离。被加以中朝官称号的朝臣仍然是丞相的属官，归丞相领导。其次，加官本身是没有什么权力的。作为加官的称号一般原本都是一些中朝官，本身并不是政府机构的职能性的职务，并没有实权在握。如霍光死时，其子霍禹为大司马右将军，后被免右将军号，失去兵权，大司马成了虚衔，只好任人宰割，是很好的例证。❶ 所以，利用中朝官制度来削夺相权的一个重要保证，就是皇帝个人的专权。这与皇帝个人的品格、作风、能力等都有密切的关系。武帝朝凭借着武帝的雄才伟略和专断的杀伐作风，很好地控制了朝政，武帝朝的丞相能够揽权的自然也就不存在了。我们知道，大凡一种国家制度，它的推行与成功必须依赖于这一制度的制定者和推行者的个人品格和权力作为保障而不是依赖于政策本身的实效性的话，这一制度很难称得上是成功的。武帝时的中朝官制度就是如此。

二、新军功阶层的兴起及其政治意义

武帝即位以后，国家依然面临着三大难题。其一是随着军功大臣集团的衰落后的国家政权结构的重建问题，已见上述。其二是最终解决王国政治的问题，尽管文景时期通过削藩与“令诸侯不得治其国”❷等手段，王国势力已遭到很大的打击。其三就是从汉初一直围绕汉皇朝的匈奴问题。汉皇朝自高帝白登山之役以后，一直保持着对匈奴的防御态势，通过“和亲”保持双方的粗安状态。但匈奴作为汉皇朝北方的心腹大患却一直威胁着帝国安宁。所以到武帝即位以后，凭着汉初几十年所奠定的雄厚国力，试图一雪国家的百年奇耻。经过朝臣的激烈论证，决定对匈奴展开全面战争。

汉初开国的军功集团，经历了数年的战争洗礼，饱经战阵，建国后这批人“出将入相”大概还应付得不错。但到文帝以后，他们都年

---

❶ 此点采引陈仲安、王素《汉唐职官制度研究》一书的见解。

❷ 《汉书·百官公卿表上》。

事已高，文景时期这批军功大臣大部分都死了，这一集团的第二代也算是出了几个人才，但除了周勃的儿子周亚夫尚能兼资文武以外，其余之人大凡碌碌之辈。武帝朝重开战端，自然不能依靠这批公子哥，因此，一个新的军功阶层便应运而生。这个新的阶层除几个外戚军功以外，真正能够率兵打仗的便是所谓的山西军人。❶ 此时的汉代朝廷，“出将入相”的人选已不可得，文武分途实属必然。山西军人集团便乘时而起，成为汉廷的新党。

《汉书·赵充国辛武贤传》赞曰：

> 秦汉以来，山东出相，山西出将。秦时，将军白起，郿郡人，王翦频阳人；汉兴，郁郅王围、甘延寿，义渠公孙贺、傅介子，成纪李广、李蔡，杜陵苏建、苏武，上邽上官桀、赵充国，襄武廉褒，狄道辛武贤、庆忌，皆以勇武显闻。苏、辛父子著节。此其可称列者也，其余不可胜数。何则？山西天山陇西安定北地，处势迫近羌胡。民俗修习战备，高上勇力鞍马骑射。故秦诗曰：“王于兴师，修我甲兵，与父偕行。”其风声气俗，自古而然。今之歌谣慷慨，风流犹存耳。

在班固看来山西出将是因为与胡人杂处，“修习战略”的结果，自然有一定的道理。但是，汉兴以来，出身山西的军人集团，长期以来受山东“淮泗”军功集团的压制，在政治上是没有出路的。从刘邦到景帝不用说汉廷的军政要职无一不被山东人所垄断，就连地方守尉一级也几乎成了山东人的专职。❷ 武帝朝以前的丞相，凡有籍可考者全都是山东之人，武帝朝十二任丞相，山西人占了三位，但其中两人为外戚，也只有李蔡一人算是“积功至丞相”❸。至于汉皇朝之军职，则由“淮泗”军功集团把持，岂容他人插足！长期以来，六郡良家子❹从军，几乎是山西军人进入汉皇朝军政的唯一出路。但当时充其量不过是选任为羽林、期门等皇家禁卫军的中下级军官而已。《汉

❶ 所谓山西者应指今陕西之华山以西。实即关西。

❷ 景帝朝以后，出身世代边将之家的公孙浑邪、魏尚、李广等出任边郡太守逐步改变了这种情形。但山西军人所占比例一直不高。

❸ 参见傅乐成《西汉的几个政治集团》。

❹ 六郡，师古曰：六郡谓陇西、天水、安定、北地、上郡、西河。良家子指“医、商贾、百工不得豫也。”

书·地理志》所言：

> 汉兴，六郡良家子选给羽林、期门，以材力为官，名将多出焉。

然，考诸史实，所谓“名将多出焉”者却都是景帝以后的事情。前引《汉书·赵充国传》赞班固所说“可称列者”大凡都是武帝朝以后才活跃起来的山西军人。王围，《汉书》无传，《汉书·艺文志》记有《强弩将军王围射法》五卷，大概与赵充国为同时之人。其他则无疑都是武帝以后的著名将领。

武帝朝新兴军功阶层的最上层，是所谓的“外戚军功”。武帝时先后任用三个以女宠而进的外戚为讨伐匈奴的军事将领，即卫青、霍去病和李广利。

卫青，本姓郑。其父郑季与武帝姊阳信长公主家僮卫媪私通而生青。后卫媪女子夫得幸武帝，子夫的这个同母异父的弟弟便冒姓为卫，即卫青。凭着卫子夫的关系，卫青得以平步青云，官吏太中大夫。元光六年，拜为车骑将军，击匈奴，从此开始其征匈奴的军事生涯。霍去病，卫青的另一个同母姊卫少儿之子，“其父霍仲孺先与少儿私通，生霍去病，及卫皇后（子夫）尊，少儿更为詹事陈掌妻，去病以皇后姊子，年十八为侍中。”[1] 元狩二年春为骠骑将军，“日以亲贵，比大将军”。李广利，号贰师将军。武帝宠妃李夫人之兄。此时汉匈战争已到了后期，李广利之征匈奴乃“期至贰师城取善马，故号‘贰师将军’”。反击匈奴侵扰的意味已很淡了。

汉匈征战的争夺焦点有三。第一，是河南地，即河套一带。这里距长安不过千里，匈奴骑兵数日可至，是对汉廷最大的威胁。元朔二年（前127年），大将军卫青自云中出兵击败河南之匈奴，匈奴楼烦王白羊王弃地而逃，汉武帝将收复之河套地区改立朔方、五原郡，移民屯戍，匈奴对长安的直接威胁被解除。第二，是河西地。即今河西走廊。元狩二年（前121年），武帝令已崭露头角的少年将军霍去病为帅，进攻河西，霍去病以数万骑出陇西、北地，深入二千余里，夺得匈奴的主要牧地祁连山和河西走廊，汉武帝在此陆续设酒泉、武威、

[1] 《汉书·卫青霍去病传》。

张掖、敦煌四郡。至此，切断了北方之匈奴与西方羌人的联系，并打通汉通往西域的道路。使匈奴发出“亡我祁连山，使我六畜不蕃息；失我焉支山，使我嫁妇无颜色”❶ 的哀叹。第三，是漠北之地，即彻底将匈奴赶出其栖息地，彻底解除匈奴对大汉之威胁。元狩四年（前119年），汉廷发动开战以来的最大攻势，越兵千里，深入大漠以北远途征战。汉军以卫青、霍去病二路出师。卫青自定襄发兵向漠北穷追匈奴。匈奴单于精兵被卫青击溃，遁走，卫青北至寘颜山赵信城而还。霍去病一路出代郡一路北进，深入漠北二千余里，打败匈奴诸王，追至翰海，在狼居胥山行“封”礼而还。这次战役以后，匈奴主力被迫西迁，自此“漠南无王庭”。汉军占领了朔方以西至张掖、居延间的大片土地，将前两次战役开发的土地连成一片，保障了河西走廊的安全，自此，汉在“上郡、朔方、西河、河西设田官，斥塞卒六十万人戍田之。”❷ 匈奴势力被彻底从该地区驱逐出去，从此不再构成对汉廷之威胁。此后一直到武帝末年，匈奴基本上对汉保持全力防御态势。太初元年（前104年），为了彻底扫除匈奴对西域的控制，武帝派李广利为帅，领军数万进击大宛。结果劳师远征，无功而还，据载，待李广利退还敦煌，“士不过什一二”，气得武帝使使遮玉门关，命令“军有敢入，斩之。”❸ 到第三年，即太初三年，李广利第二次远征大宛，攻破宛都外城，迫使大宛与汉军言和。结果劳师数万，尽获良马几十匹，中马以下牝牡三千多匹。不过，借着这次进兵，汉政府在轮台、渠犁等地开设驻军屯垦，置使者校尉领护，正式在西域设置西汉王朝之行政机构。

元封、太初以后至武帝末年，汉同匈奴间还发生过不少战争，但其规模和影响都要小得多。战局也是互有胜负，征和三年（前90年）李广利率兵出塞，结果兵败投降匈奴。汉军士卒死伤数万，此后汉便不复出兵。

在数十年的汉匈战争中，一大批新兴军功阶层崛起，这其中主要是属于山西军人，如李广、苏建、李息、赵食其、张骞、李蔡、公孙敖、公孙贺等。这批人大部分在朝中毫无凭借，他们之所以能够兴起，

---

❶ 《史记·匈奴列传》注引《西河旧事》。
❷ 《汉书·食货志》。
❸ 《汉书·李广利传》。

多半是靠着自己的本事和汉匈战争所提供的机会。大凡武帝之用人，与他的雄才伟略很相适应，即他所用之人，一般不问能力、不论出身，只找那些最听话的。所以，由他一手组织起来的军事统帅系统，即是由山西军人充任主干，担任实际的作战任务，而由几个“奉法遵职”的外戚来充当最高指挥。卫青、霍去病、李广利三人以外戚充任将军统帅大军。他们的共同特点是对上“以和柔自媚”，对下则不知体恤，只凭着皇帝给予的权威来驱使部下而已。其中卫青还有些才干，而且，他对武帝之个性也是深有了解，所以当有人劝他招士时，他便说：“自魏其武安之厚宾客，天子常切齿，彼亲附士大夫招贤绌不肖者，人主之柄也。人臣奉法遵职而已，何与招士。”❶ 所以他一生小心谨慎，唯武帝颜色是瞻。所以苏建评价他说：“大将军之尊重，而天下贤士大夫毋称焉。”❷ 至于霍去病，按《史记·卫将军骠骑列传》说：

> 其从军，天子为遣太官赍数十乘。既还，重车余弃粱肉，而士有饥者。其在塞外，卒乏粮，或不能自振；而骠骑尚穿域蹋鞠，事多类此。

完全一副花花公子的派头。李广利更不足道，伐大宛时，贪污腐化饿死许多士卒。不过这三人在“奉法遵职”这方面来说却十分合武帝的心思，他们没有个性，所以听话，没有大志，所以可靠。至于担任实际作战任务的军事将领，他们的风格和作风则与外戚军人有着完全相反的特征。大致说来，一是具备超凡的军事才干；二是体恤爱士。尤以李广为其代表。李广，其先李信秦时为将，乃将门之子。“以良家子从军击胡，用善射，杀首虏多，为郎，骑常侍。”景帝时，随周亚夫平定吴楚七国之乱，即已显示出卓越的军事才干。后数任边郡太守，武帝时他任右北平太守，被匈奴称为“汉之飞将军”，竟数年不敢入侵右北平之界。当时的典属国公孙昆邪称李广“才气天下无双”，堪称一代名将。史载：

> 广之将兵，乏绝之处，见水，士卒不尽饮，广不近水；士卒不尽食，广不尝食。

---

❶ 《史记·卫将军骠骑列传》。

❷ 其实，卫青还算有些才干懂得用人。山西军人集团中有一部分人还是他的心腹，他对山西军人集团也还算照顾，公孙敖、公孙贺等人都是他一手提拔的干部。

其为人：

历七郡太守，前后四十余年。得赏赐辄分其戏下，饮食与士卒共之。家无余才，终不言生产事。

所以李广死后“广军士大夫，一军皆哭。百姓闻之，知与不知，无少长皆为垂涕。”❶ 可以说是爱兵如子的将领。到李广的孙子李陵，司马迁说他“素与士大夫绝甘分少，能得人之死力。”❷《汉书·李广传》附《李陵传》也说李陵“爱人谦让下士，甚得名誉，武帝以为有广之风。”但是，李广祖孙的这种作风，并不受武帝喜欢，反受到外戚军功的压制。且不说李广从未获得过重要的任务，其麾下所辖将士也从未超过一万人，每次出战又屡因失援而败。元狩四年（前 119 年）武帝命卫青、霍去病北击匈奴。李广数次请命，终于被任命为前将军，随卫青出征。当探知单于主力所在，卫青却借皇帝密令，将李广从前将军调归右将军赵食其部，李广数争，无奈军令如山，只得随右将军出东道，结果迷失道路误了军期。据说卫青此举是为其心腹公孙敖争功。当时公孙敖刚刚失去侯爵之封，为卫青部中将军，“大将军亦欲使敖与俱当单于，故徙广。”❸ 公孙敖也是山西军人，曾在卫青微时救过卫青性命。但其品格风尚与李氏相去甚远，庸庸碌碌，但唯命是从，故能得到卫青的重用和武帝的赏识。卫青与单于接战，被单于主力逃脱，遂将责任推到右将军身上，李广愤然自杀。其自言：生平与匈奴大小七十余战，却从未与匈奴单于直接交手，此乃其生平一大憾事，“岂非天哉！”其实，这哪里是什么天意，外戚军人与之的矛盾冲突才是真正的原因。李广死后，其少子李敢曾因此而击伤卫青，不久李敢随侍武帝到甘泉宫狩猎，竟被霍去病暗箭射死，武帝心知其中缘由，却为霍去病掩饰，称其被鹿触死。这件事看来是李氏与卫霍之间的个人恩怨，但卫霍之敢于如此，实乃武帝之支持。

总的说来，汉匈之战，也只是汉帝国的一个局部战争，并不关乎帝国生死存亡，尤其是到武帝后期，匈奴已被击败。战争在武帝手中便成了政治游戏，只为了给自己宠姬的兄长捞取一些政治资本，竟将

---

❶《汉书·李广传》。
❷《汉书·司马迁传》。
❸《汉书·李广传》。

数万大军的生死交给一个毫无军事常识的外戚李广利让他去伐大宛，费时四年，前后出动二十余万人，劳民伤财，仅获马数千匹。很难想象这一切竟只为了“欲侯宠姬李氏。”天汉二年（前99年）武帝以李广利为帅伐匈奴，李陵拒绝为贰师将辎重。便被指派仅率五千步卒，出塞北进，在浚稽山与单于亲帅之十万大军遭遇，四次大战毙乱万余，自身只有千余伤亡。但就是这样一支善战的部队和勇武的将才，却得不到后援。苦战十余日，最终在距汉界不足百里之地投降了匈奴。同时李广利的三万铁骑，却在天山被匈奴包围，几乎溃不成军。据《史记·匈奴列传》的记载：

匈奴大围贰师将军，几不脱，汉兵物故什六七。

后来司马迁为李陵辩护，竟被武帝扣上一个“沮贰师而为李陵游说”[1]的帽子，下了蚕室。看来二人的战绩实在无法相提并论，所以为李陵游说，便成了“沮贰师”。武帝之袒护外戚，显而易见。武帝之用人，称之为唯亲者是任、唯庸者是任，恐怕并不为过。

总之，新兴的军功阶层，随着武帝发动对匈奴的大规模战争而崛起，但武帝真正重用的，只是“奉法遵职”的外戚军人。至于“士卒爱乐为用”的李广、李陵为代表的山西军人集团，除了外戚的几位亲信之外，他们的作风是不受武帝青睐的。正像卫青所说，“招贤纳士”乃人主之柄，人臣乃奉法遵职而已。李氏之“大为士卒拥戴”“能得人之死力”，对外戚军人而言是莫大的威胁，对君主来说，这样的臣下也并非多多益善，须知“功高者震主”。史称：

至乎孝武，元功宿将略尽，主得以肆其所欲也。

在这样的情势之下，自然是可有“肆其所欲之主”而不可有“能得人死力之臣”。李广祖孙的悲剧，症结于此。联想武帝对田蚡：“君除吏尽未，吾亦欲除吏”[2]之怒，雄才伟略的汉武帝是极不情愿臣下对朝堂指手画脚的。所以，尽管有所谓新兴军功阶层的崛起为汉廷之新党，但总的来说，都不过是武帝个人专断的工具而已。事实上，武帝如此用人，并非仅限于军界。一般认为，汉武帝以后“独尊儒术”，

---

[1] 《汉书·司马迁传》。
[2] 《汉书·田蚡传》。

设博士官，开弟子员，从此为汉代政治结构的重建创立了制度化的途径，其实，这的确是一个大误解。正如许倬云所言：

汉兴以来号为得士。然而仔细检核，这时期表面上似乎活泼的社会波动，事实上是若干特例，影响只及皇帝特选的人，并没有一个制度化的上升通道，从社会基层作普遍的选拔。易言之。从汉初的功臣集团独占性质演变到武帝时的名臣出身庞杂，也许只是表示功臣集团的权力让渡给皇帝一人，并不是政权的社会基础有任何改变。❶

也就是说，如果汉初政治是皇帝与军功大臣的联合专政的话，汉武政治则是皇帝的个人独裁，表现在用人制度上，汉初是由军功集团的垄断，武帝时期则是"天下布衣，各历志竭精，以赴阙庭。自衒鬻者，不可胜计"❷，但归根结底，政治通道，只有一途，即是武帝之好恶。

三、独尊儒术与汉武政治之"开放"

《汉书·儒林传》说：

孝文本好刑名之言，及至孝景，不任儒。窦太后又好黄老术，故诸博士县官待问，未有进者。

武帝初年，丞相窦婴、太尉田蚡、御史大夫赵绾等"务隆推儒术，贬道家言"❸，惹得窦太后十分不悦，后来，窦太后便借着赵绾"请毋奏东宫"的事件，迫使武帝免了三人的官。儒学在武帝初年再次受到压抑。待"窦太后崩，武安君田蚡为丞相，黜黄老，刑名百家之言，延文学儒者以百数。而公孙弘以治《春秋》为丞相、封侯，天下学士靡然向风矣。"❹ 儒学似乎又有了出头之日。但是，武帝本人对纯粹的儒术并不感兴趣。《汉书·儒林传》载：

武帝"使使束帛加璧，安车以蒲裹轮，驾驷迎申公。……

❶ 许倬云："西汉政权与社会势力的交互作用"，载《史语所集刊》第35本，1964年。
❷ 《汉书·梅福传》。
❸ 《汉书·窦田灌韩传》。
❹ 《汉书·儒林传》。

至，见上，上问治乱之事。申公时已八十余，老，对曰：‘为治者不在多言，顾力行何如耳’。是时上方好文辞，见申公对，默然。然已招致，即以为太中大夫，舍鲁邸，议明堂事。”

武帝方好文辞，对申公可能抱有很大的希望，兴致很高。不想这位鲁国的纯儒，竟拿类似于孔子“君子欲讷言而敏于行”❶这样的老话来回答“治乱之事，”武帝之失望是可以想见的。此后，武帝曾数次下诏，策问今治乱之道，希望从中寻找治国之术和构建帝国的统治思想，“于是董仲舒公孙弘等出焉”❷。

董仲舒是汉代《公羊》学大师。元光元年（前134年）董仲舒接受皇帝策问上“天人三策”提出“罢黜百家，独尊儒术”的政治主张，建议用儒学作为封建国家的统治思想。当然董仲舒之儒学，并非先秦儒学的简单重复，并不是纯儒，而是融合了阴阳五行与儒学等级名分主张的新儒学。其核心内容是“大一统”的理论。“《春秋》大一统者天地之常经，古今之通谊也。今师异道，人异论，百家殊方，指意不同，是以上亡以持一统；法制数变，下不知所守。臣愚以为诸不在六艺之科孔子之术者，皆绝其道，勿使并进。邪辟之说灭息，然后统纪可一而法度可明，民知所从。”❸这就是“独尊儒术”。

前文说过，董仲舒是《公羊》学家，他所阐发的儒学理论也是《公羊》学的理论。因此，汉武帝独尊儒学，实际上是独尊《公羊》学。❹正如《汉书·儒林传》所言：

于是上因尊《公羊》家，诏太子受《公羊春秋》，由是《公羊》大兴。

而《公羊》之所以能得到武帝之青睐，是因为《公羊》学最符合统治之需要。皮锡瑞《经学通论·春秋》引晋人范宁说：

废兴由于好恶，盛衰继于辩讷。……武帝好《公羊》而《公羊》之学大兴，宣帝好《谷梁》而谷梁之学大盛。非奉朝廷之意旨乎？公孙弘齐人，而袒齐学之公羊；韦贤鲁人，而袒鲁学之

❶《论语·里仁》。
❷《汉书·武帝纪》。
❸《汉书·董仲舒传》。
❹ 张舒亚：“论汉代《春秋》三传的官学之争”，载《中国史研究》1988年第2期。

《谷梁》；非出乡曲之私见乎？

应该说范宁只看到了汉代《公羊》、《谷梁》之互为兴替在于君臣的好恶之一面。而并未看到《公羊》之学利于武帝大一统的专制之需的另一面。事实上，董仲舒之治《公羊》，首先是将《春秋》神学化，所谓“《春秋》二百四十年之文，天下之大，事变之博无不有也。”[1]司马迁《史记·太史公自序》曾说：

> 余闻董生曰：“《春秋》上明三五之道，下辨人事之纪。……故有国者不可以不知《春秋》，前有谗而弗见，后有贼而不知；为人臣者不可以不知《春秋》，守经事而不知其宜，遭变事而不知其权；为人君父而不通于《春秋》之义者，必蒙首恶之名；为人臣子而不通于《春秋》之义者，必陷篡弑诛死之罪……故《春秋》者，礼义之大宗也”。

将原本一部粗略简单“断烂朝报”[2]的鲁国史书，奉为“经典”，似乎成了一个思想大宝库。其关键之所在，就是董仲舒《公羊》学，对《春秋》之唯心主义之神学解释。例如，《公羊传》训释《春秋·隐公元年》首句“元年春，王正月”曰：“何言乎王正月？大一统也。”[3]董仲舒对“春王正月”四字更作出主观的神秘解释：

> 正次王，王次春。春者，天之所为也；正者，王之所为也。其意曰：上承天之所为，而下以正其所为，正王道之端云尔。[4]

这样本来一个毫无什么“微言大义”的周历记年被赋予了神学之政治含义，董仲舒就是这样把他对《春秋》“微言大义”的唯心主义宗教哲学解释与政治思想结合起来，为统治者鼓吹的“受命于天”找到了理论根据。所谓的“大一统”，也为武帝加强中央皇权找到了理论根据。所以《公羊》学在武帝时受到尊崇也就不足为奇了。

武帝按照董仲舒对策的主张，“独尊儒术”，在长安设太学，置《诗》《书》《礼》《易》《春秋》五经博士官，教授儒家经典。挑选

---

[1] 《春秋繁录》卷五，《十指》第十二。
[2] 《宋史·王安石传》。
[3] 《公羊传·隐公元年》。
[4] 《汉书·董仲舒传》。

“民年十八以上，仪状端正者”和“好文学，敬长上，肃政教，顺乡里，出入不悖所闻”❶者五十人，为博士弟子员。这些符合儒家标准而被选为博士弟子员者，经过受业被考察试用，通一经即可补文学，掌故之缺，优秀者得为郎中。从此儒生有了一条进入政治之途径。

但是，正如我们所知，武帝之尊儒是尊《公羊》之学，《公羊》学属儒学中的“齐学”一派，武帝时设五经博士，也绝大多数是“齐学”博士。❷齐学的特点，按安作璋先生的研究，一为“权变”，二为神秘性。“‘齐学’崇尚权变，使武帝可以在仁义的外衣笼罩下，灵活地实施其‘多欲’政治；齐学的神秘性，不仅有利于神化皇权，而且符合武帝求仙，追求长生不老的幻想，而董仲舒的《天人之策》则是对‘齐学’的观念做了最充分的发挥，使之更合乎封建统治的需要。‘齐学’特别是‘齐学’中的《公羊传》博得了武帝的青睐。”❸可以说齐学的权变特征，与汉武帝“内多欲而外施仁义”的个性是十分合拍的。与“齐学”相比而言，儒学中的另一派“鲁学”则显得不如“齐学”善于顺应时势。武帝时“鲁学”派与“齐学”派为争夺思想统治地位而相互辩难，据《汉书·儒林传》记载：武帝时鲁学派江公与齐学派董仲舒并称于世：

仲舒通《五经》，能持论，善属文。江公呐于口，上使与仲舒议，不如仲舒。

当然，我们知道，江公不善言辩只是表面原因。鲁学本身恪守仁义，因循守成，不合武帝的心思才是最根本的原因。其实，早年武帝与申公论治乱之途，早已扫了武帝对鲁学的兴致。所以，所谓“独尊儒术”也并非凡儒士都可得到尊崇，更谈不上完成对整个思想文化界的垄断。事实上，武帝一朝甚至整个汉代，诸子百家并未因“独尊儒术”而绝迹。各个学派仍相当活跃，而且，武帝所重用之人，如韩安国、张汤、杜周之属乃法家信徒，主父偃、严安、徐乐乃纵横家派，汲黯、郑当时则为黄老信徒。正如《史记·龟册列传》所说：

---

❶《汉书·儒林传》序。

❷ 景帝时博士可考者四人，三人属齐学派，即治《齐诗》的辕固，治《公羊》的董仲舒和胡毋生。另一人是张生，他治《尚书》是济南伏生所传，也应属于“齐学”范畴。

❸ 安作璋、刘德增：“汉武帝尊儒术与齐学”，载《秦汉史论丛》第七辑，中国社会科学出版社2012年版，第231～246页。

至今上（武帝）即位，博开艺能之路，悉延百端之学。通一伎之士，咸得自效。绝伦超奇者为右，无所阿私。

所谓艺能之路，百端之学，当然绝非一个儒学所能包容得下的。通一伎之士，自然也非仅指儒术而已。事实上，武帝时期，如张汤之廷尉府尽用“文史法律之吏”[1]。而东海相宗叔犀，“设置之科，以第补吏，一府员吏，儒生什九。”陈留太守陈子瑀：“开广儒路，列曹掾史，皆能教授。薄书之吏，什置一、二。”[2] 可见汉武用人，绝非什么“独用儒生”，有的学者甚至还认为武帝之用“儒生”，纯粹只是为了“装潢门面”，在武帝心目中多少有点“俳优畜之”的意味。[3] 所以，笼统地说“独尊儒术”是没有意义的。在古代中国，学术为政治服务是其永恒的宗旨。而是否可以为统治者所用以及可以为什么样的统治者所用，并不仅仅在其学术本身。还更主要取决于时代之需要，甚至统治者的好恶。就学术本身而言，所谓儒生也是分门别派的，其兴衰之由必依政治需要及时代背景。就政治行政而言，恐怕更非单纯的儒生所能独任的。正如日本学者谷川道雄所言：

纵然前汉武帝采引独尊儒家的政策，试图作为官僚的资格而重视儒家的教养，但是，官僚制仰赖个人功能而支撑的原则并没有改变。[4]

从这个意义上讲，儒者可以凭主观之臆解“经术”，为帝国政治服务，可以做思想上的设计师，但具体的行政事务则必须由专门的行政人才（时人称为文吏）来完成，事实上，董仲舒就是很好的例证。

武帝独尊儒术，除设太学，置五经博士，选博士弟子入仕之外，还有重要的一项内容，这就是贤良方正、孝廉等“察举制”的实行。贤良方正、孝廉等科的特点，一为进贤，二为贡士，“这两方面都适应于儒家的为政以德，教民以德，以及由恪守德义的君子贤人任官以‘轨德立化’的思想，体现了一种在选官上‘以德取人’的原则。”[5]

[1] 《汉书·儿宽传》。

[2] 《论衡·程材》。

[3] 参见傅乐成《西汉的几个政治集团》。

[4] ［日］谷川道雄：“六朝时代的名望家支配”，载《日本学者研究中国史论著选译（二）》，中华书局1993年版，第162页。

[5] 阎步克：《察举制度变迁史稿》，辽宁大学出版社1997年版，第11页。

所以贤良、孝廉等举都与儒术有密切的关系。或者可以说儒生参政促成了察举制的成立。从这个意义上说，独尊儒术强化了贤良、孝廉等科察举制度。这种说法并不错误。但是，我们知道，察举制度本身，并非仅贤良、孝廉这些科目。事实上，察举制度作为皇朝政权机构官僚阶层的最主要的选拔制度，没有也不可能仅仅依靠某种单纯的理论为指导或依据。如独尊儒术。“以德取人”也并非察举制的唯一旨趣。从政治现实上讲，庞大的皇朝政治机构的运转需要各种专门行政人才的运作，不能单单依赖儒生；从察举制度本身的发展而言，察举制度的取士标准更非儒术一途。

察举之标准可称为“四科取士”。具体说，即以诸生（经中博士）、文吏（明晓法令）、孝悌（德行高妙）、能从政者（刚毅多略、遭事不惑）为取士标准。也就是明经、明法、德行、政略“四科”取士，而非儒术一科。可以说，贤良也好、察举也好，尽管选官的途径与对象有所不同，但二者所本之取士原则是相同的，这就是汉代所崇尚的“霸王道杂之”的治国之术在取士制度上的反映，即儒生与文吏并用，“以德举人”“以贤（能）举人”兼顾的原则。

再考诸武帝朝之用人选官实际，可以看到王朝的各类文官，大多可以分别纳入上述“四科”之中。例如，谏议大夫、议郎、博士、师傅、诸王仆射、郎中令等，例用明经科；御史、廷尉正、监、平、市长丞、符玺郎等，例用明法科；三辅令、贼曹、决曹等，例用治剧科。地方行政机构也大类如此。例如郡文学多用明经科。《汉书·盖宽饶传》：

明经为郡文学。

同书《诸葛丰传》：

以明经为郡文学。

决曹、狱吏则用明法科。如《汉书·尹翁归传》：

为狱小吏，晓习文法。

《后汉书·黄昌传》：

晓习文法，仕郡为决曹。

《续汉书·百官志》“洛阳市长”条注引《汉官》：

市长一人，秩四百石，丞一人，二百石，明法补。

同书“符玺郎中”条注引《汉官》：

当得明法律郎。

这样的例子还有很多，在此就不一一赘举了。

总之，汉武帝“独尊儒术”置五经博士，设太学，开弟子员，开儒生入仕之途，从一定意义上讲，汉武政治是向儒生开放的。当然，汉武政治的开放又绝非仅限于向儒生一途。事实上，如前引《汉书·公孙弘传》所言，武帝时：

群士慕向，异人并出，卜式拔于刍牧，弘羊擢于贾竖，卫青奋于奴仆，日磾出于降虏，斯亦向时版筑饭牛之朋已。

武帝以后政治的确具有开放之特性，这与“独尊儒术”有一定的联系，但并不能因此将武帝政治的开放理解成“独尊儒术”的产物。充其量可以说，“独尊儒术”开武帝政治开放之一途。武帝政治开放归根结底是将政治从汉初军功集团的独霸状态中开放出来，但又并非向全社会的开放，而只是将政治的军功集团独占向皇帝个人专断的让渡。武帝所用之人，一为“酷吏”，二为“利臣”，另外为了装潢门面，又用了一批儒生。“酷吏与利臣，可以合称为法家，因为他们在思想与作风方面，类似战国的商韩……他们心目中的法，就是皇帝的命令。”如《汉书·杜周传》载：

客有谓周曰：“君为天下决平，不循三尺法，专以人主意指为狱；狱者固如是乎？”周曰：“三尺法安出哉？前主所是著为律，后主所是疏为令，当时为是，何古之法乎”！

因此，这些法家办事，“可以说是完全秉承皇帝的意思去做，此外不以其他任何或事或理论为根据，也不受其他任何人或事或理论的约束。”❶ 这类法家者流的得势，一方面是因为他们雷厉风行的办事能力；另一方面则是因为他们这一阶层所奉行的忠君原则与武帝“内多欲而外施仁义”的品格相迎合。所以，武帝开放政治尽管也有向儒生开放的一面，但归根结底是向属于法家者流的文吏阶层开放的。当然，

❶ 参见傅乐成《西汉的几个政治集团》。

不可否认，武帝尊儒，立博士，设太学，从客观上为儒术政治开了通途，尽管儒术政治的全面建立在昭宣以后。

四、王国政治的终结

汉初刘邦君臣，“惩戒亡秦孤立之败”，矫枉过正，实行大规模的分封制度，造成诸侯王国地大、权重，俨然“独立王国”之局。终逃不过“后属疏远”的血缘渐疏效应，造成“亲者或亡分地以安天下，疏者或制大权以逼天子”[1] 的局面。随着诸侯王国与新皇帝之间的血缘亲合力的渐弱，皇帝与先皇藩王之间的冲突渐起，终至“七国之乱”的爆发。此后，文景两朝一直致力于“削藩”，以解决王国政治所带来的对中央集权的威胁。景帝时期“令诸侯王不得复治国，天子为置吏”，基本上取消了诸侯王所掌握的行政权，其独立性大大打了折扣。但毕竟作为汉皇朝体制中一个相对独立的政权体制，王国政治依然存在。因为毕竟王国还有自己的一套政治体制，有自己的一整套政权机构，尽管王国的整套政权机构都是中央政府任命的，但毕竟这一整套机构，仍为王国之机构，是为王国服务的。武帝即位后，进一步加强中央集权，对王国政治进行了进一步的调整。目标就是强化国家的统一，使“号为诸侯者，宜谨视所候奉之天子也”，“立义以明尊卑之分，强干弱枝，以明大小之职别。”[2] “强干弱枝”就是武帝调整中央与王国关系的指导思想。

首先，进一步分割王国的封地。主父偃向武帝进推恩分侯之策：

> 古者诸侯地不过千里，强弱之形易制。今诸侯或连城数十，地方千里，缓则骄奢易为淫乱，急则阻其强而合从以逆京师。今以法割削，则逆节萌起，前日晁错是也。今诸侯子弟或十数，而适嗣代立，余虽骨肉，无尺寸之封，则仁孝之道不宣，愿陛下令诸侯得推恩子弟，以地侯之，使人人喜得所愿，上以德施，实分其国，必稍自销弱矣。[3]

这一策略，显然有其高明之处，一方面“实分其国”诸侯王国势

---

[1] 《汉书·贾谊传》。
[2] 《春秋繁录》之《深察名号》《盟会要》。
[3] 《汉书·淮南衡山济北王传》。

力遭到分化和削弱，此后，王国大者封地不过十余城，小者不过一县，并且王国封地被措置于汉郡之间，从地理上已失去独占一方的条件，这就改变了汉初“诸侯比境，周匝三垂，外接胡、越”[1]的政治地理形势；另一方面，推恩诸侯子弟，使人人喜得所愿。也从一定程度上改善了“后属疏远”而带来的诸侯子弟与皇朝之间的对立，拉近了皇帝与这些诸侯子弟之间的血缘亲合力。汉武帝十分赞赏这一策略，下诏颁布了推恩令：诏曰：

> 梁王、城阳王亲慈同生，愿以邑分弟，其许之。诸侯王请与子弟邑者，朕将亲览，使有列位焉。于是“藩国始分，而子弟毕侯矣。”[2]

通过推恩策“令诸侯以私恩自裂地，分其子弟，而汉为定制封号，辄别属汉郡。”[3]不仅削弱了王国的力量，而且扩大了中央直属郡县的范围。

其次，如果说，推恩策是用暗削的手段达到削弱诸侯王的目的，那么，武帝强干弱枝的第二种手段则是强行的“除国”。这当然要有强大的中央集权作为后盾。如元狩元王、淮南王刘安谋反，“国除为九江郡”。衡山王刘赐也因谋反“国除为郡”。[4]此后济北王刘宽、济东王刘彭离皆因罪国除为汉之泰山郡北安县和大河郡。元鼎五年（前112年）又一次性因“列侯坐献黄金酎祭宗庙不如法夺爵者百六人。”[5]武帝时共有九个诸侯王因罪而废绝，另有三国因无后而除，这样景帝时留下的二十四个王国，有一半已不复存在了。

再次，颁布“左官律”和“附益法”，进一步削弱王国之政治地位。《汉书·诸侯王表》记：

> 武有衡山淮南之谋，作左官律，设附益之法，诸侯唯得衣食租税，不与政事。

从《汉书》引文看，似乎武帝以后，王国政治终结，诸侯“不与

---

[1] 《汉书·诸侯王表》。
[2] 《汉书·武帝纪》。
[3] 《汉书·中山靖王传》。
[4] 《汉书·淮南衡山王传》。
[5] 《汉书·武帝纪》。

政事”，是在左官律与附益法实施之后。事实正是如此。关于左官律、附益法，《汉书》正文未作明确记载，《汉书》三家注：

服虔曰：

仕于诸侯为左官，绝不得使仕于王侯也。

应劭曰：

人道上右，今舍天子而仕诸侯，故谓之左官也。

师古曰：

左官犹言左道也，皆僻左不正，应说是也。汉时依上古法，朝廷之列以右为尊，故谓降秩为左迁，仕诸侯为左官也。

事实上，三家注大同小异，其旨有二：一是诸侯王国官员为左官，即是说与皇朝同级官员相比，其官秩要低一级，故曰左官。二是一旦出仕王国政权机构就不得再为皇朝官吏。前文已述，汉初王国政治与中央政治保持着相当的联系，王国政府官员与中央皇朝官员之间保持着相当的流动性和互换性。政治地位是平等的。[1] 至此“左官律”的实行，王国政府官吏将依律被排除在汉皇朝统治集团之外，其政治生命将受到直接的威胁，这样对王国笼络人才是极为不利的。事实上，通过这一律令的实施，一方面尽管王国官吏已完全由中央任命，王国政治已被纳入到汉皇朝政权体系之中，失去了其相对独立性；另一方面，汉皇朝中央又通过左官律，对王国政府官吏的政治地位进行压制，并将其从皇朝政权体系中分离出去。这两方面交互作用的结果，使王国政治最终失去了意义而最终终结。“附益法”，按张晏曰：“律郑氏说，封诸侯过限曰附益，或曰阿媚王侯，有重法也。”师古曰：“附益者，盖取孔子云：‘求也为之繁敛而附益之’之义也，皆背正法而厚于私家也。”按二注，附益法当是限制士人不得结交诸侯王之意。我们知道，汉初养士之风盛行，诸侯王养士之风尤重，淮南王刘安谋反被诛，牵连之宾客党朋死者竟达数千之多，所以附益法当为限制诸侯王交结宾客，严禁士人助长诸侯王之势力，加强对诸侯王之防范。

最后，进一步从经济上对诸侯王加强限制，这其中首要一条就是

[1] 参见本书第三章“汉初的王国政治：双轨一体的平民王政”。

收回诸侯王国的铸币权。文景以前，地方私人铸币合法化，吴王刘濞“即山铸钱，富埒天子”，文帝宠臣邓通“以铸钱，财过王者”。❶ 至景帝中元六年（前 144 年）始下令禁止私人铸钱，制定“铸钱伪黄金弃市律”，但效果并不明显。武帝“更造钱币以澹用”，❷ 首先发行皮币，用鹿皮一尺见方作成，面值四十万，白金（银与锡之合金），有三种面值，圆形面值三千、方形五百、椭圆形三百等巨额面值货币，同时改铸三铢钱，元狩五年（前 118 年）改为五铢钱，但盗铸之风仍十分严重，吏民甘冒犯法取利，元鼎四年（前 113 年）武帝专令由水衡都尉所属上林三官统一铸造五铢钱，为全国通用的标准货币，严禁私人及地方郡国铸造货币，任何非标准钱币均不得流通。其次，汉武帝采纳孔仅、东郭咸阳的建议将原属少府作为皇室和诸侯王之王室经济，收归中央大司农。诸侯王国因少了私铸货币以及山海之利的收入，大量财源被剥夺了。

总之，武帝即位，通过推恩令和强行“除国”的手段，诸侯王国数量被大大削减，王国被推恩令化整为零，尽管“子弟毕侯”，但随即被武帝以各种手段削去爵位，元鼎五年（前 112 年）曾一次性削夺侯爵 106 人，这样一来，大片的王国土地划归皇朝郡县。同时，又通过“左官律”，“附益法”，最终削夺王国之政治权力，至此，“诸侯唯得衣食租税，不与政事”，到了昭宣以后“衰平之际，皆继体苗裔，亲属疏远，生于帏墙之中，不为士民所尊，势与富室亡异”❸ 了。

徐天麟对两汉分封制度有一段精彩的总结：

> 自昔圣王制世御极，必建牧立监，以藩屏王室，是以内外相维，而国势久安。自秦人不师古，始置守，而封建之法始废。汉祖龙兴，取周、秦之制而兼用之，其亦有竞于矫前世之弊矣。惜乎措虑不远，封爵过制，中世以后，尾大之势浸成，而遂兆吴、楚之变。斯则措置之失，而非封建之法不可法也。故贾谊在文帝时建言，欲天下治安，莫若众建诸侯而少其力。至武帝时，主父偃复请令诸侯得推恩分子弟以地，武帝从之。于是蕃国始出，而

---

❶ 《汉书·食货志》。
❷ 《汉书·食货志》。
❸ 《汉书·诸侯年表》。

> 支庶毕侯，列国之势，浸以削弱，终西都之世无复反者。光武中兴因高、文疏爵之制，封建宗室，故齐武、鲁哀、阴辈以功，安成、居巢、甘里辈以亲，皆能乘时蹈运，保有茅土，蕃翼王室。至明、章之世，东平、东海、沛、献等各种谦抑令终，为一代贤王。其蹈宪纲者，虽或有之，然无西京七国之患，光武之虑后世，不亦远矣？❶

总的看来，封建制从秦王朝消亡后，又能再次复活与新兴的郡县制并存共同形成双轨一体的皇帝制，且能长期存活于中国古代历史之中，必然有其内在的原因。秦汉以后近二千年，关于“封建”之得失争论了近二千年。其实，正如论者所言：“统死了要僵化，分滥了又尾大不掉。而千年来的历代封建统治者为求得分封与集权的‘度’而烦恼，由于阶级和历史的局限，他们的目的当然无法达到。”❷ 事实上，到武帝时期王国政治终结，应该说找到了这个“度”，但其后八王之乱、靖难之役又接踵而至，其中功罪又作何评说？

---

❶ 《东汉会要·封建上》。

❷ 朱弘：“关于秦汉分封的历史反思”，载《中国史研究》1989 年第 1 期。

第六章　士与士大夫豪族：政治转型与社会力量的成长

本章的目的，是以士阶层的演进，尤其是士与政治相结合而构成为士大夫的途径为切入点，通过对士阶层到武帝时期之演进特点之分析，揭示西汉武帝时期政治模式、形成过程及其结构特点，透视士大夫豪族阶层之构成。

众所周知，从先秦封建政制向帝国政制演进完成的最显著标志之一，就是封建政制赖以存在的分封制度之下世卿世禄制的消亡，代之以中央集权制的官僚体制。产生了一个不以血亲关系为依靠的，往往只是凭借其知识与才能而出仕的官僚阶层，并逐步完备了与这套体制相配套的选举、录用、考试、监察、罢免、致仕等一系列制度。这一整套体制的核心是帝国官僚体制下的官僚阶层，它们一般被称为士大夫。论者一般以为士大夫就是官僚与知识分子这两种角色的结合。[1]对此可以作出如下的理解：士人就是知识分子，当它们通过一定的途径进入官僚阶层以后，便成了士大夫。当然它们还保持着知识分子的身份，成为官僚知识分子。问题是，帝制时代以降，士的身份如何？它是封建时代哪一种士演生而来？进入帝制时代士向士大夫的演进完成于何时？这一转变的完成，对帝国官僚体制与政治结构产生什么样的影响？士向士大夫演进的动因是什么呢？

我们认为士向士大夫的演进与武帝时代开始盛行的经学有密切之关系，经学入仕是知识分子的士向官僚知识分子演进的最直接动因，而公孙弘是武帝时期政治模式建构之关键人物。

一、士的演生与变迁

士是一个古老的称谓，其义指也十分的繁复。据刘泽华先生的统

[1] 阎步克：《士大夫政治演生史稿》，北京大学出版社1996年版，第5页。

计，在战国文献之中，以“士”为中心组成的称谓和专用名词，约有百余种。[1] 阎步克《士大夫政治演生史稿》叙述了士的如下诸义：1. 为一切成年男子之称；2. 为氏族正式男性成员之称；3. 为统治部族成员之称；4. 为封建贵族阶级之称；5. 为受命居官之贵族官员之称；6. 为贵族官员的最低等级之称[2]。前三义并无本书所论之社会政治学意义，可略去不论。那么，先秦封建时代之士，其含义就是：贵族、贵族官僚和作为贵族最低一级的“士”的专称三类。这三个含义中，作为贵族整体阶层泛称的士，也是一种泛指，很难说就是某一专门人群的专称。由此言之，士之作为一个特定人群的专称之含义应指封建之贵族官僚和贵族最低一级的“士”的专称。而在某种意义上讲，贵族最低一级之“士”往往同时就是高级贵族的官僚，二者又是合一的。当然，贵族官僚之称为士，还包括较作为最低一层的贵族之“士”更高一级的贵族，即卿大夫。也就是说卿大夫之身份既是作为贵族之一级同时也是更高一级的贵族，即诸侯的官僚，也就是说，与士之贵族兼官僚之身份具有相同的特点，这样，“士”往往可以用为贵族官员之通称，兼含“大夫”在内，“卿大夫总皆号为士”。

士即封建贵族与封建官僚兼而有之的社会阶层，从分层上可有士与大夫两个层次，故言之为士大夫阶级可也。阎步克说：“士之义涵繁衍所对应的社会等级分层过程，其结果是一个封建贵族阶级的产生。我们所关注的就是这个阶级。这一阶级可以总名为士，而把‘卿大夫’也包含在内。……对那作为封建贵族官员阶级的士与大夫，我们甚至还不妨就直接称之为‘士大夫’”。[3] 阎步克将封建时代之士与大

---

[1] 刘泽华：《士人与社会》，天津人民出版社1988年版，第21页。

[2] 《国语·齐语》载，管仲议定“参其国而伍其鄙”之制，使士农工商四民“群萃而州处”，于是作“士乡十五”以成三军。所谓“士乡”按杨向奎先生的看法“‘士’也是农民，但它们是自由农民，住于郊区的乡、遂”。见杨向奎：《宗周社会与礼乐文明》，人民出版社1992年版，第355页。显然，这是自由农民“州处”之乡，相对于“农乡”，士乡的自由农民是可以当兵的，则此士乡之“士”必为国士。而“农乡”之所居，则是不任征战的野人。按此，所谓“士”又为“国士”，即可当兵的国人。《管子·问》：“问……士之身耕者几何家？……士之有田不使者几何人？恶何事？士之有田而不耕者几何人，身何事？……问士之有田宅，身在陈列者几何人？”这里的有田亲耕且身在陈列之士，即是士乡之士，他们是国人，故可当兵，所以“士乡十五”可成三军，国人称士，为统治部族成员之称。

[3] 阎步克：《士大夫政治演生史稿》，北京大学出版社1996年版，第45页。

夫看作“处于君主之下，庶民之上”的一个等级位置（当然也承认他们之间的等级差别），是着眼于他“士大夫政治”研究的需要。但是，不管怎么讲，士与大夫既为贵族之一级阶层，又为贵族官僚的共同属性是不容否定的。阎著所引《左传》昭公三十年：

若其不同，虽士大夫有所不获数矣。

《仪礼·士相见礼》：

士大夫则奠挚。
凡自称于君，士大夫则曰下臣。

《礼记·檀弓下》：

士大夫既卒哭，麻不入。

《礼记·丧服小记》：

士大夫不得祔于诸侯，祔于诸祖父为士大夫者。

《礼记·大传》：

为其士大夫之庶者，宗其士大夫之适者。

等等，都可证“士大夫”作为封建政制时代的一个政治阶层也是于史有证的。

“士大夫”作为贵族与贵族官僚一身二任的共同性并不能遮盖二者之间的等级差异，毕竟，士与大夫是两极不同的社会分层。据许倬云的研究，在整个春秋时期，士与大夫两大分层的命运是大不相同的。总的来看，二者处于此消彼长的变动之中。许倬云将春秋（公元前722—前464年，与《左传》起讫相始终）近260年，按每三十年一代，划分为九代，再将见于《左传》的516人按身份列入九代之中，得出每一阶层的人在九代中所占比例的变动情况。其中，大夫阶层共335位，占春秋时期见于《左传》记载人数的65%，在第一期到第三期90年间，大夫阶层占所见总人数的百分比在44%～63%之间。第四期（前632—前603年）时百分比即骤上升，此后讫于前513年，大夫阶层之百分比保持在70%或更高于此数，最后两期又回跃至66%和55%。与大夫阶层明显占有高比例相比。士阶层（主要是大夫的家臣和武士，即官僚和低层的贵族）直到第三期（前

662至前633年）以后，才出现于经传，由第三期到第六期间，活动而见于记载的士也都是平平常常的家臣和武士。到第七期（前542—前513年）士集团中出现了一位志在张公室而叛季氏的南蒯。尽管南蒯兵败逃亡齐国，被齐大夫韩晳称为“家臣而欲张公室，罪莫大焉”，但一个邑室可以据邑称兵，其实力已不可小视。见于春秋经传所载者，还有定公十二年公山不狃、叔孙辄反对堕费，而帅费人以袭鲁，另外，有侯犯反叔孙氏，公孙宿据邑以叛孟孙氏等叛乱。而以陪臣执国命，成为鲁国实际统治者达五年之久的阳虎，则是士阶层中地位一度非常显要的。总的来看，士集团在每一期的人数都不多，但是增加的趋势则显而易见。自三期开始有士而后，士在每期全人数的百分比由1%到8%，最后两期则达到16%和22%。同时期大夫集团则有显著的下降趋势。“春秋末叶，大夫集团也已走上了下坡路。大夫们的权力又将转移到另一个人数更多，因此人才也更多的‘士’集团”。[1]

另外，到春秋战国之际，又出现所谓“士农工商”四民并处的局面。这里的“士”的身份又如何呢?《谷梁传·成公元年》：

上古者有四民，有士民，有商民，有农民，有工民。

《管子·乘马》：

正月，令农始作服于公田；……士闻见博学意察；……贾知贾贵践，日至于市；……工治容貌效能，日至于市。

同书又说：

非诚贾不得食于贾。非诚工不得食于工，非诚农不得食于农，非信士不得立于朝。

又《国语·齐语》：

桓公曰：“定民之事若何?”管子对曰：“四民勿使杂处……”公曰：“处士农工商若何?”管子对曰：“昔圣王处士也使就间燕，处工就官府，处商就市井，处农就田野。”

从所谓“士立于朝”，处士就间燕之语来看，就是各级官僚。另

---

[1] 许倬云：《历史分光镜》，上海文艺出版社1998年版。

《列子·力命》：

农赴时，商趣利，工追术，仕逐势。

与《国语》《管子》表达的基本上是同一意思。《荀子·王霸》篇也谈到当时社会分层中的状况说：

士大夫务节死制，然后兵劲。百吏畏法循绳，然后国常不乱。商贾敦悫而无诈，则商旅安货通财而国求给矣。百工忠信而不楛，则器用巧便而财不匮矣。农夫朴力而寡能，则上不失天时，下不失地利，中得人和，而百事不废，是之则政令行，风俗美，以守则固，以征则强，居则有名，动则有功，此儒之所谓曲辩也。

按荀子之说，农工商之上有所谓士大夫与百吏，这与前举各例之士所表达的内涵也应该是相同的。只不过又将士划分为士大夫与百吏两个层次。另外，在荀子这里"士"还被划分为仕士与处士两类，荀子分别对古今之士作了如下之评论：

古之所谓士仕者，厚敦者也，合群者也，乐富贵者也，乐分施者也，远罪过者也，务事理者也，羞独富者也。今之所谓士仕则，汙漫者也，贼乱者也，恣睢者也，贪利者也，角抵者也，无礼义而唯权势之嗜者也。

古之所谓处士者，德盛者也，能静者也，修正者也，知命者也，箸是者也。今之所谓处士者，无能而云能者也，无知而云知者也，利心无足而佯无欲者也，行伪险秽而强高言谨悫者也，以不俗为俗，高纵而跂訾者也。[1]

荀子是战国人。这里我们抛开荀子对古今之士的优劣之评说不论，至少在荀子看来，到战国时代，所谓士，还可分为仕与不仕者，即所谓仕士与处士。如此说来，将"士"仅仅定义为贵族官僚并不能涵盖"士"所能表达的更为丰富的内涵。但是，随之而来的问题是，这其中哪一种含义更符合士这一阶层的最初内容，哪些又是后起之义呢？

我们认为，这与封建政制解体过程中，作为贵族最低一级的士逐

---

[1] 《荀子·非十二子》。

渐失去贵族地位，出现所谓游士阶层的社会阶层进一步分化有密切关系。换言之，所谓处士，即是游士。他们一部分来自没落的旧贵族，另有一部分是从非贵族的社会阶层中上升出来的。这样社会阶层的自上而下与自下而上双方流动的结果便产生了游士阶层。这一情况大约出现于春秋晚期。到战国时代，这种游士已非常普及。作为一个新的社会阶层，他们已失去了往日作为贵族阶层的血亲依托，失去了贵族身份和作为封建政制体制下的贵族官僚身份。

时至战国，几乎凡是拥有一德一艺者皆可称“士”了。所以士的称谓也开始泛滥，武士、锐士、剑士、死士，学士、文士、术士、方士、善士、志士、信士、修士、辩士，乃至技艺之士、商贾之士、筋力之士等足有百余种之多。这些个“士”，尽管仍以传统的某些连续性而称“士”，但很显然，他们与春秋以上作为贵族或贵族官僚的“士”已大异其趣了。这类称谓所表达的内涵已不是作为等级的分类，其表达的更直接是一些职业、品格、学识乃至道德之道艺的分类。范文澜将战国之士分为学士、策士、方士与食客四类。[1] 其中的学士、文士，他们是一批未必居官，非必世族，但以道义才艺见长的人，从他们的身份来看，不论是来自贵族中的较低层，或是来自庶人的上升者，都可看作是业已分立的专门知识角色。在某种意义上讲，这类角色的分立，表达了道德与政统之分离，正如余英时所言：“自‘道义将为天下裂’以后，古代礼乐传统与辗转流散于士阶层之手，于是知识分子主观方面的构成条件便具备了。”[2] 毫无疑问，“士”阶层，包括“学士”阶层在内，构成了战国以后新式官僚的重要来源，此外，与“士”在列国政治之中异常活跃的同时，一个被称为“吏”的群体逐渐脱胎而出，并且与学士日益分途，这一事实同样不容忽视。[3] 事实上，在笔者看来，所谓“吏”的群体仍可看作是“士”之范畴。《说文解字》：“士，事也”，《诗·周颂·桓》：

桓桓武王，保有厥士。

毛传：“士，事也。”“厥士”即“厥事”。又《说文解字》：“事，

---

[1] 范文澜：《中国通史简编》（修订本）第一编，人民出版社 1953 年版，第 251 页。

[2] 余英时：《士与中国文化》二《道统与政统之间》，上海人民出版社 1987 年版。

[3] 阎步克：《士大夫政治演生史稿》，北京大学出版社 1996 年版，第 13 页。

职也。”所以《白虎通义·爵》云：

士者，事也，任事之称也。

吏的群体的逐渐与学士的日益分途只是表明到战国时代，士之角色分化，由封建时代的士大夫所承担之文化功能充分分化出知识文化角色之“学士”。由封建时代士大夫所承担的政事功能分化出职业文官角色之“文吏”。战国以后到秦汉，人们对“士”的理解实际上正包含了这两层含义。《公羊解诂》成公元年：

古者有四民，一曰德能居位曰士……

《汉书·食货志》则曰：

学以居位为士。

学士代表了“德能”，“居位”则是指“吏”职。进一步说，士的阶层在此时已具备了如下两层的属性。

其一，如《孟子·滕文公上》所言：

士之仕也，犹农夫之耕也。

士就是封建贵族之官僚。所以，《墨子·非乐上》亦说：

王公大人，早朝晏退，听狱治政，此其分事也。士君子竭股肱之力，亶其思虑之智，内治官府，外收敛关市，山林泽梁之利，以实仓廪，府库，此其分事也。

其二，是士所代表的社会文化与道德属性。孔子曰：“士志于道，而耻恶衣恶食者，未足与议也。”❶ 曾子进一步阐释道：“士不可以不弘毅，任重而道远。仁以为己任，不亦重乎？死而后已，不亦远乎。”❷ 正因为士体现或者说承载了社会道义之重任，所以“士不以利移，不为患改，孝敬忠信事立，虽死而不悔。”❸

我们知道，春秋战国之际是中国历史上社会变动最为激烈的时期，正如史墨对赵简子所说：

---

❶ 《论语·里仁》。
❷ 《论语·泰伯》。
❸ 刘向《说苑·谈丛》。

社稷无常奉，君臣无常位，自古以然，故《诗》曰：高岸为谷，深谷为陵，三后之姓于今为庶。❶

社会变动不居。所谓“邦无定交，士无定主”，❷ 伴随着生产的进步，文化的积累，战争的频繁，政治的变幻，社会关系日益复杂多样。社会阶层的流动日益加剧，客观上给社会下层人民获得了学习、掌握并应用知识技能以参与政治的可能性。另外，一个最引人注意的变化是，随着社会变动的激烈，春秋时代以世族为政治单位，世族得以长久保持显赫政治地位的历史已一去不复返了。春秋时政治上具有决定地位的强宗巨室似乎绝迹于战国政治。“整个战国时代几乎未见有春秋时代的那种巨室。若新贵族没有填补旧有贵族的社会地位，而且连可以对应的家族也找不着，本文似可说，新的社会结构已经取代了旧有秩序。”❸ 与此相应，则是一大批出身寒微的卿相在战国时期执掌大权，声名卓著。这其中绝大部分都是通过各种途径由社会下层上升起来的，他们在取得政治地位之前的身份多为“游士”，他们的上升，并不见家族势力的作用，毋宁说是凭借他们的知识、才干，当然是以整个社会结构变化为前提的。

总之，战国时期的“士”，尽管依然保留着封建政制之下的贵族成员的身份，他们中的一部分就是旧时代之士与大夫，但毕竟，战国时期，封建政制开始瓦解，贵族已开始没落。旧时代之士、大夫中的绝大多数已失去了贵族的身份而降为庶人。当然他们的家族传统之影响还存在，至少表现在对知识和文化的传承在整体上拥有较社会下层更为优越的条件，尽管失去了贵族身份，失去了世族的背景，但他们中的一部分人仍可以凭借他们的文化传统和掌握知识、技能的良好条件，成为新的时代的学士。另外就是社会下层人群中上升了一批凭借才学参与政治，演变为新的“士”阶层，这一新的“士”阶层的上升途径有两个必备之条件，一是他们所具备的学识和才干；二是他们的学识与才干必须得到国君的赏识，并将其纳入政权。而在此之前，他

❶ 《左传·昭公三十二年》。

❷ 顾炎武：《日知录集释》卷十三，“周末风俗”条，河北花山文艺出版社 1991 年版，第 585 页。

❸ 许倬云：《求古篇》、《春秋战国间的社会变动》，台北联经出版社事业有限公司 1982 年版，第 336 页。

们只能是所谓“游士”。“游士”这一称号，可能也适用于保持了旧时代贵族成员身份的这部分“士”。“‘游士’之称，即表明了他们处于活跃的行业、地域和等级的流动之中，”❶ 这一称谓可以说比较准确地反映了战国以降“士”阶层的基本特征：他们是知识、文化的拥有者和传播者；是凭借知识、才智积极参与政治的一个群体；严格说来，他们并不具备作为一个阶层必须具备的特征，他们缺乏共同的经济利益，缺乏一致的政治倾向。“合则用，不合则去”是那个时代“游士”阶层奉行的行事准则。最后，他们的活动一般仅代表自身，即个人，身后并无家族势力之依托。战国时代这样的“游士”的事例，史家早已耳熟能详，不再重述。

秦国一统天下，秦国专制官僚体制，被用武力和行政手段推行到全国。政治的统一，使游士持百家之言，周游列国的时代结束了，各种各样的禁锢便随之而来。焚书坑儒可说是将这种禁锢推向了极致。秦“帝国中吏道独尊，君主专制下的文吏政治，构成了帝国体制的基本形态，并与法家学说相映生辉。……继之而起的汉帝国中之关怀治道的人们，特别是儒生，大抵是将秦作为一个反面的样板来加以评论，这种态度，又推动着帝国体制向与‘秦政’颇为不同的方向演化。”❷ 当然，这种演化并非一蹴而就。简单说，汉代政治方向的选择经历了由黄老无为而治到武帝独尊儒术以后，“霸王道政治模式”的建构。在这一过程中，新兴士阶层得到发展，并逐步与复活之宗族势力相结合，而成为新的帝国体制下的“士大夫”了。

秦汉之际，士还是大量存在的。但是，在秦国吏道独尊“以吏为师”的君主专制下的文吏政治形态之下，除了一些方术之士以外，都没有了生存的政治空间，秦王朝专政之下，儒生之命运是很差的。正如荀子答秦相范雎入秦观感所指出：“虽然（指秦四世有胜，非幸也，数也——引者注），则有其思矣。兼是数具而尽有之，然而县之以王者之功名，则倜倜然其不及远矣。是何也？则其殆无儒邪。故曰：粹而王，驳而霸，无一焉而亡。此亦秦之所短也。”❸ 荀子说秦无儒是秦政最大的危险，是说儒家在秦没有地位，不被重视。事实上，在秦

---

❶ 阎步克：《士大夫政治演生史稿》，北京大学出版社1996年版，第127页。

❷ 阎步克：《士大夫政治演生史稿》，北京大学出版社1996年版，第225页。

❸ 《荀子·强国》。

国王朝短暂的历史上，也曾经有过关于治国思想之争论，显然，儒学思想不可能是在秦国数百年历史中始终占绝对统治地位的法家军国主义的对手。所以，尽管在形式上保留了一批博士，但这批儒生只是顾而不问，问而不用的。秦始皇晚年接受李斯的主张，实行焚书坑儒，儒士受到的打击可想而知，四百六十余名儒生被坑杀。儒生遭到一次残酷的迫害。从此儒士在秦王朝实际上处于被取缔的地位。但儒士与儒术并未绝迹，秦王朝仍设置博士官职，且大多数由儒生担任。包括孔子的八世孙孔鲋在内的大部分儒生依然存在。《资治通鉴》卷七《秦纪》二载李斯奏焚书事曰：

魏人陈余谓孔鲋曰：秦将灭先王之籍，而子为书籍之主，其危哉。子鱼（鲋字）曰：吾为无用之学，知吾者唯友，秦非吾友，吾何危哉？吾将藏之以待其求，求至无患矣。

这位“藏书以待其求”的儒士，后来在陈胜起义后还参加了起义的部队。《史记·秦始皇本纪》记秦始皇三十七年，始皇出巡途中：

梦与海神战，如人状。问占梦，博士曰：“水神不可见……”

另《史记·叔孙通列传》记载：

陈胜起山东，使者以闻，二世召博士儒生问曰：“楚戍卒攻蕲入陈，于公如何?”博士诸生三十余人前曰：“人臣无将，将即反，罪死无数，愿陛下急发兵击之。”二世怒，作色，叔孙通前曰：“诸生言皆非也，夫天下合为一家……且明主在其上，法令县于下……安敢有反者！此特群盗鼠窃狗盗耳，何足置之齿牙间……”二世喜曰：“善”。尽问诸生，诸生或言反，或言盗。于是二世令御史案诸生言反者下吏，非所宜言，诸生言盗者皆置之。

显而易见，焚书坑儒之后，儒生并未全被赶出秦的政治舞台。但从中也可以看到儒生在秦王朝政治生活中的窘态。反与盗一字之差，何以引致诸生不同的政治命运呢？合理的解释只有一个，那就是儒生在秦王朝政治生活中的命运，不由他们的才识，而完全取决于帝王的好恶，这才是儒生之悲剧所在。

西汉初年，士阶层的处境也并不很好，刘邦是轻视士人的。正像刘邦自己所说“乃公居马上取天下”，西汉政权的建立过程中，尽管也有叔孙通这样的儒生率领百余弟子参加了刘邦的阵营，此外，还有如郦食其、陆贾等儒士也混迹其中，但在战争取得胜利以前，这些人是被冷落在一旁的。建汉以后，叔孙通定朝仪，陆贾谏高祖“马上得之，宁可以马上治乎？”❶ 对汉初统治思想的建构做了一些实际工作。但汉初高帝致力于稳定政权，政治重心一直放在铲除异姓王的斗争上。儒生的政治命运还不可能得到彻底的改变。即便如此，到刘邦晚年对儒学与儒生的态度已经有了很大的改变。刘邦死前还专门到孔子的故乡，向这位儒家的创始人的灵前献上太牢的厚礼。这或许向世人昭告了一个气息，显示了一种转折的契机：“孔子和儒学在封建统治者的眼里开始获得它应有的价值”，“稳固地掌握了国家政权的地主阶级需要儒家思想作为它的思想武器。”❷ 刘邦死后，一直到文景两朝，由于当政者笃信黄老思想，在政治上实行“无为而治”“与民休息”政策。儒学与儒生也并没有在政治上出人头地。但不可否认，由于汉初实施较为宽松的思想统治之术，儒学在民间已有相当程度的发展。❸

汉武帝即位后，诏举贤良方正及敢谏之士百余人，策问古今治道。这是汉皇朝建立以后，第一次大规模向群儒征求统治思想的一个重大举措。至此，刘邦晚年所表达出的以儒家思想作为思想武器的愿望开始付诸实践。或许，最初的诏举贤良方正并不限于儒生，其结果可以想见，自然是众说纷纭，莫衷一是，思想界的混乱是不难想见的。于是，丞相卫绾于武帝元年上奏：

> 所举贤良，或治申、商、韩非、苏秦、张仪之言，乱国政，请皆罢。❹

武帝可其奏。此后所谓贤良方正之射策当仅以儒生为对象。武帝元光元年五月：

---

❶ 《汉书·陆贾传》。

❷ 安作璋、孟祥才：《汉高帝大传》，河南人民出版社 1997 年版，第 493 页。

❸ 《汉书·儒林传》载：“汉兴，言《易》自淄川田生，言《书》自济南伏生，言《诗》，于鲁于齐则辕固生，燕则韩太傅，言《礼》则鲁高堂生，言《春秋》，于齐则胡毋生，于赵则董仲舒。”以上各家之学，均在经学列为官学之前，可证儒学在汉初于民间发展已很有影响。

❹ 《汉书·武帝纪》。

诏贤良曰“……贤良明于古今王事之体，受策察问，咸以书对，著之于篇，朕亲览焉”，于是董仲舒、公孙弘等出焉。[1]

又据《汉书·儒林传》载：

（公孙）弘为学官，悼道之郁滞，乃请曰：“……为博士官置弟子五十人，复其身，太常择民年十八以上仪状端正者，补博士弟子。郡国县官有好文学，敬长上，肃政教，顺乡里，出入不悖，所闻，令相长丞上属所二千石。二千石谨察可者，常与计偕，诣太常，得受业如弟子。一岁皆辄课，能通一艺以上，补文学掌故缺；其高第可以为郎中，太常籍奏。”……制曰“可”，自此以后，公卿大夫士吏彬彬多文学之士矣。

建元五年，武帝在长安设太学，置五经博士，专门讲授儒学经典。公孙弘奏请为《五经》博士招受弟子五十名，“能通一艺以上，补文学掌故缺，其高第可以为郎中”，至此儒士始得从“明经取士”的途径得势于仕进之途。儒士仕途开通，更刺激了儒学之发展，士人数量激增。

另外，汉初直至武帝朝的士人，与战国时的单身“游士”相比他们的身份还没有发生本质的变化。这可以从两方面来理解，其一，这时的士是游离于汉皇朝政权体制之外的，士人进入政权体制的通道还没有真正畅通起来。武帝开弟子员，其员额所限在汉皇朝官僚体制中实是微不足道的。其二，此时士又是游离于地方社会之外的，换言之，这时的士还都缺乏本阶层深厚的社会基础。具体说，士人的身后还没有宗族势力的依托。这一点与战国时的游士是十分相似的。这样的典型事例，战国时有苏秦，武帝时有主父偃、朱买臣。

主父偃，早年游学于齐鲁燕赵间，“家贫，假贷无所得”，曾自白：“臣结发游学四十余年，身不得遂，亲不以为子，昆弟不收，宾客弃我，我阨日久矣。”后上书阙下，终得重用，被武帝称为“相见恨晚”。元朔中，主父偃拜为齐相，“至齐，偏召昆弟宾客，散五百金予之，数曰：‘始吾贫时，昆弟不我衣食，宾客不我内门，今吾相齐，

[1] 《汉书·武帝纪》。

诸君迎我或千里，吾与诸君绝矣，毋复入偃门。”❶ 真是看透了世态炎凉，愤而与宗族、宾客断绝往来。所以慎到也说：“家富则疏族聚，家贫则兄弟离，非不相爱，利不足相容也。”❷ 套用司马迁的话说，此乃“物之理也”。

“其所以如此，最根本的原因，显然是由于那时的士尚未能普遍地、确定地取得政治地位，因此也就不能形成他们的宗族”。❸ 但是，武帝以后，将儒家经典立为国学，在中央和地方设立学校，传授儒学，并开始实施“明经取士”的选官途径，士阶层得到了发展，并逐步与身后的宗族相结合，便产生了中国历史上著名的“士族”。下面，我们来讨论汉武帝时代经学的发展以及可能给士阶层的官僚化与“士族”化提供了什么样的动因。

二、武帝时期的经学与政治

许倬云说：“整个两汉由汉初政治权力结构与社会秩序各不相涉的局面，演变为武帝时两方面激烈的直接冲突，又发展为昭宣以逐渐将社会秩序领袖采入政治权力结构，而最后归结为元成以后帝室与士大夫共天下的情势。光武中兴，仅使这一情势成为东汉明显的制度而已。”❹ 这一结论无疑是非常精当的。当然还应该看到，在武帝朝两方面激烈的直接冲突的背后，事实上已经开始了两方面合作的酝酿，昭宣以后逐渐将社会秩序领袖采入政治权力结构，实际上在武帝朝已开其端。具体说，就是武帝朝经学由民间私学向官学的发展以及在此基础上的全新的选官制度的创立。通过这些制度的运行，社会秩序中的精英人物和领袖阶层被逐步地拉入政权结构之中。这其中，无论是博士弟子的候补官僚制度，还是通过察举、征辟的选官制度，经学已成为必备之科目。换句话说，通过经学以及以此为基础的新的官僚选拔体系，社会秩序中的领袖力量被纳入皇朝的政治权力结构

❶ 《汉书·主父偃传》。

❷ 《慎子·逸文》。

❸ 余英时：“东汉政权之建立与士族大姓之关系”，载《中国知识阶层史论（古代篇）》，联经出版事业有限公司 1980 年版，第 114 页。

❹ 许倬云：“西汉政权与地方势力的交互作用”，载《史语所集刊》第 35 本，1964 年。

之中，因为作为地方社会秩序中领袖阶层的豪族，在文化传统上所拥有的优先条件是不言自明的。由经学这样一种明显具有文化传统色彩的政治通道而建构起的皇朝与地方社会秩序的政治合作关系，其最大的受益者，无疑会是那些有着文化传统和经济实力的地方社会的领袖阶层，即地方豪族。事实上，根据学者的统计，两汉时期通过经学途径而进入汉皇朝政权结构的下层贫民的比例非常之低，而且这种情况有越来越明显的特征。[1] 毫无疑问，武帝时期经学由私家教授向官学的发展，对选官制度与汉武以后政权结构的建构是一件十分有意义的事情。

我们认为，讨论武帝时期经学的发展，应注意如下三方面的内容。

第一，武帝时期经学主流开始向官学转移并由此带来博士职能的改变。

我们知道，汉武帝以前的经学尚处于私家传授阶段。考秦末汉初传授经学各家：传《礼》有秦时鲁国人高堂伯人，传《书》有济南伏生；传《诗》有三家，鲁申培公、齐辕固生、燕韩婴；传《易》有菑川田生，传《春秋》有齐鲁胡毋生、董仲舒。因为当时并无官学，上述这些经学传授还都属私家教授性质。伏生传《尚书》，乃秦博士。史载，文帝时欲征伏生到京师传授《尚书》，因其年事已高无法应征，故文帝便派晁错前往济南随伏生学《书》。按此大约文帝时已有将经学立为官学的动议，但很显然，至少在武帝之前，经学并未被立为官学。尽管如此，到文、景时期，上述这些传经的大师们，却大都被立为博士，如张生、晁错为《书》博士，申公、辕固生、韩婴为《诗》博士，胡毋生、董仲舒为《春秋》博士。这即是王国维所谓“专经”博士，即开始将长于某经的儒生任为某经博士。问题在于，这些曾以聚徒教授为业的大师一旦被任命为博士，其私家教授的性质是否会因之发生变化呢？答案显然是否定的。因为博士一职尽管与经学有一定之关系，但其职能在武帝以前一直是“掌通古今”，[2] 并无“掌教弟

---

[1] 参见马亮宽：“汉代士人与社会结构”，载《社会科学》1994 年第 2 期。据该文统计，《汉书》中可以明确士人身份的官僚中，出身下层贫民约占士人官僚的 15%，到后汉，据《后汉书》士人官僚中只有 7% 的士人官僚来自下层贫民。

[2] 《汉书·百官公卿表》。

子”的内容。其实，从秦王朝时，博士即有聚徒教授之风尚，[1] 文景时任用传经的大师们为博士，也显然与这种风尚有关。汉初的博士大多数保持着聚徒讲习的传统，如董仲舒：“少治《春秋》，孝景时为博士，下帷讲诵，弟子传以久次相授业，或莫见其面。”可以想见其聚徒之多。

此外，从秦王朝始，博士之设也并非儒生一途，汉武尊儒之前，百家之学皆立于博士，因此，博士所掌，并不限于儒家之学。王国维《观堂集林》卷四《汉魏博士考》谓秦代：

殆诸子诗赋，术数方技，皆立博士，非徒六艺而已。

李斯奏言秦始皇焚书曰：“非博士官所职，天下敢有藏《诗》、《书》，百家语者，悉以守、尉杂烧之。”[2] 可证秦博士所职，百家之学尽其中，不独儒术。汉初亦然。文帝时有鲁人公孙臣以言终始五德召为博士，[3] 贾谊也以“通诸子百家之书”召为博士，[4] 后刘歆谓文帝之世，“天下众书往往颇出，皆诸子传说，犹广立于学官，为置博士”，[5] 赵岐也曾谓文帝时曾置“传记博士”。[6] 既然，从秦末至汉初博士之立

---

[1] 秦汉博士制度本起于战国齐之稷下先生，或者说，博士之立乃是战国游士议政现象的制度化。《韩非子·显学》所言，战国以降，百家诸子之学的大师们：“藏书策，司谈论，聚徒役，服文学而议说，世主必从而礼之。”所谓“役”即指弟子，《吕氏春秋·尊师》谓弟子应尊师，要尽谨养之道，包括为老师服役尽力等，故称为“役”，指其必须对老师尽厮役奉养之责也。如《庄子·庚桑楚》：“老聃之役有庚桑楚。”可证。按此，战国时大师游士各自养徒进说人主，人主则以礼待之，备为顾问，遂成一时之风尚，秦代天下一统，游士之风不存，但民间私学依然盛行。秦代立为博士者，更承其风气，养徒使奔走服役，亦兼从问学，因为其事从战国各家大师养徒之司而来，博士弟子仍属私门弟子，教弟子并非秦代博士本职。因为秦代未立官学，博士自然没有教授之职，其职在“通古今”以备君主顾问，并参与各种朝廷大议。叔孙通秦二世时为博士，及降汉为博士，身边还有弟子百余人，此则秦博士聚徒讲授之例。另据《史记·刘敬叔孙通列传》：“叔孙通之降汉，从儒生弟子百余人，然通无所言进，专言诸故群盗壮士进之。”并劝慰弟子说：“汉王方蒙矢石争天下，诸生宁能斗乎？故先言斩将夺旗之士，诸生且待我，我不忘矣。”按此，则叔孙通所率百余弟子，显然是其私门弟子。后叔孙通定朝仪有功被任为太常。“叔孙通因进曰：‘诸弟子儒生随臣久矣。与臣共为仪，愿陛下官之。’”高帝悉以为郎。显然，诸生弟子为郎完全是凭了老师的举荐，也可证这些人是叔孙通之私门。

[2] 《史记·秦始皇本纪》。

[3] 《史记·孝文本纪》。

[4] 《史记·屈原贾生列传》。

[5] 《汉书·刘歆传》。

[6] 赵岐《孟子题辞》。

并非仅儒学一途，那么，很难说经学的传授乃此时博士的一项重要职掌。如此说来，博士尽管依然可以聚徒教授，但“其事一方面承续秦代的博士兼传弟子之制，另一方面则带有私家聚徒讲学的性质。就是说，汉初博士所带弟子，主要仍是博士以个人身份招私门弟子。”[1]《通典》卷五十三引晋虞挚《决疑》也说：

汉初置博士而无弟子。

即谓武帝以前未有立博士弟子之制，当然，这并不影响博士招收私门弟子。

建元五年，武帝在长安设太学，置《五经》博士，并按公孙弘之奏请，为博士设弟子五十人。公孙弘奉诏立太常博士弟子之制，同时定考课取士之法，司马迁谓“余读功令，至于广厉学官之路。”[2] 即指此而言。至此，武帝立太学，招收弟子，博士之职亦为之一变，从备顾问，“掌通古今”的参议人员，一变为专职教授于太学的学官。所以《后汉书·百官志》记博士之职曰：

掌教弟子，国有疑事，掌承问对。

较之《汉书·百官公卿表》所说：

博士秦官，掌通古今。

增加了“掌教弟子”的内容，明显地反映了博士职掌从“立太学”之后的改变。因武帝之后教授太学弟子已成为博士本职，博士乃成为教授于太学的学官，故博士弟子又可称为“学官弟子”。[3]《汉书》中多见有“学官”之称。如《何武传》：武为刺史：

行部必先即学官见诸生，试其诵论。

《循吏传·文翁传》：

又修起学官于成都市中，招下县子弟以为学官弟子，为除更徭，高者以补郡县吏。

---

[1] 葛志毅：“汉代的博士与议郎”，载葛志毅、张惟明：《先秦两汉的制度与文化》，黑龙江教育出版社1998年版，第421~436页。

[2] 《史记·儒林列传》。

[3] 《汉书·儒林传》：“其学官弟子行虽不备”。

师古注二传“学官”为学校官舍。这显然是官学开设以后的事情。但《汉书·儒林传》载：

（公孙）弘为学官，悼道之郁滞。

乃奏请为博士官置弟子五十人云，很显然，此时还未立学校，因此还未有博士立为专职学官教授之职。那么，此言公孙弘为学官，其意何指呢？按，此时公孙弘因被天子擢为对策第一，拜为博士，待诏金马门，则此言博士为学官，概言博士之官职掌诸子百家之学，故为学官，这与汉武帝以后的太学之官，应该有所不同。或者，这根本就是史、班以后职言前事之误。

至于学官弟子，按《史记·儒林列传》所载公孙弘上书曰：

太常择民年十八已上仪状端正者，补博士弟子。郡国县道邑有好文学，敬长上，肃政教，顺乡里，出入不悖，所闻者，令相长丞上所属二千石。二千石谨察可者，当与计偕，诣太常，得受业如弟子。

则学官弟子，有博士弟子与“得受业如弟子”的分别，论者又据《汉书·循吏传·文翁传》载，文翁：

乃选郡县小吏开敏有材者张叔等十余人，亲自饬厉，遣诣京师，受业博士，或学律令。

或以为文翁所选派京师受业博士者，是由郡委派至太学的代培生，并因此论曰：“太学中受业于博士的弟子，至少应有这样几种身份，即一，正式员额的博士弟子；二，得受业如弟子；三，地方委托的代培弟子。此外，仍不能排除第四种身份的弟子，即博士以个人名义招收的私门弟子。”❶ 这种学官弟子的身份差异，对他们入仕的前途想必是有影响的。如上引《文翁传》中文翁遣往京师学习的“委培生”学成后都须回到蜀郡，由地方官吏做起。而一般的博士弟子则通过郎官的途径，入仕中央或补地方郡县。当然，总的说来，通过太学教育，得以“明经入仕”这一根本点是相同的。

---

❶ 葛志毅：“汉代的博士与议郎”，载葛志毅、张惟明：《先秦两汉的制度与文化》，黑龙江教育出版社 1998 年版。

我们说武帝时期经学主流向官学转移，还有另外一层含义。这就是经学已从与诸子百家平等的学术地位，上升为汉皇朝的国学，成为汉代政治统治首先的主导学说。当然，并不是所有的经学都能有此学术地位。尽管在武帝时期还没有经学今古文的全面的政争，尚处于今文经学一统学术思想的局面，但今文经学内部也还存在学术思想之争，这就是经学的齐学与鲁学之争。由于他们所代表的不同思想风格，对武帝朝政治统治思想的建构有着不同的作用，其学术地位也是根本不同的。

第二，武帝时期经学的内部纷争以及政治意义。

《史记·儒林列传》序云：

后陵迟以至于始皇，天下并争于战国，儒士既绌焉。然齐鲁之间，学者独不废也。

及高皇帝诛项籍，举兵围鲁，鲁中诸儒尚讲诵习礼乐，弦歌之音不绝，岂非圣人遗化，好礼乐之国哉？……夫齐鲁之间于文学，自古以来，其天性也。故汉兴，然后诸儒始得修其经艺，讲习大射乡饮之礼。

可见汉初儒学复兴，亦自齐鲁始矣。汉初传经的大师也大多是齐鲁之人，史载：

汉兴，言《易》自淄川田生，言《书》自济南伏生；言《诗》于鲁则申培公，于齐则辕固生，燕则韩太傅；言《礼》则鲁高堂生；言《春秋》于齐则胡毋生，于赵则董仲舒。[1]

董仲舒是《春秋》《公羊》学大师，而《公羊》学属齐学，可见董仲舒之师承也应以齐学为宗。

汉初经学复兴于齐鲁二地，故又有齐、鲁二学。《汉书·儒林传》载：

宣帝即位，闻卫太子好《谷梁春秋》，以问丞相韦贤，长信少府夏侯胜及侍中乐陵侯史高，皆鲁人也，言《谷梁子》本鲁学，《公羊氏》乃齐学也，宜兴鲁学。

[1] 《汉书·儒林传》。

这段文字可告知我们三条信息：其一，所谓鲁学、齐学之称，始于汉代宣帝初，是时人对儒学学派的分野称谓；其二，鲁学在宣帝时期以前始终受制于齐学，故有“宜兴鲁学”的要求；其三，所谓鲁学、齐学，至少在表面看来是由治学者的籍贯出处区别的。韦贤、夏侯胜、史高等皆鲁人，故要求兴鲁学正是如此。总的看来，这一条与汉初经学分野的史实大致是符合的，但随着经学传播的逐渐广泛，仅以治学者的出身来判断其学术分野显然是有问题的。归根结底，区分所谓鲁学、齐学的根本还在于二者学术思想本身。

齐、鲁二学之分野实际上始于汉初。二者的纷争则起于立太学之后，哪一派得立为博士的争夺。我们知道，武帝设置《五经》七家博士：《诗》有齐、鲁、韩三家，《书》《易》《礼》《公羊》各一家。概此七家之中，齐《诗》《公羊》之外，《书》传之济南伏生，《易》传之齐人田何，以上四家均属“齐学”派。显然，齐学占了明显的优势。一般以为齐学与鲁学分别以《公羊》、齐《诗》、齐《论》和《谷梁》、鲁《诗》、鲁《论》为代表著作。前文已论，[1] 作为《齐学》最重要代表的《公羊》“多任于权变。”[2] 尤其是作为《公羊》精髓的《春秋》大一统学说，把《春秋》微言大义通过唯心主义的哲学解释服务于武帝朝统一思想的工程中去，为皇权至上，“受命于天”以及加强中央皇权找到了理论根据，所以《公羊》学在《五经》之中备受尊崇也就是顺理成章的事情。另外齐学派的齐《诗》，同样也具有与《公羊》相同的学术思想与治学特色。即对《诗》旨的解释大多与古代政治结合起来，并借以来隐讽规劝现实政治，明显地体现出“学以致用”的学术特色，此其一。其二，汉《诗》各派，尤其是齐《诗》派，更把巫术的思想融入各诗，这就使齐《诗》能更便宜用于时政，至于齐《诗》大师教帝王“秘术”，更可见齐《诗》学派的政治企图和政治作用。[3] 与此相反。鲁学一派则更为贴近儒学传统，清人唐晏即论曰：“《谷梁》出于鲁儒，其说最为有本。”[4] 而鲁《诗》与齐

---

[1] 见本章第一节，三“独尊儒术与汉武政治之‘开放’”。

[2] 《后汉书·贾逵传》。

[3] 孙筱：“论两汉《诗》学”，载《秦汉史论丛》，第七辑，中国社会科学出版社1998年版，第298～312页。

[4] 唐晏：《两汉三国学案·春秋》。

《诗》和韩《诗》相比而言，乃“为《诗》训故”，故“鲁最为近之”，[1] 即最接近《诗经》本义而较少发挥。简言之，鲁学的特色在于其恪遵仁义，因循成规而不知权变，很难与统治者的政治需要接轨。所以在武帝及以后齐、鲁二学的几次纷争中几乎都败下阵来。其实，鲁学在武帝初年，第一次出现在汉武的视野中，即申公被迎入长安，与武帝论“治乱之道”，就已经扫了武帝的兴，实际上已注定了鲁学在武帝朝的命运。此后，武帝时，又有鲁学家江公与《公羊》大师董仲舒的一次对策辩论，史载“江公呐于口，上使与仲舒议，不如仲舒。”鲁学再次败阵。以后双方更为激烈的斗争再起，并波及宫廷，引起武帝与太子刘据因对学术政见之不同而发生政治分歧，最终导致太子失宠，又迫于江充的诬陷而铤而走险，发动军事政变，兵败自杀。这件政治事件的其中一个诱因，正是太子刘据因善《谷梁》与以“齐学”为治国思想的武帝发生分歧所致。原来武帝好《公羊》，命太子刘据研习，然刘据却偏好《谷梁》，私下拜江公为师，研习《谷梁》，这原本完全是个学术思想的问题，但反映在两学派对政治的不同见解方面，“太子每谏征伐四夷，上笑曰：‘吾当其劳，以逸遗汝，不亦可乎？’”[2] “上用法严，多任深刻吏；太子宽厚，多所平反。”[3] 父子二人的分歧越来越大，结果引起武帝对太子不满，嫌“其材能不类已。”结果已如前述。太子兵败，实是“鲁学”的又一次失败。到宣帝时，由于宣帝“善《谷梁》说”，[4] 加之宣帝身边的丞相韦贤、长信少府夏侯胜和侍中史高都是鲁学派的，所以宣帝时开始贬“齐学”而尊崇“鲁学”。甘露三年（前 51 年），宣帝驾临未央宫的不渠阁，诏“齐学”与“鲁学”两大派讲论《五经》异同，由于宣帝倾向《谷梁》，《公羊》受挫。但其结果也不过是《谷梁》被立为官学，与《公羊》取得了大致相等的地位，而不是取《公羊》而代之，尽管“由是《谷梁》之学大盛。”[5] 事实上，宣帝以后，鲁学虽有所进展，但随之齐、鲁二派逐渐开始合流，一些大儒往往是齐学、鲁学兼而修之，一身而

---

[1] 《汉书·艺文志》。
[2] 《资治通鉴》卷二十二《汉纪十四》。
[3] 《汉书·艺文志》。
[4] 《汉书·儒林传》。
[5] 《汉书·艺文志》。

兼两学。自哀帝朝刘歆奏请设置古文经博士，同为今文学派的“齐学”“鲁学”遂进一步合流。

马克思指出“理论在一个国家的实现程度，决定于理论满足于这个国家的需要的程度”❶，以此来言齐、鲁之学派之争是十分恰当的。齐学之立，尤其是《公羊》在汉代独树一帜的学术地位的取得，关键正在于“齐学”崇尚权变，学以致用，围绕政治并服务于政治统治的学术特色，合乎武帝时代的政治需要，同样道理“‘齐学’登上思想统治地位，但又不能垄断思想统治，同样也是由汉武帝时期的社会需要决定的。”❷

第三，由经学官学化带来武帝时期政权结构的变迁。

自武帝立《五经》博士，开弟子员，设科射策，劝以官禄，大批的儒士通过经学为入仕之阶，一方面“自此以来，大夫士吏彬彬多文学之士矣。”汉皇朝政权机构改变了汉初以来由军功大臣集团独霸的局面，政权结构得到更新。另一方面，儒士大批入仕，极大地刺激了社会上学经、讲经活动的盛行。正如《汉书·儒林传》所云：

> 讫于元始，百有余年，传业者寝盛，支叶蕃滋，一经说至百余万言，大师众至千余人，盖禄利之路然也。

可以说，这两方面相互促进，互为推动，极大地促进了社会和政治空气的改变，武帝朝的政权结构随之发生变迁。这种变迁表现在如下方面：其一，由此使文景到汉武初期出现的由于军功大臣集团衰落而造成的政治真空得到了部分的填补。更为重要的是，从此在制度上开始形成一种全新的政治通道，政治有条件地向社会开放。其二，与此相应，社会秩序中的领袖阶层，也就是本书所说地方豪族势力，凭借着他们的文化传统和经济优势，自然而然地取得在经学传承方面的优越条件。尽管在整个武帝朝，朝廷和地方社会之间更多地表现为直接的政治冲突，但不可否认，地方势力进入汉皇朝政治毕竟已经有了经学这一通道，从此以后，地方豪族势力通径——入仕——官僚化，使从秦王朝以后国家与社会二元对立的政权结构开始得到改变，昭宣

❶ 《马克思恩格斯选集》第1卷第10页。

❷ 参见安作璋、刘德增：“汉武帝独尊儒术与齐学”，载《秦汉史论丛》第七辑，中国社会科学出版社1998年版，第247～260页。

以后，社会秩序的领袖层，即地方豪族势力被采入政治权力结构之中。应该说，这种政权结构的建构，是以武帝立《五经》博士开其端的。其三，表现在政权结构之官僚阶层的构成上，士人阶层出身者的比例大增，士阶层的发展并逐步与宗族势力结合，而产生了“士族”，至元成以后，汉王朝的政权结构已经表现为士族与刘氏皇室共天下的特征。王莽代汉正是依靠了与刘氏共天下的士大夫的支持。当然，我们说由经学官学化带来的政权结构的变迁，在武帝时期还只是开始，而促成这一变迁的一个关键人物就是公孙弘。

三、公孙弘与汉武政治

一般以为，由独尊儒术到武帝立《五经》博士，开弟子员，都是大儒董仲舒的首创。我们知道，董仲舒应武帝策问，上著名的天人之策，按马彪先生的概括，可称为三论三求。简言之，就是提出更化论，为儒者要求学术自由权；提出“有为”论，为儒者要求入仕权；提出三统论，为儒者要求学术垄断权。[1] 班固对“天人之策”有精辟概述：

> 及仲舒对策，推明孔氏，抑黜百家。立学校之官，州郡举茂材孝廉，皆自仲舒发之。[2]

一个“独尊儒术”，一个“明经取士”，“二者相辅相成，前者满足了武帝巩固、发展大一统局面的理论需要；后者为达到儒者向统治阶层索取入仕特权的实际目的。”[3] 这一认识固不可谓大谬，但亦不必尽然。一方面董仲舒的独尊儒术，划一统治思想的建议，尤其是这一建议的理论基础，即由《公羊》所阐发的“大一统”的观念，无疑对于武帝是有着极大的诱惑的，武帝之尊崇儒术，实乃尊崇《公羊》，从这个意义上讲，董仲舒的贡献实不过是在思想统治上为武帝寻找到了理想的武器，儒学开始取得了在政治统治思想中的正统地位。但是，另一方面，董仲舒毕竟只是一个政论家，而非政治家，他的那一套“治术”如何变为汉皇朝的政治实践加以贯彻，在这一方面，董仲舒并无过硬的计划和方案。相反，武帝此人，如汲黯所论，乃是“内多

---

[1] 马彪：“试论汉代的儒宗地主”，载《中国史研究》1988年第4期。
[2] 《汉书·董仲舒传》。
[3] 马彪：“试论汉代的儒宗地主”，载《中国史研究》1988年第4期。

欲而外施仁义”[1] 之人主，他的治国方略是“霸王道杂之”的汉家制度。不用说，董仲舒对策以后，并没有留在武帝身边参与规划，而是两度被外放诸侯国相，要知道，此时的诸侯国相，与曹参相齐时的诸侯相之地位，已非同日可比。显然，董仲舒并未得到重用。从以后董仲舒言灾异险些送掉性命一事看来，董仲舒尽管在用唯心主义哲学做附会之说，臆解所谓“微言大义”方面，具有他人无可比拟的天才，但在政治才干与政治权术方面却完全是个门外汉。因此，帮助武帝在政治实践中落实董仲舒的“大一统”观念的任务，只能落在另一个在学术上远不及董生，却能够“习文法吏事，缘饰以儒术”的公孙弘的肩上。究其原因，就在于他“儒法杂用”的治术主张，不但深得武帝之意，也比董生的空洞的儒家说教，更具有可操作性和实用性。

公孙弘，年轻时曾为狱吏，想来是一个明习法律之人。可能因在任中犯法，被免去公职。到四十多岁，方又学《春秋》杂说。武帝即位当年，招贤良文学之士，这时公孙弘已年届六十。以贤良征为博士，出使匈奴，因不合武帝意而免官归家。元光五年，也就是整整十年以后，武帝再次招贤良文学，公孙弘策试被武帝擢为第一。被立为博士，待诏金马门。史称公孙弘“每朝会议，开陈其端，不肯面折庭争。”“其行填厚”，“不肯庭辩”，[2] 其行事风格看来是十分圆滑世故，深得武帝欢心。前文已述，武帝用人的最大特色，就是善用听话的人，公孙弘因而大受重用，“一岁中至左内史”，后迁御史大夫，元朔中代薛泽为丞相。当然，事情也绝非这么简单，其为人、行事风格得武帝欢心不假，但其大受重用恐怕还有更深层次的原因。这就是他在政见方面与武帝十分合拍。

元光五年公孙弘对策，是其政治主张的集中阐述，在这次对策中，公孙弘提出了以礼义为表，赏罚为里的治民之本与治政之本。其文曰：

> 是故因能任官，则分职治；去无用之言，则事情得；不作无用之器，即赋敛省；不夺民时，不妨民力，则百姓富；有德者进，无德者退，则朝廷尊；有功者上，无功者下，则群臣逡；罚当罪，则奸邪止，赏当贤，则臣下劝，凡此八者，治民之本也。

---

[1] 《汉书·汲黯传》。

[2] 《汉书·公孙弘传》。

又曰：

> 致利除害，兼爱无私，谓之仁；明是非，立可否，谓之义，进退有度，尊卑有分，谓之礼；擅杀生之柄，通壅塞之途，权轻重之数，论得失之道，使远近情伪必见于上，谓之术，凡此四者，治之本……法设而不用，不得其术，则主蔽于上，官乱于下，此事之情，属统重业之本也。

不难看出，公孙弘的所谓治之术，与武帝“时多欲而外施仁义”的个性是十分合拍的。此外，公孙弘少为狱吏，“习文法吏事”，然能“缘饰以儒术”，也更合于武帝个性，故而备受赏识。

武帝接受董仲舒的建议，于建元五年“置《五经》博士”，然而，将《五经》博士的设置，与全新的以明经取士的选官制度相结合，自此开儒士“通径一入仕”之途的却是公孙弘。我们知道，博士之官，古已有之，是一个“通古今”，备顾问的闲职。正是公孙弘于元光五年拟订创立太学的方案，奏请为《五经》博士招受弟子五十名，另招“受业如弟子”者若干名，并在学成后经考试任官。终使博士职能为之转变，儒士通过太学的教育、培训体制，“明经入仕”，自此始得势于进仕之途。如果说董仲舒是汉武政治的设计师，公孙弘则是汉武政治的真正的实践者。

四、汉武朝的豪强政策与地方豪强的士族化

总的看来，汉武时期中央与地方、国家政权与地方社会秩序之间的关系是相当紧张的。我们知道，从汉景开始，汉代的社会结构与汉初已发生了明显的变化。大致说来，汉初由于存在强大的军功阶层，这一集团牢固把持着上自中央下至地方的政治，形成了汉初军功阶层与刘氏皇朝“共天下”的局面。此外，由于长期战争的破坏，地方社会基本上处于分崩离析的局面，除了一小部分六国贵族之外，地方上尚未形成凝聚了强大社会力量的强宗豪族势力。当时广大地方社会中可能充斥着追随刘邦打天下的中小军功地主阶层，他们是汉初地方社会势力的主体。汉皇朝实行宽松的治国之策，汉皇室代表的国家政权与社会秩序之间，保持着宽松、协调的关系。这无疑为地方势力的发展提供了有利条件，史称：

于是，罔疏而民富，役财骄溢，或至并兼，豪党之徒，以武断于乡曲。[1]

到武帝时期，渐次发展起来的豪族势力逐渐成为地方统治的隐患，武帝朝的地方政策也一改往昔，以压抑和打击地方社会秩序为要。这主要体现在以制度化的刺史监控地方和人治化的酷吏实施专断、杀伐的打击豪强策。事实上，这一政策应该说在景帝后期就已开其端，不过到武帝时期才成为汉皇朝地方统治政策的核心。从另一方面讲，汉皇朝的地方政策，又可称为软硬兼施、一堵一放政策。因为社会势力的存在，并非单纯依靠杀伐和打击政策就可以解决的。其实，从以后的历史经验来看，武帝的豪族政策尽管称得上残酷、专断，但收效却甚微。这就迫使掌握中央政权力量的皇朝政治为增强其社会基础计，采取吸收社会势力参与政权的办法，积极寻求与社会秩序的协调与合作。具体说，就是为社会势力进入皇朝政治寻求和建立一条较为稳定的、制度化的通道。这就是以“明经取士”为核心内容的，以经学为媒介，以太学、地方公私学校教育为基础的，以征辟、察举等为主要形式的全新的选官制度。它标志着汉初军功地主与皇权“共天下”的政治局面下，被军功集团独占的政权开始向社会开放，而最可能优先进入这一全新的政权结构的无疑是那些能够有优越的文化传统和经济实力的，拥有社会势力的阶层。在中国古代社会这样“以农业生产为主的社会中，拥有土地者，常常又是拥有社会势力者，故地方豪族成为被吸收的对象。”[2]

总而言之，一方面，汉武政权从政治、经济乃至社会生活方方面面对豪族势力进行压抑、打击乃至杀伐。这一层可称为堵。另一方面，通过文化与政治相结合，为豪族势力开放了一条进入政治的通道，这一层可称为放。这样一堵一放，自然将豪族势力，从皇朝政治的对立面引入皇朝政权结构之中。所以毛汉光先生说，汉武以后，地方豪族的转变“除了因利禄的诱力外，政治的压力也产生了推动作用”[3]，是

---

[1] 《汉书·食货志》。

[2] 毛汉光：“中国中古社会史略论稿”，载《史语所集刊》，第47本三分册，1976年9月。

[3] 毛汉光：“中国中古社会史略论稿”，载《史语所集刊》，第47本三分册，1976年9月。

非常正确的。此后，地方豪族势力得以通过读书为士而入仕途，成为“士大夫”，又通过经学的传承，由累世经学而累世为官，得以经营其家族势力，这即是地方强宗豪族之士大夫化和士大夫之家族化。最终走向东汉以后至魏晋的“士族”社会。而这一切都是在西汉武帝时期始开其端的。

（一）汉武时期的打击豪强策

武帝时期打击地方豪强的政策，有以下几个方面内容：

第一，通过制度化的刺史制度，加强对地方政权与地方豪族势力的监控。

按顾炎武《日知录·部刺史》所言：刺史乃“秩卑而命之尊，官小而权之重，此大小相制，内外相维”也。其职能主要是加强中央和地方之联系，以便于中央对地方之监控，故曰“内外相维”。刺史制度大约本自秦王朝的监御史。《汉书·百官公卿表》：

> 监御史，秦官，掌监郡。汉兴，丞相遣史分刺州，不常置。

按此，汉初的地方监察制度，具有相当的随意性。一般由丞相或御史大夫酌情派遣（监御）史之类的特使巡行地方，[1] 代丞相、御史大夫行监察地方之责。武帝元封五年（前 106 年）初置部刺史。将全国分为十三个监察区，称为“州部”，每个州派设刺史一人，“掌奉诏条察州”。据同书师古注引《汉官典职仪》云：

> 刺史班宣，周行郡国，省察治状，黜陟能否，断治冤狱，以六条问事，非条所问，即不省。

看来职掌是非常明确的。一般都认为，刺史六条问事，一条是督察强宗豪右，五条是督察郡国守相。[2] 这样说大致并不为错，但显然是有些问题的。六条问事，按《汉官典职仪》：

> 一条，宗豪右田宅踰制，以强凌弱，以众暴寡。二条，二千

---

[1] 据《汉书·百官公卿表》御史大夫条：御史大夫有两丞。其一曰中丞，“外督部刺史，内领侍御史员十五人，受公卿奏事，举劾按章。”又“侍御史有繡衣指直，出讨奸猾，治大狱，武帝所置，不常置。”按此繡衣指直，当即刺史的前身。按同书，王温舒为中尉，“直指始出矣”。王温舒为中尉在元狩四年（前 119 年），则繡衣指直之设，应早于刺史大约十三年。

[2] 白寿彝总主编：《中国通史》第五卷，上海人民出版社 1995 年版，第 320 页。

石不奉诏书遵承典制，倍公向私，旁诏守利，侵渔百姓，聚敛为奸。三条，二千石不恤疑狱，风厉杀人，怒则任刑，喜则淫赏，烦则拢刻暴，剥截黎元，为百姓所疾，山崩石裂，妖祥讹言。四条，二千石选署不平，苟阿所爱，蔽贤宠顽。五条，二千石子弟恃怙荣势，请托所监。六条，二千（石）违公下比，阿附豪强，通行货赂，割损正令也。

显然，第一条是直接针对地方豪强的，第六条也与豪强有关。当然，这两条各有侧重：第一条乃是直接以削夺、限制豪强的地方强权为目标，打击豪强以强凌弱，为害地方。第六条，则是针对豪强势力与地方政权相结合，主要是防范地方豪强势力向地方政权系统的渗透，侵扰地方行政（割损政令），实际上就是为避免豪强通过贿赂控制地方。不难看出，通过刺史制度，一来打击豪强在地方社会之势力，二来限制豪强向地方政权的渗透。尤其是后一项，更体现了在武帝时期国家政治权力与地方社会秩序之间强烈的对抗色彩。

第二，通过人治化的酷吏，实施对地方豪强的杀伐政策。

汉初，国家粗安，在统治思想上崇尚简节、宽松。史称：

汉兴，破觚而为园，斫琱而为朴，号为罔漏吞舟之鱼。而吏治蒸蒸，不至于奸，黎民艾安。由此观之，在彼不在此。高后时，酷吏独有侯封，刻轹宗室，侵辱功臣。吕氏已败，遂夷侯封之家。孝景时，晁错以刻深颇用术辅其资，而七国之乱发怒于错，错卒被戮。其后有郅都，宁成之伦。❶

可见，汉初的宽松政策，到景帝时已有改变，重用酷吏从景帝时已开其端。

考诸酷吏之行事，我们认为酷吏政治具有如下特征。其一，酷吏政治之残酷性。所谓酷吏正是表现在他们不遗余力地对豪强的打击，手段严厉，刑罚酷烈，断狱果断，嗜杀成性。这样的事例，在《汉书·酷吏传》中可以说是俯拾皆是。

郅都：

济南瞯氏宗人三百余家。豪猾，二千石莫能制，于是景帝拜

---

❶ 《汉书·酷吏传》序。

都为济南守，至则诛瞯氏首恶，余皆股栗。

周阳由：

居二千石中最为暴酷骄恣……所居郡，必夷其豪。

义纵：

为河内都尉。至则族灭其豪穰氏之属。……徙为定襄太守，纵至，掩定襄狱中重罪二百余人及宾客昆弟私人相见者亦二百余人。纵壹切捕鞠，曰“为死罪解脱”，是日皆报杀四百余人。郡中不寒而栗。

王温舒：

迁为河内太守，捕郡中豪猾，相连坐千余家，上书请，大者至族，小者乃死……至流血十余里。

上举各例，乃其中荦荦大者矣。考其行事，义纵日杀四百人，其中宾客昆弟近半数，以一句“为死罪解脱”，轻描淡写般予以残杀，不为草菅人命者何！王温舒则有过之而无不及，一夜之间诛杀千余家，至流血十余里，可称得上暴戾凶残。大凡被酷吏杀之人，并非都是罪有应得。表面上看，这些人严刑厉法，是法律的维护和执行者，事实上，考其行事，大多情势之下，毋宁说对法律精神的践踏。所以说，其二，是酷吏政治的人治化特征。如周阳由，景帝时为郡守。“武帝即位，吏治尚修谨，然由居二千石中最暴酷骄恣，所受者，挠法活之；所憎者，曲法灭之。”王温舒也颇为典型，史称“温舒专谄，善事有势者，即无势，视之如奴，有势家，虽有奸如山，弗犯，无势，虽贵戚，必侵辱。”其在广平都尉任时，“纵使督盗贼，快其意所欲得。此人虽有百罪，弗法；即有避回，夷之，亦灭宗。”称其曲意妄法并不为过。他们秉承专制君主的意旨，手中掌握生杀予夺的权力。实际上是君主专制的工具，他们只是唯君主之命是遵，所以大多能表现出一种不畏权贵的品质。其三，是酷吏政治不畏权贵的特征。如郅都“独先严酷，致行法不避贵戚，列侯宗室见都侧目而视，号为‘苍鹰’。”宁成，为济南都尉，“后长安左右宗室多犯法，上召成为中尉，其治效郅都……宗室豪杰人皆惴恐。”

酷吏政治所表现的以上特征，实际上恰恰表明，酷吏完全是一群缺乏独立人格的专制工具而已。酷吏政治和君主专制权力的加强是互为表里的。正因为如此，这些拥有生杀予夺权力的酷吏，归根结底，与君主个人专权是背道而驰的，这就是历史的辩证法：君主专权需要酷吏作为强权的工具；酷吏的无限制发展又成为君主专权的直接危害。故此，酷吏也终逃不过被抛弃、被诛杀的命运。考诸《汉书·酷吏传》所载，酷吏共十三人中就有九人先后被诛杀。他们是郅都、宁成、周阳由、义纵、王温舒、咸宣、田广明、田延年、严延年。

第三，通过经济手段，打击豪强的经济势力，对地方豪强以釜底抽薪的政策。

史称："汉兴，海内为一，开关梁，弛山泽之禁，是以富商大贾周流天下，交易之物，莫不通得其所欲。"从此"重装商贾周流天下，道无不通，故交易之道行。"从高祖到文景，除高祖时曾实行一段时期的"令贾人不得衣丝乘车，重租税以困辱之"，以及严令商人不得出仕做官的限制之外，汉皇朝的商业政策是极为宽松的。惠帝时正式开创的公开卖爵制，使汉代国家爵制体系从军功爵制向民爵制正式转化，此后，掌握了强大经济力量的富商大贾开始向军功阶层发出政治的挑战，文帝时的"入粟拜爵"制使这种情况又向前迈进了一步。随着军功集团的必然的衰落，此消彼长，富商大贾势力之膨胀可以想见。加之，汉初以来始终奉行的土地自由买卖政策，商人"以末致财，以本守之"，大量地投资土地，遂成商人、地主二位一体的地方豪强，富商大贾的社会地位也得到了明显的提高。到景帝后元二年，又部分地解除了商贾不得入仕的禁令，从此豪强势力得到突飞猛进的发展，遂构成武帝朝以后一大社会问题。

武帝朝对地方豪强势力实施全面的打击政策，除上述利用刺史和酷吏进行直接的打击外，还采取一系列的经济手段对地方豪强以釜底抽薪的削弱政策。这一政策包括算缗、告缗令，盐铁专卖以及均输平准等法。

算缗，即向商人和手工业主以及高利贷者征收的财产税。《汉书·食货志下》载：

> 商贾以币之变，多积货逐利。于是公卿言："……诸贾人末作贳贷买卖，居邑贮积诸物，及商以取利者，虽无市籍，各以其物自占，率缗钱二千而算一。诸作有租及铸，率缗钱四千算

一……商贾人轺车二算，船五丈以上一算。”

此曰“公卿言”，但从后来杨可告缗遍天下来看，算缗制是得到了实际的推行的。与汉初对工商业实施以重税政策稍有不同的是，算缗制是财产税而非单纯的营业税，这对富商大贾的打击是非比寻常的。营业税商人可以不动声色地转嫁给消费者，而财产税是无从转嫁的，逃税的唯一办法就是隐瞒财产。所以上引同书云：

匿不自占，占不悉，戍边一岁，没入缗钱，有能告者，以其半畀之。

这就是“告缗令”。《汉书·平准书》载：

杨可告缗遍天下，中家以上大抵皆遇告。

可见富商大贾匿产逃税现象之普遍。于是“杜周治之，狱少反者。乃分遣御史廷尉正监分曹往，即治郡国缗钱，得民财物以亿计，奴婢以千万数，田大县数百顷，小县百余顷，室亦如之。于是商贾中家以上大率破。”结果“民偷甘食好衣，不事畜藏之产业，而县官有盐钱缗钱之故，用益饶矣。”此举对商业的打击是不言而喻的。此后，商人或追求生活享乐，或改弦更张投资土地，造成土地集团局面的出现，大批农民失业，更造成武帝朝以后更为严重的社会问题。

如果说算缗、告缗是对富商大贾阶层利用政治权力所进行的直接掠夺的话，盐铁专卖和均输平准则是利用国家经营手段，与商贾夺利。《史记·平准书》载：武帝以东郭咸阳、孔仅为大农丞，领盐铁事：

大农上盐铁丞孔仅言：“山海，天地之藏也，皆宜属少府，陛下不私，以属大农佐赋。愿募民自给费，因官器作煮盐，官与牢盆。浮食奇民欲擅管山海之货，以致富羡，役利细民。其沮事之议，不可胜听。敢私铸铁器煮盐者，釱左趾，没入其器物。郡不出铁者，置小铁官，便属在所县。使孔仅、东郭咸阳乘传举行天下盐铁，作官府，除故盐铁家富者为吏。”

又桑弘羊为治粟都尉，领大农，代孔仅管天下盐铁事：

弘羊以诸官各自市，相与争，物故腾跃，而天下赋输或不偿其僦费，乃请置大农部丞数十人，分部主郡国，各往往县置均输盐铁官，令远方各以其物贵时商贾所转贩者为赋，而相灌输。置平准于京师，都受天下委输。召工官治车诸器，皆仰给大农。大农之诸官尽笼天下之货物，贵即卖之，贱则买之。如此，富商大贾无所牟大利，则反本，而万物不得腾踊。故抑天下物，名曰："平准"。天子以为然，许之。

这就是所谓盐铁官营和均输平准。简言之，前者是通过国家垄断经营社会生产和人民生活必需的铁、盐两大产业，遏止商贾从中获利，后者则是以国家财力做生意，与商贾竞争，取代商贾在社会流通中的功能，富商大贾因此失去经营空间而遭到严重打击。史家关于这方面的论述已很详备，在此不重述了。

综上所述，通过刺史、酷吏和与豪民利争的一系列经济手段的联合打击，地方豪族遭到了前所未有的打击。地方豪族无论是在政治面貌，还是经济活动方面，被迫改弦更张，逐步向皇朝的统一政治靠拢。当然，这必须通过一定的联系国家政权与豪族代表的社会秩序的桥梁来实现。具体说，就是汉皇朝独尊儒术的政治统治思想的确立以及由此带来的帝国全新的政治格局，豪族通过研习儒术，从"明经入仕"的途径，进入皇朝政治，逐步完成由地方豪族而"士族"化的转变。

（二）豪强的士族化

豪强的士族化，是武帝朝以来打击豪强策和以"经学入仕"为核心的汉武政治"开放"双重作用的结果。我们知道，从武帝朝以后，汉皇权中央政治与地方社会秩序之间建立起的最要紧的一道桥梁，便是博士弟子员补文学掌故，其高策可以为郎的后补官僚制度，以及以经学为重要内容之一的地方察举制度。尽管不能否认有个别社会底层的人士，通过发奋读书跻身统治阶层的例子，但一般说来，能够从这一桥梁升入皇朝政权结构的绝大部分应该是那些拥有相当的文化和传统或经济势力的地方豪族子弟。马亮宽先生曾对两《汉书》中的士人身份的官僚之出身做过统计，其中《汉书》记载中可以明确士人身份的官僚186名，出身于下层贫民的27人，只占士人官僚的15%。[1] 当然，即便如此，国家政权与社会秩序之间的通道至少已初步建立起来。此后地方秩序中的精英分子便可依靠这条通道觅得上升之途。这样的

---

[1] 马亮宽："汉代士人与社会结构"，载《社会科学》1994年第2期。

例子，从武帝朝开始逐渐多了起来。如公孙弘，以儒学入为丞相的事例每每被史家称引，此不赘述。再如：

《汉书·萧望之传》：

> 萧望之字长倩，东海兰陵人也。徙杜陵。家世以田为业，至望之，好学，治《齐诗》，事同县后仓且十年。以令诣太常受业，复事同学博士白奇，又复从夏侯胜问《论语》《礼服》，京师诸儒称述焉。

后以射策甲科为郎。为御史大夫魏相除为属吏，又察廉为大行治礼丞，终为丞相。其八子中又有三子咸至高官。按上引本传记载，萧望之家世以田为业，从兰陵迁徙杜陵，可见他的家世是出自地方豪富之家的大地主。看来他的先辈并无很好的文化修养，至萧望之时，家风才得以转变，由于望之好学，从“明经”踏上仕途，也从此改变了家族的命运。同样的例子，还见于河内的张禹。据《汉书·张禹传》：

> 张禹，河内轵人也，至禹父徙家莲勺。

莲勺属左冯翊，按此张禹也应是地方豪富而被迁徙的。据称曾有卜者见张禹聪慧过人，劝张禹的父亲说：“是儿多知，可令学经。”也许正是卜者的一句话，改变了这个家族今后的生活方向：

> 及禹壮，至长安学，从沛郡施雠受《易》，琅邪王阳、胶东庸生问《论语》，既皆明习，有徒众，举为郡文学。后代王商为丞相……家以田为业，及富贵多买田，至四百顷，皆泾渭溉灌，极膏腴上贾。

此外，如《汉书·平当传》：

> 祖父以訾百万，自下邑徙平陵。当少为大行治礼丞，功次补大鸿胪文学，察举为顺阳长，栒邑令，以明经为博士。

《汉书·郑崇传》：

> 本高密大族，世与王家相嫁娶，祖父以訾徙平陵，父宾明法令，为御史，事贡公，名公直。崇少为郡文学史，至丞相大车属。弟立与高武侯傅喜同门学。

传文未明其祖父的身份。其父郑宾则是一个明法的法律吏。到郑崇兄弟却一改乃父之风尚，而以明经入仕。

以上各例中，尽管通过“明经入仕”是共同的特征。但其具体途径，又有所不同。萧望之受业如博士弟子，射策甲科为郎，即经由太学的后补官僚体制升入仕途，其他几例则多由察举或征辟的途径而入仕。我们知道，察举是可以即刻进入政府的。而博士弟子则是一种后补的官僚体系。正式的博士弟子员额，在武帝初置时只有五十人，经昭帝的百人，宣帝时二百人，元帝时千人，到成帝时则增至三千人。除中央的太学以外，从文翁在蜀郡设郡学始，地方学校遂成定制，成为地位低于中央太学，容量却远远大于中央太学的地方的官僚教育、培训机构。接受经学教育成为时尚，邹鲁流行的“遗子黄金满籯，不如一经”❶的谚语正是这一时尚的反映。当然，接受经学教育，学成为士大夫本身并不是最终的目标，通经能任用为官吏，成为大多数学经者的重要目标。通经得以升入仕途，这的确是很诱人的。元帝以后“通一经皆复”，更为之推波助澜。所谓利禄使然，趋之若鹜。机会好的地方豪族，通过接受教育，跻身为官僚阶层，这在武帝以后，已变得非常现实，另一方面的结果，也使“大部的豪族，在两汉三百年来，或多或少都感受到儒家的影响，这种影响使得原本武质的地方豪族，兼备了文儒的性质。”❷

这样，一方面是武帝时期开始对地方豪族的极端的压抑和打击；另一方面，豪族中的大部分都能具备了文儒的气质。代表社会秩序的地方豪族，由此而循着儒家经学的研习而摇身一变为“士大夫”，再由“明经取士”的通道，而进入汉皇朝的政治体系。“自此以后，地方上智术之士可以期待经过正式的机构，确定的思想和定期的选拔方式，进入政治的权力结构之中，参加这个权力的运行。纵然这时其他权力机构，如经济力量与社会力量，都已经服属在政治权力结构之下了：一条较狭，但却远为稳定的上升途径反使各处的俊杰循规蹈矩地循序求上进。于是汉初的豪杰逐渐变成中叶以后的士大夫。……西汉中叶以后的士大夫显然已与察举到中央的人士及地方掾史群，合成一个‘三位一体’的特殊权力社群。也就是说，士大夫在中央与地方都

❶ 《汉书·韦贤传》。

❷ 毛汉光：“中国中古社会史略论稿”，载《史语所集刊》，第 47 本三分册，1976 年 9 月。

以选拔而参与其政治结构，构成汉代政权的社会基础。”[1] 这就是“士族”。

与武帝前期的主父偃、朱买臣等颇具“游士”色彩的“士人”[2]相比，上举各例出身地方豪强的“士大夫”已经明显地具备了“士族”的性质。这一对比，实际上反映出“士族”发展的两方面的情形，一方面是强宗大姓的士族化，如萧望之、张禹等；另一方面，是士人在取得政治势力后，再转而扩张家族的势力。而且，这两方面在多数情形下又是互为因果的社会循环，所谓“士族化”，便是一般原有的强宗大族使弟子读书，因而转变为“士族”。[3]

---

[1] 许倬云：“西汉政权与社会势力的交互作用”，载《史语所集刊》第35本，1964年。

[2] 参见第六章第一节，“士的演生与变迁”。

[3] 许倬云：“东汉政治之建立与士族大姓之关系”，载《中国知识阶层史论（古代篇）》，联经出版事业有限公司1980年版，第115页。

第七章　西汉后期政治结构：世族政治的开端

如果将整个西汉时期，按各阶段政治结构变迁的特征进行分期，大致可分为三个时期，即汉初时期（高帝——景帝期）、汉武期（包括武、昭二朝）和西汉后期（宣元以降）。❶ 各期政治结构的变迁，可做如下概述。

汉初期基本上是一种军功集团与刘氏皇室“共天下”的政治结构，这一结构的基本特征为：军功阶层始终是汉初政治力量的中坚，他们控制着从中央到地方的政治权力，在他们的控制下，地方基层社会秩序与中央政权力量之间缺乏可能的、稳定的通道。换句话说，地方社会秩序被排除在了汉皇朝中央和地方政权体系之外，反映在选官制度上，主要是军功、任子、赀选诸途登进，以这种制度体制和方式吸收的人才只能局限于统治阶层内部，即原已参与政权者，而政治权力结构之外的阶层很难得到一种稳定的升入政治领域的通道，也就是说，这种政治结构根本缺乏从全国普遍地吸收新鲜血液的制度化的途径。这样一来，一直到武帝以前，皇朝政治并没有获得国家基础社会秩序的全面支持，中央政权并未能在地方社会的基础扎下根。不过，虽然汉初政治结构中的军功阶层与地方社会二大势力之间相对地缺乏社会流动性，但由于汉皇朝奉行的宽松政策，政权力量对社会秩序的破坏或干扰也相对较少。其结果，是在军功阶层终不可避免地衰落的同时，社会秩序中的重要力量——地方豪强阶层大力发展起来，成了武帝朝以后重要的社会问题。

因此，武帝朝国家政治权力与地方社会秩序的关系总的来看是相

❶ 参见日本学者重近啓樹：《秦汉税役体系の研究》，附二《秦汉帝国と豪族》，汲古書院 1999 年版。

当紧张的。单就政治结构而言，正如许倬云所说：

> 从汉初的功臣集团独占性质演变到武帝时的名臣出身庞杂，也许只是表示功臣集团的权力让渡给皇帝一人，并不是政权的社会基础有任何改变。❶

也就是说，武帝朝的政治结构也并未获得广阔的社会秩序基础。实际上是一种专制政制，确切地说是皇权通过酷吏与利臣而实现之专制政制。在这种政制之下，社会秩序通向国家政治权力结构的通道依然是不通畅的，政治结构不过是从汉初的军功阶层的独占变更为皇帝的个人专制而已。当然，在这一时期，汉代政治结构正酝酿着一种全新的变革，社会流动的制度通道正在逐步地建立。故本书称汉武政治为转型期政治。其标志之一就是武帝时期开始逐步开通的，以经学传承为主要内容的，以“明经取士”为主要方式的全新的入仕途径，为社会秩序的主导阶层进入汉国家政治权力结构开创了制度化的、稳定的通道。与此相适应，汉武朝以后，社会秩序的主导阶层，即地方豪强集团，纷纷改弦更张，朝向士族化的转变。在这样的结构背景之下，西汉政治进入了它的后期阶段。

汉代后期政治又可分为宣帝朝和汉末期，汉宣帝时期，皇权政治积极推行“霸王道杂之”的所谓汉家的制度，一方面，国家政治权力结构与社会秩序之间的上下通道较为通畅。这时社会秩序的主导力量已由汉初到武帝朝的地方豪强而逐步士族化，这些士族阶层已逐渐成为汉代政治结构的基础和中间力量。另一方面，中央皇权保持着很强的控制力，汉皇朝奉行儒法并用，史称“宣帝所用多文法吏，以刑名绳下”，国家法制很严。但又不纯任酷吏，所以宣帝时代政治清明，吏治循良，史称“汉世良吏，于是为盛”。❷ 这是整个西汉时期政治结构最为顺畅，政治效率最高、社会也最安定的一段时期。但元帝以后，抛弃“霸王道杂之”的政治方针，纯用儒家，国家权力削弱，皇朝的控制力逐渐衰弱，在汉代政治结构中两股新势力顺势而生，这就是外戚与宦官两大集团，此后，汉代政治变成了这两大势力角逐的舞台，士族集团则在这两大势力的夹击之下，被逐步从权力结构中分离出去。

---

❶ 许倬云：“西汉政权与社会势力的交互作用”，载《史语所集刊》，第35本，1964年。

❷ 《汉书·循吏传》。

士族的上升通道严重受阻。汉代政治日益衰败。在这样的情势之下，汉代政坛出现了一个足以彻底改变刘汉皇室以及士族阶层命运的政治人物，这就是王莽。他出身外戚，却是士族的总代表，在领导士族与外戚、宦官的斗争中，得到士族的拥戴，而得以顺利地代汉而新。然而，王莽建新以后的一系列改革方案，却又将矛头直指将他扶上皇位的士族，因此，终被士族阶层所抛弃。汉末反莽大军的主力，除因天灾无法存活的农民外，主要是汉末的士族豪强，即为明证。

一、“霸王道杂之”的政治意义

“霸王道杂之”，即儒法并用。“王者文王周公之礼，霸者齐桓管仲之政”，[1] 霸是指法家以严刑酷法和统治权术来维护统治秩序，进行专制统治，王则是指儒家行教化，以德行、仁义为治国之本的统治政策。

所谓“霸王道杂之”，实乃汉武朝的遗制。

武帝“内多欲而外施仁义”，其政治统治之术，既标榜儒家的仁、义、礼，更强调法家的权术。所谓：

> 擅杀生之柄，通壅塞之途，权轻重之数，论得失之道，使远近情伪必见于上，谓之术。
>
> 不得其术，则主蔽于上，官乱于下。此事之情，属统垂业之术也。[2]

公孙弘这些明显带有法家权术色彩的为政主张，是深得武帝推崇的。这些君王驭下之术，和武帝政治实践中重用酷吏、利臣政策，正是武帝朝霸术的体现。而设太学、开弟子员，为儒士初步开放仕途，则又是其兼行王道的标志。

事实上，刘邦招天下贤士大夫，也是意识到为他打天下的军功集团在行政技能上并不堪用的现实，所谓“贤士大夫”当然包括了孙叔通等儒士，但也决非用纯儒。从这个意义上讲，“霸王道杂之”实不是什么武帝之创。刘邦曾言道：

---

[1] 《汉书·高帝纪》。

[2] 《汉书·公孙弘传》。

夫刑罚，所以防奸也；内长文，所以见爱也。

很显然，仅用刑罚自然是不够的。所以，刘邦十一年诏曰：

盖闻王者莫高于周文，伯（霸）者莫高于齐桓。

即明显流露出欲兼用霸王道为政的意思。须知任何时代政治运行的良好，是不能离开以文化素质为基础的统治方略和行政技能的。上古时代“学在官府”，统治思想的制定和行政技能的学习都掌握在贵族手中。春秋战国以降，学术下移，不唯贵族独掌，由此带来了政治结构的巨变。但国家行政运作依赖知识、技能的特征非但没有改变，而且随着政治事务的扩展变得更为重要。

《史记·封禅书》记武帝与公卿诸生议封禅事曰：

封禅用希旷绝，莫知其仪礼，而群儒采封禅《尚书》《周官》《王制》之望祀射牛事。……群儒既已不能辨明封禅事，又牵拘于《诗》《书》古文而不能聘。上为封禅祠器示群儒，群儒或曰“不与古同”，徐偃又曰“太常诸生行礼不如鲁善”，周霸属图封禅事，于是上绌偃、霸，而尽罢诸儒不用。

从武帝朝看，建元中“悉延百端之学”，元鼎、元封间“尽罢诸儒不用”，都是确有其事的。可见，武帝之用儒，是选用儒术之精神，采其大一统、内圣外王、尊王攘夷以及君权神授等政治学说为己用。至于儒士们自己都不能明辨的一些礼仪之术，武帝是并不看重的。这也就决定了群儒在武帝朝的政治决策体系中是很难真正觅得一席之位的。严格说来，儒学的精神有赖于具体的政权结构和行政手段来实现，所以所谓“霸王道杂之”的行政运作，实际上是依靠行政技能之士，即文法吏来实践的。

“处士横议”本就构成了一种古老的社会政治传统，而经术在汉代的崇高地位，无疑加强了对儒士的政治批判权力的认可，[1] 特别是西汉中期以后，随着独尊儒术政策的实施，为儒生打开了入仕之门，儒生们可以循着特定的制度、一定的员额以及路径，被有计划、有目的地纳入政权体系之中。

阎步克说：

---

[1] 于迎春：《秦汉士史》，北京大学出版社2000年版，第160页。

儒生参政为官僚制带来一些新的因素，最终仍然表现为专制政体的一种内在的调节机制与有机组成部分，而不是一种可能经自身发展最终将突破这一体制的因素。❶

儒生入仕，尽管不可能打破原有的专制政体，却也的确带来了全新的政治格局，并因此迅速引起了原先得仕者的关注。我们知道，自汉以降儒法已有合流的趋势，儒学从早期对君主制的一般承认发展出一套全面维护君主专制的意识形态，从早期对社会伦理的重视发展出一套全面维系封建礼法的“三纲五常”之说，换言之，儒家意识形态与君主官僚专制政体，在实践中日趋融洽。这是独尊儒术的思想政治前提。

我们知道，王道思想是董仲舒政治思想的重要内容之一，董仲舒认为，仁德是王道之本，离开它就违背了天意。但事实上，武帝“内多欲而外施仁义”，对董仲舒“仁德”之王道并不看重。

在政治实践中，以教化为本的德治往往需要时间和过程，而法制则很容易见效。这样，被纳入了董仲舒“王道”思想体系中的法术势的霸道思想，在社会实践中很快就凸显出来。德为虚，刑为实，儒术成了武帝及以后宣帝缘饰吏事的调料。这种现实情况与已经厕身庙堂的儒者的“王道”理想有了很大的差距。董仲舒将儒家思想系统化，与先秦儒学的不切实际相比，具有了一定程度的可操作性，使武帝得以采纳，但武帝时期的现实政治，也确实偏离了儒家政治思想以仁德为核心的体系。成其圣说：

薛道衡《隋高祖颂序》云：“秦居闰位，任刑名为政本；汉执灵图，杂霸道而为业”。看来“独尊儒术”并不意味着“礼治”代替了“法治”，周政代替了秦政，“王道”代替了“霸道”。❷

独尊儒术和儒生参政确实为汉王朝政治带来了新的因素，可是，儒者势力的兴盛也的确需要一个过程。就汉武政治而言，“汉承秦制”方面依然是汉王朝的基础。就像《汉书·盖宽饶传》所云：

圣道寝废，儒术不行，以刑余为周、召，以法律为《诗》《书》。

---

❶ 阎步克：《阎步克自选集》，广西师范大学出版社 1997 年版，第 171 页。

❷ 成其圣：“论西汉‘独尊儒术’后的王霸之争”，载《河南大学学报》1998 年第 1 期。

金春峰认为：[1]

> 盐铁会议不仅在政治上是终止武帝的战争政策，转入新的休养生息的和平状态的开始和标志，也是思想史上终止汉初儒法合流，重新恢复先秦孔孟思想的历史契机。

的确，盐铁会议的召开，本身可以说是儒生的重大胜利，毕竟此时儒生已经得以进入国家政权机构，盐铁会议可以说是儒生参政以后的一次重要的政治演出。但事实上，这一次的胜利不可能从根本上改变“霸王道杂之”的汉家制度。思想上“独尊儒术”，但政治现实中却有点尊不起来。其一，此时的儒术已非先秦“纯儒”，而且，其中具有可操作性的部分又恰恰不是“儒”的部分，实践中的结果只能如上引《汉书·盖宽饶传》所云：“圣道寖废，儒术不行”。其二，从尊儒的政治目的来看，尊儒是尊其“大一统”的政治理念，而非行教化，以德行、仁义为治国之本的空洞说教。考诸当时的政治实际，汉武之尊儒，实则是“以纯儒传经”，而以“能者为吏”。[2] 这样的“独尊儒术”，倒不如说是“霸王道杂之”更符合实际。正如查屏球先生所说：

> 汉武帝并不需要独抒己见的思想家，只需要借古颂今的御用儒生或润色鸿业的宫廷文人。[3]

宣帝朝继续武帝的治国政策，实施“霸王道杂之”的政治方针。《汉书·元帝纪》载：

> 宣帝的太子刘奭“柔仁好儒，见宣帝所用多文法吏，以刑名绳下，大臣杨恽、盖宽饶等坐刺讥辞语为罪而诛，尝侍燕从容言：“陛下持刑太深，宜用儒生”。宣帝作色曰：“汉家自有制度，本以霸王道杂之，奈何纯任德教，用周政乎！且俗儒不达时宜，好是古非今，使人眩于名实，不知所守，何足委任”。乃叹曰：“乱我家者，太子也。”

《汉书》记载的这段精彩对白，对我们了解汉代后期治国方针的演变提供了很好的材料。

---

[1] 金春峰：《汉代思想史》，中国社会科学出版社1987年版，第293页。

[2] 庄春波：“汉武帝罢黜百家，独尊儒术说考辨”，载《孔子研究》2000年第4期。

[3] 查屏球：“论汉武帝时代士人精神的嬗变”，载《南京师范大学学报》1995年第2期。

武帝死后，受武帝遗命辅政的霍光、上官桀、桑弘羊、金日磾等一班大臣，为争夺皇朝的实际控制权而展开拼争，最终由霍光取得宣帝朝的“秉政”之权。史称霍光“知时务之要”，措施得当，继续实行武帝晚年减轻剥削、节约民力、与民休息的经济政策，国力很快得到了恢复。在政治方针方面，霍光“遵武帝法度，以刑罚痛绳群下，由是俗吏上严以为能。”❶ 也完全是武帝政治的延续。宣帝在昌邑王被废后即位。即位之初，他处事谨慎，朝中实权仍由霍光掌控，“诸事先关白光，然后奏御”。而霍光秉政“权益重，每朝见，上虚己敛容，礼下之已甚。”❷ 宣帝地节二年，持续二十余年的大臣“秉政”局面终于结束。霍光在这一年死去，宣帝始亲政。随即霍光一手经营的霍氏家族被宣帝一朝瓦解。不过，就政治方针而言，宣帝却基本上延续了霍光秉政时期的为政方略，继续文法吏与儒生并用的政策。从宣帝朝丞相人选来看，宣帝朝丞相共七任，其中儒士三人，即韦贤父子和大儒匡衡，其余四任都是文法掾吏出身：

魏相：

> 少学易，为郡卒史，举贤良，以对策高第，为茂陵令。

丙吉：

> 治律令，为鲁狱史。

黄霸：

> 以豪杰役使徙云陵，霸少学律令，喜为吏，武帝末以待诏入钱赏官，补侍郎谒者。

于定国：

> 其父于公为县狱吏，郡决曹，决狱平，罗文法者于公决皆不恨。……定国少学法于公，后定国亦为狱吏、郡决曹，补廷尉史。❸

汉代后期的另一名儒萧望之，时任御士大夫，更是宣帝的托孤之

❶ 《汉书·霍光传》。
❷ 《汉书·宣帝纪》。
❸ 《汉书》各本传。

臣。《汉书·魏相丙吉传》赞称：

> 孝宣中兴，丙魏有声。是时黜陟有序，众职修理，公卿多称其位，海内兴于礼让。

此誉并非虚言。宣帝曾长期生活于民间，历经磨难，史云：

> 宣帝“由仄陋而登至尊，兴于闾阎，知民事之艰难，”[1]

虽曾：

> 受《诗》东海澓中翁，高材好学，然亦喜游侠，斗鸡走马，具知闾里奸邪，吏治得失。

从个人的品格风尚而言，宣帝更像一位尚豪侠而又兼文质的人物。由于他比较了解民间的实情，颇知吏治要害，所以非常重视吏治。据说他每五日便要亲自召集丞相及下属部门官员汇报本职工作，常称曰：

> 庶民所以安其田里而亡叹息愁恨之心者，政平讼理也。与我共此者，其唯二千石乎？[2]

因此，宣帝十分重视地方长官的选拔，故有上述“黜陟有序，公职修理”之誉。另外，正如《汉书·宣帝纪》载霍光拥立宣帝即位时所说，宣帝“师受《诗》《论语》《孝经》，操行节俭，慈仁爱人。”此又宣帝崇儒之一面。儒士在宣帝朝也颇有进用者。如韦贤父子和大儒匡衡都做到了宣帝朝的丞相。

但正如宣帝自己所说：

> 俗儒不达时宜，好是古非今，使人眩于名实不知所守，何足委任。

武帝朝自不待言，即就宣帝朝而论，所谓文法与儒学并用的“霸王道杂之”，也并不是绝对的儒法并重。武帝朝到宣帝朝始终以“霸王道杂之”为基本的统治策略，而其中是以文法为重而兼用儒术。所以尽管宣帝自称以“霸王道杂之”，实则是“不甚从儒术，任用法律”。也许可以说所谓“霸王道杂之”就是以法制为内核而“缘饰以

---

[1] 《汉书·循吏传》序。

[2] 《汉书·宣帝纪》。

儒术”。因此，应该注意的是，霸道也好，王道也好，作为统治之术它们的运作前提却是相同的，那便是君主专制。换句话说，霸道是君主专制的霸道，王道是君主专制的王道，作为统治之术，都是为君主专制服务的，只是达到君主专制的路径不同而已。所以，有论者以为：

> 官僚帝国的本质，在于君主和官僚共同构成了社会的统治阶级。

官僚的构成，自秦到西汉：

> 秦政用文吏以“优事理乱”，汉政取儒生参政，则是为其“轨德立化”之功。[1]

但从为政目的而言，“优事理乱”和“轨德立化”二者实异曲同工。正因为如此，从汉武帝儒法杂用，或更准确地说是，“内以文法，外饰儒术”，便被采用为汉王朝的统治之术。

在宣帝朝“霸王道杂之”的政治格局之下，汉代政治出现了全新的面貌。

其一，政治清明，出现了一批著名的良吏。《汉书·循吏传》序云：

> 宣帝即位，用吏多选贤良，百姓乐土，岁数丰穰，汉世良吏，于是为盛。

《汉书·循吏传》载循吏六人，其中除文翁为文帝时人外，其余五人：王成、黄霸、朱邑、龚遂、召信臣都是宣帝时期“所居民富，所去民思”的良吏。这些循吏兴修水利，劝课农桑，倡建学校，大都能体恤鳏寡，推行教化，一般而言，他们的政区，大都称得上政平讼理。所以循吏的共同特点是以文治为特色，并以此有别于手段严厉，刑罚酷烈，断狱果敢的酷吏。《汉书·酷吏传》所载酷吏十三人，宣帝朝始得重用的也不过严延年一人。

其二，政治通道的通畅。这主要表现在地方社会力量的政治上升通道较为顺畅。自武帝设太学，开弟子员五十名，昭帝时增至百人，到宣帝时又增加了一倍，增至二百人。此外，通过察举、征辟制度的

---

[1] 阎步克：《阎步克自选集·士大夫与官僚制》，广西师范大学出版社1997年版。

推行，到宣帝时儒生参政的通道也开始通畅起来。[1]

在先秦时期，儒家和法家形成了彼此对立的政治思想。儒家崇“王道”，这包括“为政以德”的德政思想，教民以德的“教化”任务，以及由精通典籍，恪守德义的“士”“君子”来治国的“人治”思想。而法家崇“霸道”，把秩序和强权，把一个高度精密可靠的巨大的官僚专政政权的有效运作视为至上的目标。其所理想的行政人员，是那些服从权威，奉法行令的文吏。正如《论衡·程材》所云：

取儒生者，必轨德立化者也；取文吏者，必优事理乱者也。

又《荀子·君道》：

法者，治之端也，君子者，法之原也。故有君子，则法虽省，足以徧也；无君子则法虽具，失先后之施，不能应事之变，足以乱矣。不知法之义而正法之数者。虽博，临事必乱。

在荀子看来，君子与法是不可偏废的。法，即君子所行之法，君子，乃奉法之君子。说到底，就国家行政而言，“轨德立化”与“优事理乱”，二者是异曲同工的。这也正是“霸王道杂之”的政治意义所在。所以，正如《东坡志林》卷五云：

自汉以来，学者耻言商鞅、桑弘羊，而世主独甘心焉，皆阳讳其名而阴用其实，甚者则名实皆宗之，庶几其成功。

正是这种儒法相兼、儒生与文吏相表里的现象，使得汉武以后一直到昭宣时期的国家政治成为整个西汉时期最为顺畅、政治效率最高、社会也最安定的一段时期。归根结底，这种政治结构使得社会管理具有了一种原则性和灵活性相协调的可能。

二、改造和衰落[2]

宣帝死后，元帝刘奭即位。这位嫌自己的父亲“持刑太深”的太

---

[1] 察举、征辟制度所选举的对象，依照“四科取士”的标准，除明经、行修的儒生外，明晓法令、刚毅多略的文吏也是重要的人选。

[2] 这一标题系借用［英］崔瑞德主编《剑桥中国秦汉史》第二章《前汉》第六节《改造和衰落》。从某种意义上讲，西汉王朝的衰落，即始于宣帝的继任者汉元帝对乃父“霸王道杂之”的政治策略的改造以及由此带来的中央政治控制力量的衰弱。

子，在上台之后，立刻改变了汉家“霸王道杂之”的一贯政策，片面地推崇儒家，结果迅速削弱了国家权力，还真应验了宣帝“乱我家者，太子也”的预言，汉家政治从此走向衰落。元帝的政策又为以后的成帝、哀帝、平帝相继承袭，致使皇朝大权旁落，政权逐步落入外戚之手，最终出现了王莽篡汉的结局。这一局面，正如钱穆先生所指出：

按汉武、宣用儒生，仅重文学，事粉饰。元、成以下，乃言礼制追古昔。

汉自元、成以下，乃纯用儒术，与武、宣之政不同。不达时宜，是古非今。其风至于莽歆而极，正其篡汉自败之本也。[1]

事实上，到宣帝后期，皇朝政治所出现的弊端已经预示了西汉盛世至此接近了尾声。一方面，宣帝为打击霍光等的权力，任用外戚许氏、史氏子弟取而代之。许氏一门三侯，史氏（宣帝祖母史良娣的外家）四人封侯，此外宣帝母王氏也有二人封侯，外戚之势炙手可热。另一方面，宣帝还任用宦官掌握宫中大权。宣帝虽然称得上一个明察的皇帝，但在奸佞之辈的包围下，他也无法避免一般封建帝王听信谗言，误杀忠良的失误。司隶校尉盖宽饶、御史大夫韩延寿以及颇有政绩的赵广汉、严翁归、严延年、张敞等都遭受诬陷而死于非命。[2] 班固曾给予高度评价的“孝宣之世，信赏必罚，综核名实，政事文学法理之士咸精其能”[3] 的吏治称平局面已经不复存在了。而此时的宣帝也不再像原先那样节俭，贪图起奢侈逸乐的生活，据《汉书·王吉传》载：

（宣帝）颇修汉武故事，宫室、车服盛于昭帝。

一面是外戚、宦官弄权，一面是宣帝开始贪图享乐，皇朝政权旁落实乃必然之事。此时，汉皇朝的吏治腐败也开始日甚一日，所谓“昭宣中兴”的政治局面也很快就要成为历史了。

宣帝死后，笃信儒术的太子刘奭即位，是为元帝。元帝即位之初，

[1] 钱穆：“刘向歆父子年谱”，载《古史辨》第五册，第122、144页。
[2] 孟祥才：《新帝王莽》，哈尔滨出版社1997年版。
[3] 《汉书·宣帝纪》。

即征召了王吉、贡禹等名儒进入朝堂。一时间名儒汇集于朝，可谓春风得意。

历来以为，大批名儒得到重用，与元帝好儒有着密不可分的关系，这一认识本身当然是有历史依据的，但必须注意到，大批儒士得到重用，这也是与当时政治的需要密切相关的。并不能将其简单理解为元帝崇儒的产物。关于这一点，正如傅乐成先生所言：

> 在武帝死后，一向在政治上无甚重要地位的儒家，势力日见扩张。到元帝时，他们的集团，竟成了朝臣的主干。这固由于元帝爱好儒术，而最主要的原因，就是在举国对武帝数十年对外战争所造成的动乱局面发生反感时，他们是武帝政治最主要的反对派。如果武帝以后的皇帝不愿为武帝的话，那么他们便极具被任用的条件。[1]

傅先生所言极是。恐怕当时社会上，包括汉皇朝统治阶层内部对武帝政治的反思情绪都是非常浓重的。这一方面使儒士们可以通过对武帝政治的批判性的反思，抒发他们的系统的政治理想；另一方面，也事实上造成了社会上对这些儒士的倚重心理。要知道儒士们炫耀的一整套的系统的政治理想及其为政方略，是其他各家所不及的。而理想在未实现时，又总是具有诱惑性的。“因此儒术不但颇合一般不切实际的君主的胃口，也易为一般读书人所接受。于是他们（儒士）便借着武帝为他们铺好的‘五经博士’的大道，一步步踏上政治舞台，渐由配角变成主角。武帝对此，真可以说是‘无心栽柳柳成荫’。”[2]

但是，儒士的大量进入皇朝政治，并未像预期的那样为汉代政治再次带来“中兴”，相反，汉代政治从此进入衰败的历史轨道。就像《汉书·佞幸传》所说：

> 汉世衰于元、成，坏于哀、平。哀、平之际，国多衅矣。主疾无嗣，弄臣为辅，鼎足不强，栋干微挠。一朝帝崩，奸臣擅命，董贤缢死，丁、傅流放，辜及母后，夺位幽废，咎在亲便嬖，所

---

[1] 傅乐成：“西汉的几个政治集团”，载韩复智主编：《中国通史论文选辑》（上）第三编，南开书局1984年版，第390页。

[2] 傅乐成：“西汉的几个政治集团”，载韩复智主编：《中国通史论文选辑》（上）第三编，南开书局1984年版，第391页。

任非仁贤。

到西汉晚期，在宦官、外戚及其权臣、近宠等各种势力的纷争之中，汉代政治终于无可挽回地衰乱了。

汉代政治从元帝以后逐步衰落，是当时社会矛盾和元帝以后政策调整双重作用的结果。并不能简单地解释为纯粹是元帝片面崇儒的结果。

一方面，此时的汉皇朝社会矛盾和阶级矛盾日趋激化：土地兼并日益激烈；奴婢问题日趋严重；赋役剥削日甚一日；刑罚苛暴与日俱增；劳动人民的处境急剧恶化；统治阶级更加没落腐朽，汉皇朝的统治已经走到穷途末路。[1]

《汉书·谷永传》载，至成帝时：

> 百姓财竭力尽，愁恨感天，灾异屡降，饥馑仍臻。流散冗食，喂死于道，以百万数。公家无一年之畜，百姓无旬日之储，上下俱匮，无以相救。

《汉书·翟方进传》记，成帝自己也承认：

> 灾害并臻，民被饥饿，加以疾疫溺死，关门牡开，失国守备，盗贼党辈。吏民残贼，殴杀良民，断狱岁岁多前。上书言事，交错道路。

他在鸿嘉四年下诏曰：

> 农民失业，怨恨者众，伤害和气，水旱为灾，关东流冗者众，青、幽、冀部尤剧，朕甚痛焉。未闻在位有恻然者，孰当助朕忧之！

可见，此时的汉皇朝已是百姓流离失所，生灵涂炭，国力大衰。社会矛盾亦日趋激化。

另一方面，面对这重重的矛盾，汉皇朝统治者也在极力地寻求解决问题的方案。元帝即位伊始，便立即着手政策调整，征召儒士，重用以经术闻名的萧望之、刘向等人，大批儒士进入皇朝的政治殿堂，韦贤、玄成、匡衡、张禹、翟方进、孔光等人相继为相。但是，儒士

[1] 孟祥才：《新帝王莽》，哈尔滨出版社1997年版，第18页。

们津津乐道的“仁德”“教化”对当时日趋激化的社会矛盾却并未提供任何有价值的解决方案。儒士们所推崇的治国之道，如减刑宽政，不与民争利等，在元帝及其以后几朝中确实得以实行，但是，实行这些政策的实际得利者却只能是那些拥有巨大产业的各级地方豪强和官僚地主阶级。儒士政治的结果，只能是促使现有矛盾的进一步加深：不与民争利，客观上助长了各级地方豪强和官僚地主阶级的经济实力，这实际上等于汉皇朝放弃了国家的经济职能。减刑宽政，实际上又使汉皇朝的政治腐败日甚一日，封建权贵、官僚、地主们如同脱缰的野马，贪残暴虐，对百姓敲骨吸髓的压榨，日益加深。皇朝政治由宽弛而致败乱。

伴随着民贫政衰，西汉皇朝官治也日益腐败，达官贵人享乐无度，奢靡成风。《汉书·成帝纪》记载：

> 方今世俗奢僭罔极，靡有厌足。公卿列侯亲属近臣，四方所则，未闻修身遵礼，同心忧国者也。或乃奢侈逸豫，务广第宅，治园池，多畜奴婢，被服绮，设钟鼓，备女乐，车服嫁娶葬埋过制。吏民慕效，寖以成俗。

成帝在位期间，也曾有所作为，如曾罢斥了宦官石显集团，撤除了中书宦官，但他的确不是一个励精图治的皇帝。关键在于他放弃了作为皇帝所必需的职责。放弃了本来应该属于自己的权柄，放手让王氏外戚集团专政擅权，势力急剧膨胀，终形成尾大不掉之势。再者，成帝成了西汉后期皇朝政治最大的腐败源。他太过于享受，又太好女色，从而使汉皇朝的腐败之风愈演愈烈，他作为一个巨大的腐败源起到了极其恶劣的作用。当时的大臣谷永从就此直切进谏，据《汉书·谷永传》载：

> 陛下弃万乘之至贵，乐家人之贱事，厌高美之尊号，好匹夫之卑字，崇聚僄轻无义小人以为私客，数离深宫之固，挺身晨夜，与群小相随，乌集杂会，饮醉吏民之家，乱服共坐，流湎媟嫚，溷淆无别，闵免遁乐，昼夜在路。典门户奉宿卫之臣执干戈而守空宫，公卿百僚不知陛下所在，积数年矣。

就连成帝本人，也以私畜田产奴婢财物为务，如此上行下效，吏治之腐败可想而知。

儒士被推向前台，但这一集团并没有足以左右政治的行政能力，外戚、宦官实际上控制了皇朝政治。或许可以说，重用儒士的结果是汉皇朝事实上放弃了政治职能。

显然，这一切与儒士政治不无关联，但归根结底，汉皇朝政治的衰落是多种因素综合作用的结果。事实上，元帝崇儒又不可能真正地用儒和依靠儒士。从客观实际来看，一方面儒士拥有政治首长的名位；另一方面，却没有能力真正实施对朝政的控制，结果使外戚、宦官集团得以专政弄权，元帝以后外戚、宦官集团实际上控制了皇朝政治，儒士集团逐步失去在皇朝政治中的统治地位，他们中的一些人甚至附和于外戚或宦官集团，已经失去了其独立的政治身份。换句话说，由于儒士集团没有能力真正实施对朝政的控制，此后，汉皇朝实际上成了外戚、宦官和以儒士为主要成分的朝臣集团之间政治斗争的舞台。由此必然造成皇朝政治由宽弛而致败乱，由政争而致衰落。汉皇朝政治的衰落，也恰恰表现在皇权在朝中几大政治集团的相互政争和倾轧中逐步地丧失对皇朝政治的控制。

三、外戚、宦官和朝臣的权力斗争与西汉后期世族政治结构的雏形

据班固《汉书·匡衡传》记载，自汉武帝推行儒术，公孙弘“以儒相”之后：

> 蔡义、韦贤、玄成、匡衡、张禹、翟方进、孔光、平当、马宫及当子晏，咸以儒宗居相位服儒衣冠、传先王语，其酝籍可也，然皆持禄保位，被阿谀之讥。

蔡义本一小吏，待诏说《韩诗》，得到昭帝赏识，擢升为光禄大夫，给事中，一路升至少府、御史大夫，代杨敞为丞相时已年逾八旬。当时霍光秉政，曾有人指责霍光“置宰相不选贤，苟用可颛制者”，看来蔡义之为相，也是徒有虚名而已。此时的朝政由霍光主持，丞相备员而已。

宣帝时期，政治气象虽然是“信赏必罚，综核名实”[1] 的一套法

[1] 《汉书·宣帝纪》。

家作风，但当时的丞相、御史大夫魏相、丙吉、韦贤、萧望之等，都出身儒生，萧望之更是宣帝的托孤之臣，儒士的力量在此时已然有了较快的成长。元帝以后，宣帝时期遗留下来的各方政治势力便为了自身的利益展开殊死的政争。

宣帝在临终前，为元帝安排了三位辅政的托孤大臣，他们是大司马史高、太傅萧望之和少傅周堪。史高乃宣帝父亲的外祖父家，宣帝在民间时曾得到史家的收养，对宣帝有养育之恩。宣帝登基后，史高以这层关系得以贵幸，后来又因举发大司马霍禹反叛事有功而封为乐陵侯。元帝即位后，他出任大司马、车骑将军、领尚书事，成为三位辅政大臣之首。史高虽贵幸如此，却并无实权，元帝所信用者乃萧望之、周堪这些名儒硕彦，而且他们都曾做过元帝的老师，君臣之间有着较深的情感联系。此种形势之下，史高之受到排挤也就可想而知。

史高受到排挤，便与宦官中书令弘恭、尚书仆射石显相勾结，于是在朝堂之上就形成了外戚、宦官与儒士集团的对立。弘恭、石显二人在宣帝朝就实际上掌握了朝廷机要，元帝对此二人也是信用不疑，委之以朝政。史高与之勾结也是情理中的事情。元帝虽好儒，但对朝政似乎并无兴趣，自己又酷爱音乐，不愿亲理朝政。元帝即位数年，中书令弘恭死去，元帝便任用石显为中书令，他见石显明习法令，办事快捷，在中书令任上干得十分出色，同时可能觉得他身为宦官，少骨肉之亲，婚姻之家，所以“精专可信任”，因而将政事都交由石显处理。结果，“事无大小，因显白决，贵幸倾朝，百官皆敬事显。”[1]此时，史高与弘恭、石显相勾结，对付萧望之、周堪。形成西汉历史上一次大规模的党争。

萧望之，东海兰陵人，因治《齐诗》《论语》等享誉京师。是当时最著名的大儒。出于士人对“刑余之人”的宦官所固有的偏见，也是看到弘恭、石显这样的胁肩谄笑的奸佞之辈占据中书令这样重要的位子，萧望之深感不安，于是上书元帝，建议用士人担任中书机构的机要职位。此举使两大集团之间的矛盾公开化。此后，石显便开始寻机进行报复。恰巧，原来投靠萧望之又无法得到任用的两个行为污秽的儒生郑朋、华龙，此时见风使舵，转而投靠弘恭、石显。弘恭、石

[1] 《汉书·石显传》。

显立即偕郑朋、华龙，诬告萧望之、周堪以及宗正刘更生三人“朋党相称举，数僭诉大臣，毁离亲戚，欲以专擅权势，为臣不忠，诬上不道”，❶要求宣帝下令谒者“召致廷尉”问罪。可偏巧元帝竟连“召致廷尉”即是下狱治罪的意思都弄不明白，糊里糊涂将三人下狱。待明白过来，也只好将错就错，虽然没有治三人的罪，但还是将三人革职。此后数月，元帝也感到对老师不住，于是下诏赐萧望之关内侯，并准备相机再予重任。不过，这一次萧望之却有点操之过急，眼见元帝恢复了对自己的信任，就想借机洗刷石显一伙对自己的诬陷，并试图反戈一击，东山再起。于是他让时任散骑中郎的儿子萧级上书为自己讼冤，结果正好让石显等人抓住把柄，上书元帝，攻击萧望之“不悔过服罪。深怀怨望，教子上书，归罪于上”，建议“讼望之于牢狱，塞其怏怏心”。❷元帝此时大概对这位老师也是大为的不满，竟“可其奏”，终迫使萧望之自杀。

搬掉萧望之这个大绊脚石，石显等人更是春风得意，进而将目标盯向萧望之、周堪所信用的党羽。后太中大夫张猛、魏郡太守京房、待召贾捐之均死于非命，御史中臣陈咸髡为城旦。而另外一些儒士，如贡禹、匡衡，则早已投靠石显、史高一伙。石显、史高在这场政争中击败萧望之集团，他们又引用了一批附和他们的儒生，如贡禹、匡衡之流。于是，宦官、外戚与儒家合流，“儒家拥着政治首领的名位，宦官则掌握着发号施令的实权”❸。

成帝即位后，石显被诛，宦官集团在政争中失势，外戚王氏集团遂代之而起。

早在元帝刘奭做太子时，王政君就已入太子宫为妃，并为刘奭生一子刘骜，这便是后来的汉成帝。元帝即位后，刘骜被封为太子，王政君则被册封皇后。

王政君的父亲王禁，年轻时曾就学长安，通晓法律，担任过廷尉史。王禁不拘小节，好酒色，娶了不少妻妾，生了四女八男。长女名君侠、次女政君、三女君力、四女君弟，八子依次为王凤、王曼、王

---

❶《汉书·萧望之传》。

❷《汉书·萧望之传》。

❸ 傅乐成：“西汉的几个政治集团”，载韩复智主编：《中国通史论文选辑》（上）第三编，南开书局 1984 年版，第 391 页。

谭、王崇、王商、王立、王根和王逢时。其中，王政君与王凤、王崇同母，是王禁嫡妻所生。王政君为皇后，其父王禁为平阳侯，位特进，王禁的弟弟王弘为长乐卫尉，即皇后的侍卫官。永光二年（公元前42年），王禁死去，其长子王凤嗣爵平阳侯，同时为卫尉侍中，成为皇宫的卫士长。王氏在此时尽管得以封侯，但他们所任职务只不过是一些宫廷守卫一类的官职，还没有进入汉皇朝的政治决策圈。

而且，王政君虽为皇后，却始终未能得宠，生子以后便很少召幸。元帝宠幸傅昭仪，曾几次想废太子而立傅昭仪所生的儿子定陶王刘康为太子。但元帝生性仁弱，缺乏主见，在史丹等大臣的恳切直谏之下，终于没能行废立之事。元帝死后，太子刘骜得以即位，是为汉成帝。

成帝登基后，王政君成了皇太后。王凤以帝舅的身份出任大司马大将军，领尚书衔，加封五千户，太后的同母弟王崇为安成侯，食邑万户。王凤的庶弟王谭等也都赐爵关内侯，食邑。河平元年（公元前28年），时任诸吏散骑的王崇病逝，王政君待王崇的遗腹子王奉世出世后，立即下诏由他承袭爵位。第二年，在太后的示意下，成帝一次下诏封舅父王谭为平阿侯，王商为成都侯，王立为红阳侯，王根为曲阳侯，王逢时为高平侯。五人同日封侯，号为“五侯”。王氏外戚集团由此兴旺发达起来。至此，太后的兄弟，除王曼早逝外，其余的都得到了侯爵。王氏家族中有十人先后封侯，五人任大司马，朝政已由王氏外戚集团所掌控。王氏“子弟皆卿大夫侍中诸曹，分据势官满朝廷。”[1] 成为西汉建国以来继吕氏、霍氏之后权势最大的外戚集团。没有这个外戚集团的参与或认可，身为皇帝的汉成帝连自己任命官吏的事情都不能遂愿，所谓“大将军凤用事，上遂廉让无所专。”[2] 成帝仁弱，毫无政治主见，政权遂完全操纵在母舅王凤等人手中。

王氏专权，也自然引起一部分朝臣的不满，京兆尹王章借谈灾异之机，多次晋见成帝，建议罢免王凤，收回王氏的权柄。王凤得知后，即以辞职相要挟，结果在母后王政君的逼迫之下，成帝只好以罗织的罪名，将王章下狱致死。此后，王凤更是不可一世，“公卿见凤，侧

---

❶《汉书·元后传》。

❷《汉书·元后传》。

目而视。郡国守相刺史皆出其门。”[1] 王凤死后，其兄弟子侄轮流执政，横行无忌，气焰熏天。

成帝时期，王氏外戚所控制的皇朝政治，大致有两大派系的官员所构成。大将军以下的外廷首长，大半由儒士充任，他们可以说是构成王氏“朝廷”的主要班底。此外，还有一个集团，它的规模不如儒士集团那么大，人员的构成也相当复杂，有军人、有公卿子弟、有地方官吏，甚至还有一些儒生在其中，这一集团虽然出身不一，但行事作风却非常相像，他们都很具有政治才干，思想上属于法家一类。傅乐成先生名之为外戚政治下的“现实派”，[2] 充任大部分外廷首长的儒士，则为“儒生派”。“儒生派与现实派的关系，是平行而对立的。对于王家，则均是上下的关系，可以说是王家部下的两个单位。两派的首要，大半是王凤提拔起来的。”[3] 似乎可以说，成帝时期的政治舞台实际上就是在王氏外戚集团的掌控之下，两大政治派别的党争舞台。其核心是围绕着王氏外戚。从某种意义上说，现实派的大部分成员，由于他们缺乏像儒生派那样的政治基础，所以他们的政治前途一般完全由出任大将军的王氏外戚所左右。每任大将军对他们的好恶，即可决定他们的整个集团的兴废。现实派中，以陈咸、陈汤以及萧育（萧望之子）、朱博、朱云、王章等人为代表。他们多半是极好的吏材，敢作敢为，就像儒士派的丞相翟方进攻击他们时所说：

> 皆内有不仁之性，而外有俊才，过绝人伦；勇猛果敢，处事不疑。所居皆尚残贼，酷虐苛刻；惨毒以立威，而无纤介爱利之风。[4]

从这些话里，可以看出他们的作风和政治才干。他们中的一些人如陈咸、朱云等曾在与石显宦官集团的政争中，有过不俗的表现，《汉书·朱云传》记载：

> 中书令石显用事，与充宗为党，百僚畏之。唯御史中臣陈咸年少抗节，不附显等，而与（朱）云相结。云数上疏，言丞相韦

---

❶ 《汉书·元后传》。

❷ 傅乐成：“西汉的几个政治集团”，韩复智主编：《中国通史论文选辑》（上）第三编，南开书局1984年版，第391页。

❸ 傅乐成：“西汉的几个政治集团”，韩复智主编：《中国通史论文选辑》（上）第三编，南开书局1984年版，第391页。

❹ 《汉书·翟方进传》。

> 玄成容身保位，亡能往来，而咸数毁石显。

成帝时，朱云又上书求见成帝。并当着满朝文武的面，力主斩佞臣安昌侯张禹的头。张禹时任丞相，与王凤并领尚书，但他对王氏专权却丝毫不敢有所触动，实际上也是靠了勾结外戚王氏，保全了自己的爵禄和家小。朱云当堂要求成帝斩杀张禹，其矛头实际上是直指王氏外戚的。朱云此举使成帝大为震怒，命御史“架朱云下”，朱云攀住宫殿门栏宁死不从，竟连门栏都折断了。口中还连声大呼：我能追随龙逄、比干游于地下就很满足了，只不知圣朝的结局会是什么样子！此时，大将军辛庆忌免冠叩头为朱云求情，或许成帝也知道朱云忠直，也并未真动杀心。

这些“现实派”的人物，其为官的作风，大多“以杀伐立威”，因此“天下吏畏之，豪强执服，令行禁止”❶。他们极端瞧不起儒生，《汉书·朱博传》载：

> 文学儒吏，时有奏记，称说云云。博见谓曰：“如太守汉吏，奉三尺律令以从事耳。亡奈生所言，圣人道何也。且持此道归，尧舜君出，为陈说之”。

儒士集团在这时也分化成为两大阵营。其中的大部分，如匡衡、张禹、孔光之流，采取明哲保身的态度，投靠王氏，为外戚马首是瞻，得以保住官爵名位，求得荣华富贵，在朝堂之上却只能奴颜婢膝，谄事权贵。而另一部分忠直之臣如刘向、京房等，却因敢于向王氏的专权挑战，结果不是被杀就是被贬，总的看来，儒士也好，现实派也好，他们之间相互攻击，形成两大对立集团，却又双双被王氏外戚所操纵，实际上成了王氏外戚专政的工具而已。

从王凤、王音、王商、王根到王莽，王氏外戚在成帝朝已是连出了五位大将军。但就在王莽出任大司马大将军以后只有一年的时间，绥和二年（公元前7年）三月，成帝以45岁之年病死。因成帝无子，定陶王刘康的儿子刘欣被推上皇位，他就是汉哀帝。哀帝即位后，他的外戚们也随着新帝的登基而大量地涌进朝廷并纷纷挤占了朝中要津。王氏外戚集团与哀帝的外戚傅氏、丁氏争权夺利的矛盾不可避免地产

---

❶ 《汉书·陈咸传》。

生并逐步地尖锐起来。此时，王政君已被尊为太皇太后，她意识到两大外戚的矛盾可能激化，于是，就下诏让王莽离职，以避免与哀帝外戚的权力冲突。王莽于是“上书乞骸骨”，表示愿意让出自己所占的官位。王莽此举当然是想试一试新皇帝对自己的态度。哀帝此时刚刚即位，他明白自己实际上是处于王氏集团的包围之中，此时不但不能一脚踢开王莽，而且必须借助于王莽来稳固自己的皇位。于是，哀帝对王莽的辞呈非但没有批准，反而下诏挽留，并派出丞相孔光、大司空何武、左将军师丹、卫尉傅喜等面见太皇太后，传达哀帝的意旨：“皇帝闻太后诏，甚悲。大司马即不起，皇帝即不听政。”[1] 王莽此次以退为进，结果保住了大司马大将军的名位，但哀帝的外戚集团仍然能够利用皇帝拥有的形式上至尊的权威，同王莽集团进行斗争。

王莽虽然保住了大司马大将军的名位，但哀帝却不可能给予他充分的信任。为了能与王莽势力抗衡，哀帝即位后一个多月，即下诏封自己的舅舅丁明为安阳侯，舅子丁满为平阳侯，皇后父傅晏为孔乡侯，并给予他们很大的权势。如此一来，王氏与哀帝外戚集团的矛盾冲突很快就表面化了。

哀帝即位之初，尊元后为太皇太后，成帝后赵飞燕为皇太后，而自己的祖母傅太后与母亲丁后则被安置在定陶王在京城的官邸。此事可能成了哀帝的一块心病。高昌侯董宏以为这是讨好皇帝的好机会，于是上书要求立定陶王后为皇太后。此事哀帝不好自己表态，于是将董宏的建议交由朝臣商议。左将军师丹与王莽立即共同上书，弹劾董宏大逆不道，结果董宏被免为庶人。不料，此举却使傅太后大为震怒，她立即要求自己的孙子给自己上尊号。哀帝顺势将自己的父亲追尊为定陶共皇，祖母傅太后为共皇太后，母亲丁后为共皇后。此时，王莽因反对傅太后与元后在宴会上并列而坐的事情激怒傅太后，只好再次“上书乞骸骨”，结果哀帝顺水推舟“赐莽黄金五百斤，安车驷马，罢就第”，免了王莽的职。

随后，王莽的大批党羽也被纷纷从朝廷要津调离或是被免职，另一些人则见风使舵，投靠哀帝集团。傅、丁二氏取得尊号，家中子弟接踵占据皇朝要津。傅氏封侯者六人，大司马二人，九卿二千石六人；

---

[1] 《汉书·王莽传》。

丁氏一门也有二人封侯，一人任大司马，六人任将军九卿二千石。两家任侍中、诸曹者各有十数人。

但是，哀帝的外戚，如哀帝的舅舅大司马大将军丁明，以及傅太后的兄弟，后来代丁明为大司马大将军的傅晏等，无论就其资历、能力、才干、威望各方面都无法与王凤、王莽等王氏外戚相比，他们借势迅速占据皇朝要津，但在政治上却根本没有什么建树，只知作威作福，恃势擅权，结党营私，其政治的昏乱可想而知。而在傅、丁得势以后，通过各种渠道与之交结得到重用的一批官僚，如朱博、孔光、平当之流，都属于随世俯仰，见风使舵的佞幸之辈，[1] 在此政治气候中，政治的衰乱是必然的。如果说，王氏外戚经营了二十余年的基础和营建的庞大势力，是王莽得以东山再起的基础，那么，哀帝外戚集团在政治上无法避免又无力解决的一系列棘手的难题，又必然使哀帝集团束手无策，焦头烂额，这一切又必然会激起朝野对王氏集团的怀念，使王莽东山再起有了现实可能。

哀帝短祚，在位六年后病死。以王莽为代表的王氏集团在元后王政君的支持之下，重整旗鼓，卷土重来。王莽最终在王氏集团数十年的擅权的基础上，又经过多年的苦心经营，终于代汉而自立，建立起王氏的新朝。

综观元帝朝以后的汉皇朝政治，不难发现，活动在这一时期政治舞台之上的主要有三大集团。其一，是主要活跃在元帝时期的弘恭、石显宦官集团；其二，是从成帝以后执掌皇朝政治的王氏和傅、丁氏两大外戚集团，尽管这两大集团之间由于争夺对皇朝政治的控制权而展开激烈的斗争，但他们的政治属性是一致的；其三，是一般的官僚集团。由于他们的出身和入仕途径各异，也表现出政治倾向的不同，大致说来，可以分为所谓的“儒生派”和“现实派”。儒生派的官僚一般占据着中央政治首长的名位，如历届的皇朝丞相之职均由这些儒士担任，但实际上，儒生派的官僚是依附于宦官或是外戚集团的，很难说他们有自己坚定的政治信仰。从西汉后期的历史实际看，官僚化和为追求利禄而读经，已经成为这个时期的儒士的普遍的现象，读经的主要目的甚至是唯一的目的，就是取得当官的资格，已经不再是真

[1] 孟祥才：《新帝王莽》，哈尔滨出版社1997年版，第97页。

正去追求那一套儒学的思想体系了。从当时皇朝政治的实际来看，西汉后期径直成了一个腐败的时代，一个品格低下的时代。❶ 所谓现实派，他们一般出身地方官吏，从行事风格上看，“以杀伐立威”颇具法家风范。但由于他们较之儒士集团缺乏深厚的社会根基，对实际掌控皇朝政治的外戚集团有着很强的依附性，当政的大将军对他们的态度往往会直接决定他们个人乃至集团的政治生命。所以，即使是他们中间确曾出现过一些抗直之士，但就这一集团的整体的政治倾向而言，也不过是外戚专权的政治工具而已。

以上着力分析了西汉后期皇朝政治中各大集团之间的政治斗争和由此反映出的西汉后期的政治结构的变迁。但就本书所关注的课题而言，我们更为关注的是在这几大集团的身后，存在什么样的社会基础？换句话说，这些政治集团的身后是否已经或者正在形成一种宗族势力，并将这种宗族势力的影响逐步地扩展到国家政治生活之中去？

台湾学者许倬云在他的著名论文《西汉政治与地方势力的交互作用》❷ 中指出：

> 在一般理论上说，总是以为中国的家族是社会集团最根本的形式，事实上，在西汉中叶以前，家族的团聚作用还并不如后世那么有力。西汉的家族形态究竟是哪一种，至今未见定论。大致说来，西汉的豪族也并不是单纯的由某一种形态独占。

按照许倬云的结论，至少从春秋末战国时代到西汉中期以前的社会结构和以此为基础的社会政治结构中，西周时代的家族职能已为个体的家庭职能所取代。而家族势力在社会政治生活中重新活跃起来，则至少是西汉后期以后的事情了。

邢义田在《从战国至两汉的族居、族葬、世业论中国古代宗法社会延续》❸ 一文中则认为：

> 秦汉一统，动乱结束，家族或宗族得以长期聚居，在安定中不断繁衍，又因家业世承，利害与共，坟墓相连，祭祀同福，同

---

❶ 朱大昀：“朱云的事迹及西汉后期的儒风”，载《中国史研究》1988 年第 2 期。

❷ 《历史语言研究所集刊》第 35 本，1964 年。

❸ 邢义田：“从战国至两汉的族居、族葬、世业论中国古代宗法社会延续”，载《周秦文化研究》，陕西人民出版社 1998 年版。

> 族意识得以增强，族的力量也就日趋强大。西汉政府虽曾力图打压大姓豪族，实际上效果有限。莽末群雄起事，一个主要的力量就是地方的大姓豪族；东汉以后，“世族”势力更上一层楼，终于发展成魏晋至隋唐那样的贵族社会。这可以说是千百年来一个以宗族为基础的社会不断延续发展的结果。

论者在这里看到家族势力的延续性以及东汉以后向“世族”的发展，无疑是十分有见地的。当然，在笔者看来，汉代社会显然并不具备西周社会那种典型的宗族社会形态，尤其是汉代前期，充其量可称为家族社会。但从西汉晚期始到整个东汉时期，可视为宗族势力重建的开始。比较一下前后汉两大开国集团的组成情况，就可以发现，这种宗族势力的发展至少在西汉末年就已经非常明显。

刘邦集团的构成大致可分为两类：一是随刘邦起事的所谓“泗砀集团”，包括的主要人物如萧何、曹参、卢绾、周勃、王陵、审其食、樊哙、夏侯婴、任敖等二十人左右，其中出身于秦泗水郡沛县者 14 人约占 70%，出身于砀郡者 5 人，约占 25%❶，另一类是在楚汉战争前后陆续加入刘邦集团的如韩信、彭越、英布之属。这种集团的构成，明显地呈现出地缘特点，尤其是前一个集团，主要是一种知识故人的结合，其中宗族血缘因素极少。❷ 唯一的例外则是萧何举宗数十一随刘邦。后来，萧何任丞相被封为“赞侯，父母兄弟封侯食邑者十余人，以萧何举宗从征故也。”❸

反观刘秀集团。起兵之时，就被称作“今南阳诸刘举宗起兵，”❹显然是一个大宗族集团。《后汉纪》卷三：

> 刘缜召诸宗杰计议曰：“王莽暴虐，百姓分崩。今枯旱连年，兵革并起，此亦天亡之时，复高祖之业，定万世之秋也！”众皆然之。于是分遣亲客，使邓晨起新野，世祖（秀）与李轶起于宛，伯升自发舂陵子弟。诸家子弟恐惧，皆逃亡自匿。曰：“伯

---

❶ 李开元：《汉帝国的建立与刘邦集团》，三联书店 2000 年版，第 150～151 页。

❷ 《史记·汉兴以来诸侯王年表》太史公曰：“天下初定，骨肉同姓少。”刘邦建汉后的军功集团受封者中除刘邦兄弟子侄外，刘姓宗亲唯刘贾、刘泽二人，刘贾，“诸刘，不知其何属”；泽“诸刘远属也”（《史记·荆燕世家》）。宗族关系实际上已非常疏远了。

❸ 荀悦《前汉纪》卷三。

❹ 《后汉书·王常传》。

升杀我！"，及见世祖绛衣大冠，皆惊曰："谨厚者亦复为之。"乃稍自安。凡门子弟七八千人，部署宾客，自称柱天都部。

赵翼《廿二史劄记》《东汉功臣多近儒》条中所列举的刘秀集团的主要人物李通、邓禹、寇恂、冯异、贾复、祭遵、李忠、朱窦融、王霸、耿纯等所谓"儒者"，其身后差不多都附随着整个宗族。[1]

日本学者江幡真一郎曾就汉代官僚身份的逐步宗族化，或官僚身份的逐步固定化论道：[2]

西汉的官僚，出身官僚子弟，抑或是豪族、庶士，一般来说还没有形成官僚身份的固定化，庶民享有立身为官僚的机会，官僚阶级和它的母胎的豪族、庶士阶级的新陈代谢的循环运动得到适度的经营，到西汉末期，渐渐地看到官僚身份的固定化倾向，在此已看到向东汉的豪族政治的萌芽。

这里所谓官僚身份的固定化，实际上即是官僚机构的重要职位，或者说官僚的来源，逐步由那些地方豪族所控制。这表明，地方的宗族势力已经开始向汉皇朝政治的渗透。国家政治结构中的各级官僚机构，或者说，各级官僚的身后已经生成了代表他们自身利益的强大的宗族力量，并将这种宗族力量的影响逐步地扩展到了国家政治生活之中。

换句话说，西汉后期国家政治已经开始出现以宗族势力参与政治的情形，也就是已看到向东汉的豪族政治的萌芽。

冯尔康在《中国宗族社会》一书中将汉代的宗族分为贵族宗族、仕宦宗族和平民宗族三大类。[3] 所谓贵族宗族、仕宦宗族实际上就是

---

[1] 余英时："东汉政权之建立与士族大姓之关系"，载《中国知识阶层史论》（古代篇），联经出版事业有限公司1980年版。

[2] 江幡真一郎："西汉の官僚阶级"，载《东洋史研究》，第11卷，第5·6合期。

[3] 平民宗族则主要是西汉中期以后，在地方社会地主、商人与官僚的结合有了明显的发展，他们拥有更大的政治、经济和社会势力，成为地方上的豪族，他们不但拥有经济实力，其中的大部分还拥有私人武装，宗族联系的纽带紧密。如西汉末年李通家族，其父李守出仕长安，为王莽宗卿师，其家族世代为南阳"货殖著姓"，家居富逸，门宗强盛，称雄闾里。再如与李通同时期的耿艾、耿纯家族，耿艾仕宦为王莽济平尹，其族为巨鹿大姓，有宗族、宾客数千人。后来艾子耿纯投靠刘秀，所率宗族宾客二千余人，刘秀乃命耿纯族人为薄吾县长率族人聚居于此，使族权与政权在此合为一体。李氏和耿氏是西汉末年就已较为成熟的典型的地方豪族，他们的发展说明此时地方豪族阶层的宗族化进程已经有了相当的进展，他们不但拥有雄厚的经济实力，并依此实力集结宗族成员形成强有力的宗族联系，进而实施对宗族的控制。

我们所说的贵族和官僚豪族。在西汉后期主要是外戚和儒生官僚的宗族。

元帝王皇后的王氏外戚宗族是这一时期外戚宗族的代表。王氏家族是田齐的后裔，到西汉文景时期，田安[1]的孙子王遂居于东平陵，生王贺。王贺曾任武帝的绣衣御史，主掌巡行郡县，肩负督责郡县官吏严厉镇压起义军之责，因手段优柔，被免官家居。又因与东平陵终氏结怨，于是举家迁居魏郡元城，故称元城王氏。王贺生子王禁，少年时曾在长安学习法律，做廷尉史。王禁生有四女八男，次女王政君入太子宫为妃，生皇孙刘骜，太子即位为汉元帝，刘骜被立为太子，王政君母以子贵，被立为皇后。然而，王政君在元帝在世时并没有得到宠幸，而且还一度险些被废后。但元帝死后，刘骜以太子身份即位，是为成帝，王政君被尊为皇太后，母仪天下。此后，王氏一族“一门十侯，五大司马”，宗族势力也借此得到发展。《前汉纪》卷二十七，载成帝元延元年刘向上封事云：

> 今王氏一姓而朱轮华毂者二十三人……尚书九卿州牧郡守皆出其门，管执枢机，朋党比周，行污而寄治，身私而托公，称举者登进，忤恨者中伤，游误者为己说，执政者为己言……兄弟据重，家族盘牙。历上古以来，未有其比。

王氏外戚子王禁长子王凤为大司马大将军，此后，王音、王商、王根兄弟四人相继为大司马大将军，《汉书·王商传》载，王商：

> 宗族为列侯，吏两千石，侍中诸曹给事禁门内，连昏诸侯王，权宠至盛。今商宗族权势，合赀钜万计，私奴以千数。

王商死后，其“子弟亲属为驸马、都尉、侍中、中常侍、诸曹、大夫、郎吏者，皆出补吏”。这恐怕已经可以说是具备了宗族政治的萌芽了。

儒士集团到西汉末年也已经开始了其宗族化的进程。这一过程实际上与豪族的士族化是大致同步的。关于儒士集团的宗族化问题，在本书第七章“豪强的士族化”一节中已有略论，在此就不必重复了。

---

[1] 田安为齐王建的孙子。齐王建遭秦灭国，项羽时田安被封为济北王。西汉建国，田安失国，齐人谓之“王家”，因以为姓。见《汉书·元后传》。

总的看来，一方面是武帝时期开始对地方豪族的极端的压抑和打击；另一方面，豪族中的大部分都能具备了文儒的气质。代表社会秩序的地方豪族，由此而循着儒家经学的研习而摇身一变为“士大夫”，再由“明经取士”的通道，而进入汉皇朝的政治体系。诚如许倬云先生所论：[1]

> 自此以后，地方上智术之士可以期待经过正式的机构，确定的思想和定期的选拔方式，进入政治的权力结构之中，参加这个权力的运行。纵然这时其他权力机构，如经济力量与社会力量，都已经服属在政治权力结构之下了：一条较狭，但却远为稳定的上升途径反使各处的俊杰循规蹈矩的循序求上进。于是汉初的豪杰逐渐变成中叶以后的士大夫。……西汉中叶以后的士大夫显然已与察举到中央的人士及地方掾史群，合成一个“三位一体”的特殊权力社群。也就是说，士大夫在中央与地方都以选拔而参与其政治结构，构成汉代政权的社会基础。

就是“士族”。应该说这是汉代儒士集团宗族化的进程的开始。

与武帝前期的主父偃、朱买臣等颇具“游士”色彩的“士人”相比，上举各例出身地方豪强的“士大夫”已经明显地具备了“士族”的性质。这一对比，实际上反映出“士族”发展的两方面的情形，一方面是强宗大姓的士族化，如萧望之、张禹等；另一方面，是士人在取得政治势力后，再转而扩张家族的势力。而且，这两方面在多数情形下又是互为因果的社会循环，所谓“士族化”，便是一般原有的强宗大族使弟子读书，因而转变为“士族”。[2]

事实上，从西汉早期开始，皇朝政治即已经表现出政治上的宗族连带关系，《汉书·楚元王传》云，楚元王：

> 宗人以刘“德”得官，宿卫者二十余人。

《汉书·贾山传》记汉文帝即位时：

> 发御府金赐大臣、宗族，亡不被泽者。

---

[1] 许倬云：“西汉政权与社会势力的交互作用”，载《史语所集刊》第35本，1964年。

[2] 许倬云：“东汉政治之建立与士族大姓之关系”，载《中国知识阶层史论（古代篇）》，联经出版事业有限公司1980年版，第115页。

《汉书·江充传》亦载，江充迁水衡都尉：

> 宗族知友多得其力者。

到西汉后期，外戚集团，尤其是王氏外戚集团借外戚专政的政治局面，大力培养和扶植宗族力量，使西汉晚期政治已经出现了显明的宗族政治的雏形。

第八章 士族集团兴盛：世族政治的成立

一、西汉后期士族集团的政治基础和社会基础

毛汉光先生在《中国中古社会史略论稿》中称，凡称士族需合于二大条件：其一，累官三世以上，其二，任官需达五品以上。[1] 按此标准，在西汉朝中前期堪称士族的家族当为数甚少。士族的大量出现，当在西汉末年。一方面，士人的数量激增，从武帝"为博士官置弟子五十人，复其身"以后，"昭帝时举贤良文学，增博士弟子员满百人，宣帝末增倍之。元帝好儒，能通一经者皆复，数年设员千人……成帝末……增弟子员三千人。岁余复如故。"受业如弟子者，则更突破了博士弟子的员额限制，"平帝时王莽秉政，增元士之子得受业如弟子，勿以为员"。[2] 在郡国方面，自文翁在蜀郡开设郡国学校之后，到武帝末年，遂令郡国皆立学校官，其学官子弟之数，当较太学更多。此外私人教授也已颇为发达，诸如"教授数百人""诸生满堂"等记载堪称连篇累牍，通过私家教授途径取得士人身份的人可能在数量上更远远地超过了官学子弟。另一方面，也是更为重要的是，到西汉末年，与武帝前期的主父偃、朱买臣等颇具"游士"色彩的"士人"相比，出身地方豪强的"士大夫"已经明显地具备了"士族"的性质。这一对比，实际上反映出"士族"发展的两方面的情形，一方面是强宗大姓的士族化，如萧望之、张禹等；另一方面，是士人在取得政治势力后，再转而扩张家族的势力。而且，这两方面在多数情形下又是互为因果的社会循环，所谓"士族化"，便是一般原有的强宗大族使弟子

---

[1] 毛汉光："中国中古社会史略论稿"，载《史语所集刊》第47本三分册，1976年9月。

[2] 《汉书·儒林传》。

读书，因而转变为“士族”。[1]

士族集团的出现并在西汉政治结构中取得重要的地位，是凭借了其政治、经济和社会的基础。

其一，士族集团的产生，是西汉政治结构变迁的结果。

前文已指出，西汉朝的政治运作，从汉初的军功阶层对政治权力的独占，到武帝朝以后对士人阶层的政治通道的逐步开放，尤其是元帝以后，改变了汉家“霸王道杂之”的政治方针，片面地推崇儒家。大批儒士在这种政治环境下，通过武帝为儒士们设计好的通道，以经学入仕，成为汉皇朝统治集团的中坚力量。

西汉政治的发展，表现为逐步向宗族政治发展之特征。即是说，西汉政治生活中宗族化倾向在逐步强化。这一发展过程的开端是西汉武帝时期开始的经学入仕制度的确立。因为通过这一制度，培养了一批因累世经学而世代为官的官僚豪族，这部分豪族实际上构成了两汉宗族势力之主流。至于地方豪强宗族，从一开始似乎主要表现出他们与国家政权之间的对抗特征，而随着西汉武帝时期选官制度的改革和打击地方豪强政策的实施，迫使这部分豪强势力改弦更张，注重学术追求，逐渐向政府靠拢，并因此而逐步士族化，成为政府官员的候补大军，尽管其中只有一小部分进入中央官界，而绝大多数只能成为地方政府中的掾吏，但这足以改变他们与政府之间的对抗性而成为国家政府的重要支柱了。

正如陈长琦所说：“历史辩证法却是如此，汉武帝一方面打击着功勋起家的世族地主，另一方面，却在亲手培养着一批官僚起家的世族地主。……这些由官僚出身而成长起来的世族地主，既没有公侯显爵的世袭传承，又无豪族右姓那种乡村社会的家族基础。他们凭借的是封建国家结构中的有利地位，并依靠这种获得的封建特权，分享着地主阶级统治阶层的特殊权力。”[2] 这就是说汉代自武帝以后，宗族势力与政治权力之间的关系是由政治权力而促进、发展宗族势力。

西汉政治变迁同样为地方豪强宗族势力的成长并成为“士族”，提供了政治土壤。

---

[1] 余英时：“东汉政治之建立与士族大姓之关系”，载《中国知识阶层史论（古代篇）》，联经出版事业有限公司1980年版，第115页。

[2] 陈长琦：“论世家贵族地主阶层的形成”，载《华南师范大学学报》1990年第2期。

汉初政治对地方豪族是通过刺史、酷吏以及与民争利的一系列经济手段的打击为主的压制政策。这是众所周知的史实。武帝及宣帝朝，地方豪强宗族遭到了前所未有的打击，遂迫使地方豪族无论在政治上还是在经济活动方面都改弦更张，逐步向皇朝的统一政治靠拢。在汉武皇朝以后“独尊儒术”的政治思想得以确立，并由此带来帝国全新的政治格局之下，地方豪族可以通过研习儒术，从“明经入仕”以及以此为基础的察举、征辟制度为途径，逐步进入皇朝政治，从而由地方豪族向“士族”化转变。

地方豪族的“士族”化，是武帝朝以来打击豪强政策以及以“经学入仕”为主要内容的选官制度改革的双重作用的结果。从汉武帝以后，汉皇朝中央政治与地方社会秩序之间建立起了一条重要的桥梁，这便是博士弟子员补文学掌故，其高第可以为郎的后补官僚制度，以及以经学为重要内容之一的地方察举制度。

此外，还应该注意到，地方豪族势力通过出任乡官里胥，郡县掾吏，控制乡举里选，进而影响州郡选举等一系列手段掌控地方政治，进而形成所谓“族姓”“郡望”“县姓”的强宗大族这同样可以视为豪族利用政治途径经营和维系宗族势力的重要方式。

其二，经学的发展是士族集团的社会基础。

在这种政治空气之下，学经——通经——入仕就成为时人追逐名利福禄的最佳途径。学经可由官学和私学两大途径。前文所引“立《五经》博士、开弟子员，设科射策”的太学，即是官学，到成帝时，太学的学生竟达三千之巨。除太学外，官学还包括郡国学。郡国学虽不比太学那样培养众多的政府高级官员，但也是地方行政官员的重要来源。所谓私学，即私家传授经学，某些经学传授，世代家传，故又称家学、家业，也属私学。比之于官学，私学由于不受名额限制，通过私学传授而通经也能拥有和官学一样的参加仕选的资格，所以私学的发展水平远在官学之上，私学传经者动辄“教授数百人”，“千余人”乃至私学门下著录弟子万人之众。这数量众多的私学子弟，成为汉代官僚队伍的后备大军。

无论是官学或私学，都十分重视师学传承。一般以授业之姓氏为名，即《汉书·儒林传》所载之“某氏之学”如治《易》有“梁氏之学”“公孙之学”“文氏学”；治《尚书》的“伏氏学”“欧阳氏学”、大小“夏侯氏之学”“孔氏之学”；治《诗》的“韦氏学”“匡氏学”“伏氏学”；治《礼》的“大戴、小戴、庆氏之学”“徐氏学”“桥氏学”；治《春秋》的“严氏学”“尹氏学”等。[1] 这种师承往往以家世相袭，被称为“累世经学”。如《廿二史札记》中赵翼所列举之孔氏、伏氏、桓氏之经学世袭，即为典型代表。据不完全统计两汉书中有传的这种经学世家不下七十家。[2] 而像马氏这样并非师承家学，而是通过官学培养，或师从别家家法，也因家族中都在学传经学，甚至出现了马融这样的经学大家，也可够得上“累世经学”之经学世家。

这种累世经学的家族一旦形成，则可以通过“明经取士”而“累世作官”。累世经学之家，往往又成为“累世官宦”之家，甚至“累世公卿”之家。从这个意义上讲“累世公卿”是“累世经学”的产物，汉代“累世公卿”的名门望族，多出自这种拥有经学传统的“累世经学”之家。西汉时期的韦氏、平氏、孔氏等，都是清一色的经学世家。西汉孔氏，自武帝到成帝，孔安国、延年、霸、光四世担任王朝博士，东汉桓氏，自明帝到桓帝，桓荣至曾孙桓麟，四代为六帝经师，名声最为显赫。而“东京杨氏、袁氏，累世宰相，为汉名族”先后“四世太尉”“四世五公”也是以经学世家而累世公卿的典范。

其三，大土地所有制经济是士族集团的经济基础。

两汉豪族经济纽带的最重要基础，是豪族的大土地所有制，以及建立在这种大土地所有制基础之上的小土地经营方式，正是这二者将作为宗族势力代表的豪族首领和广大的宗族族众联系起来。一方面豪族利用手中的生产资料，组织生产，兴修水利，并成为宗族赈恤活动的主要承担者；另一方面，无地和少地的族众，则必须依赖于宗族的土地作为营生的手段。当然，所谓宗族的土地，自然是掌握在豪族手中的。《汉书·宁成传》记载，宁成因遭人迫害而失官逃回家乡：

> 乃贳贷陂田千余顷，假贫民，役使数千家，数年，会赦，致产数千万。

---

[1] 马彪：“试论汉代的儒宗地主”，载《中国史研究》1988年第4期。

[2] 马彪：“试论汉代的儒宗地主”，载《中国史研究》1988年第4期。

师古注“假贫民”曰“假谓雇赁也。”这些为人所雇赁的贫民，则如崔寔《政论》所言：“下户崎岖，无所峙足，乃父子低首，奴事富人，躬卒妻孥，为之服役”。

汉代豪族的大土地经济所以能成为宗族势力发展的经济纽带，一个重要的原因是这种经济较之编户齐民的小农经济，有着更为符合当时生产力状况的生产经营机制。改良工具和使用大型农业机械等方面，仅靠小农自身的力量是很难做到的，在很大程度上，上述这些事务都要依靠政府的力量，所以我们看到汉代所谓“循吏”，其政绩也就主要表现在他们能够劝民农桑、兴修水利等组织生产方面。但是从两汉地方政府的行政职能看，人口、耕地、税收、赋役是汉代地方行政的中心，加之两汉后期政治都存在逐渐腐败的情形。官贪民贫，政府已没有能力来组织百姓进行生产活动，更像一架不顾百姓生死的收税、征赋大机器。相反，豪族为中心的大土地经济（往往以庄园形式）却有很好的生产经营机制，能够有效地组织劳动，分工协作，提高生产效率。这在崔寔的《四民月令》中有精细的描写。当时庄园中的生产，按一月到十二月的时令、节气安排得井井有条，并且注重土壤的辨别，精耕细作，翻土晒田，合理密植，除草施肥，双季轮作等生产技术的推广使用以及因地制宜改善水利等。❶ 尤其是豪族庄园中陂塘池渠等水利工程的兴建，反映了豪族庄园经济在组织生产，稳定地方经济方面的作用。除了文献中记载的如樊陂这样的事例外，近几十年来，在黄河、长江、珠江流域的数省之中，陆续出土了三十余件陶陂塘，塘库农田及塘库模型。为我们了解汉代庄园中的水利设施的兴建，提供了实物参考。如1978年陕西勉县汉代墓出土陶陂池、塘库农田模型各一件，方形塘库三件。其中的陶陂池是一所独立的蓄水设施，池内四角有泥塑荷叶、莲苞，池内还塑有青蛙、鲤鱼、鲫鱼、鲶鱼、鳝鱼、龟、鳖、螺等水产，❷ 这种水利设施也反映了豪族田庄多种经营特点。像这样的大陂池，一般的农家是无法承办的。从这些模型出土于墓葬来看，显然是随葬品，它反映的应该是豪族庄园主生前的生活，所以可以认定这种水利设施应归于豪族庄园所有。据日本学者好并隆

---

❶ 杨兆荣：“东汉庄园经济的发展与编户齐民制的破坏”，载《史学论丛》第五辑，云南大学出版社1993年版。

❷ 《农业考古》1983年第1期。

司《秦汉帝国史研究》一书的看法，两汉后期，随着酷吏政治的消逝，汉王朝已从打击豪强、保护小农的政策走向对豪强、农民兼而善之，调节这两种经济结构的是循吏政治。西汉后期至东汉的循吏，多系地方豪强举荐。在他们主持下，中小型地方水利工程得到了很大发展，实际上这类工程是地方政府和豪强经济结合的产物，当中央集权国家无力承担水利工程这一使命时，豪强经济发挥其自身力量推动着水利工程事业向纵深发展。[1] 而且这种大庄园经济往往以农业为主，综合经营，可谓农、林、牧、副、渔、手工业、商业百业并举，故形成一种"闭门成市"自给自足的经济状态。西汉末年，大庄园的典型代表，樊重的庄园生产即是"世善农稼，好货殖"的综合经营模式，《水经注·比水》记载他的庄园道：

> （重）能治田、殖至三百顷。广起庐舍，高楼连阁，陂渠灌注，竹木成林，六畜放牧，鱼蠃梨果、檀棘、桑麻，闭门成市，兵弩器械，资金百万。其兴工造作，为无穷之土，巧不可言。

一幅典型的农、牧、工、商综合经营的画卷。这其中"陂渠灌注，竹木成林"恐怕绝非一般的小农经营所能实现的。这种经济状态，无论是对自然灾害和社会动乱的抵御能力都是小农经济所无法比拟的。这样的庄园拥有自己的武装，战乱时拥族自保，其经济基础也正是这种自给自足的庄园经济，所以两汉的农民起义的参加者，多为各地的编户齐民，而依附于豪族田庄的部曲、徒附等或随庄主筑堑自保，或者被庄园主用来镇压农民军或者为改朝换代的工具。

二、士族集团与西汉末政治的运行

西汉后期政治以宦官、外戚专权为基本特征。到成帝即位，宦官集团被铲除，此后的西汉政治基本上控制在王氏外戚手中，[2] 终致王莽以外戚代汉，建立"新"朝。

在外戚专权的政治局面之下，活跃于中央政治舞台的是外戚控制下的官僚集团。从官僚集团的身份看，他们可以大致分成两大集团，

---

[1] 杨一民："汉代豪强经济的历史地位"，载《历史研究》1983 年第 5 期。

[2] 其间又有哀帝的外戚傅、丁二氏专权。

即儒士集团和文法吏集团，也有论者名之为儒生派和现实派集团。❶元帝以后到成帝末年，这两大集团在中央政治舞台上一直是权力斗争的双方，经过三十余年的争斗，最终以现实派官僚的垮台而告终。此后西汉末年政治，渐又成为儒生派的舞台，“哀帝以降西汉各种政治上的怪现象，便全是儒生派的杰作。”❷ 这里所说的儒生派，实际上就是士族集团。

我们知道，汉初政权主要由军功大臣、刘姓宗室及其子弟所把持，当时的晋仕之途，如任子、赀选等，也基本上局限于在社会上的上述既得利益者的狭小的范围之内。正如范晔在《后汉书》卷二十二《朱祐传》论曰：

> 降自秦汉，世资战力，至于翼扶王运，皆武人屈起。亦有鬻缯屠狗轻猾之徒，或崇以连城之赏，或任以阿衡之地，故执疑则隙生，力侔则乱起。萧樊且犹缧绁，信越终见葅戮，不其然乎！自兹以降，迄于孝武，宰辅五世，莫非公侯。遂书记缙绅道塞，贤能蔽壅，朝有世及之私，下多抱关之怨。其怀道无闻，委身草莽者，亦何可胜言。

这样一种任官方式的直接后果，是在西汉初年平民王政的政治基础上，培养出新的贵族政治和新贵族集团。而且，“毫无疑问，有使汉初平民政府僵化为新贵族政治的可能”❸。

到武帝时，“军功”已衰落了，刘邦至文景在国家政治体制的创建方面又无多少建树，因而随着旧政治阶层以及由他们所建构的政权体制的衰亡，汉代政治在武帝以后出现一段真空。如此一来，由什么样的政治阶层、以什么样的方式来重新建构汉代政治就成为当时汉皇朝急待解决的问题。也正是在这样一种政治格局之下，士族集团应运而生，并迅速填补了随着军功集团及其子弟衰落以后汉代政治的空白。

在武、宣以后，士族集团“随着汉武帝对新兴的政治贵族独占政

---

❶ 傅乐成：“西汉的几个政治集团”，载韩复智主编：《中国通史论文选辑》（上）第三编，南开书局 1984 年版。

❷ 傅乐成：“西汉的几个政治集团”，载韩复智主编：《中国通史论文选辑》（上）第三编，南开书局 1984 年版，第 394 页。

❸ 于迎春：《秦汉士史》，北京大学出版社 2000 年版，112 页。

权局面的破除和政权逐步向平民开放，源远流长的世卿世禄制度遂彻底被瓦解。值此，以世卿世禄之衰为契机而兴起的士阶层，这一股始终未能被纳入严格的统治秩序和政治制度的强大力量，始得真正被社会消化。”“自汉武帝始，天子以外的几乎所有文职，皆向士人开放，三公九卿往往由穷巷，起白屋。……出路的制度化显然为士人带来便当和踏实之感，一条较狭、但却远为稳定的仕进途径，使全国的俊杰之士得以循序以求上升”，[1]“于是汉初的豪杰逐渐变成中叶以后的士大夫”。[2]

但是，必须注意到，武帝时期开始的政治逐步向士大夫阶层的转移，也就是常说的“独尊儒术”，也并非来得如此顺当。因为作为国家的统治思想与国家政治行政的具体运作，往往存在较大的差距，武帝朝“独尊儒术”，开儒士入仕之先河，董仲舒的新儒家思想体系被确立为国家政治思想的核心。但具体的国家政治行政运作，没有也不可能立刻与之完全接轨。事实上，武帝朝是“霸王道杂之”，而以文法为要的。这就像《汉书·盖宽饶传》载盖宽饶所言：

> 王道寖废，儒术不行，以刑余为周、召，以法律为《诗》《书》。

当然，这种情况在不断地变化之中。总的趋势是王粲《儒吏论》所云：

> 吏服训雅，儒通文法，故能宽猛相济，刚柔自克也。

于迎春在《秦汉士史》中说：

> 入汉以后，由于武、宣二世始终是以儒术缘饰吏事，法术之士甚得信用。虽然如此，在以文法、律令的专门知识为吏之后，他们中的许多人还是主动地选择了趋经向学。

这一认识是符合历史实际的。从《汉书》的相关史料看，如黄霸、丙吉、王尊、路温舒等人的入仕经历都颇为典型。如黄霸，少学律令，喜为吏，宣帝即位，为廷尉正。“数决疑狱，庭中称平”，后则

---

[1] 于迎春：《秦汉士史》，北京大学出版社2000年版，第113～114页。

[2] 许倬云：《历史分光镜》，上海文艺出版社1998年版，第93页。

因罪下狱，在狱中随夏侯胜受《尚书》，出狱后，以贤良高第迁为郡守。其为政“力行教化而后诛罚”，以其所治“吏民乡于教化，兴于行谊”，被宣帝誉为“贤人君子”。[1] 丙吉，出身狱吏，“治律令，为鲁狱史”，“起狱法小吏，后学《诗》《礼》，皆通大义。及居相位，上宽大，好礼让。”[2] 再如于定国，《汉书·于定国传》：

> 其父于公为县狱吏，郡决曹，决狱平，罗文法者于公决皆不恨。……定国少学法于公，后定国亦为狱吏、郡决曹，补廷尉史。……超为廷尉。
>
> 定国乃迎师学《春秋》，身执经，北面备弟子礼。为人谦恭，尤重经术士，虽卑贱徒步往过，定国皆与钧礼，恩敬甚备，学士咸称焉。

总的看来，“在以政治为高尚，政治力量渗透了社会的各个层面并牵动着生活的千端万绪的中国古代，‘政治化’是士大夫生命的一个重要核心。西汉后期社会明显的儒学化，最终必须集中落实、体现于儒士们的政治实践中。”这是士人的一面。

这就像《孟子·滕文公下》所说：

> 士之失位也，犹诸侯之失国家也。
>
> 士之仕也，犹农夫之耕也。

士人的社会意义必须通过进入国家政治得以实现。从另一个角度看，“官方利用学校教育来强化意识形态，并且‘以学养士’，将学业与官吏的选任相衔接，以培养官僚政治所需的人才。而即使是私学，也不一定就是纯粹的学术单位，教授、经师往往是些退职的或潜在的国家官吏，更有一些居位任职的士大夫，门下聚集着众多的弟子门生，大官门下，徒众尤盛。官师合一，学问传授者与大臣身份合一，这在汉代是极其普遍的事。”[3]

总之，自汉以降儒法有合流之势，儒学从早期对君主制的一般承认发展出一套全面维护君主专制的意识形态，从早期对社会伦理的重

---

[1] 《汉书·循吏传·黄霸传》。

[2] 《汉书·魏相丙吉传》。

[3] 于迎春：《秦汉士史》，北京大学出版社2000年版，第139、140页。

视发展出一套全面维系封建礼法的“三纲五常”之说，换言之，儒家的意识形态与君主官僚专制政体，在实践上日趋融合。

前文已述，西汉末年政治是在外戚控制之下，儒生派和现实派官僚斗争的舞台。

外戚自不待言，已经有了相当的宗族化色彩。王氏一族“一门十侯，五大司马”，宗族势力也借此得到发展。《前汉纪》卷二十七，载成帝元延元年刘向上封事云：

> 今王氏一姓而朱轮华毂者二十三人……尚书九卿州牧郡守皆出其门，管执枢机，朋党比周，行污而寄治，身私而托公，称举者登进，忤恨者中伤，遊误者为己说，执政者为己言……兄弟据重，家族盘牙。历上古以来，未有其比。

王氏外戚王禁长子王凤为大司马大将军，此后，王音、王商、王根兄弟四人相继为大司马大将军，《汉书·王商传》载，王商：

> 宗族为列侯，吏两千石，侍中诸曹给事禁门内，连昏诸侯王，权宠至盛。今商宗族权势，合赀钜万计，私奴以千数。

王商死后，其“子弟亲属为驸马、都尉、侍中、中常侍、诸曹、大夫、郎吏者，皆出补吏”。

哀帝朝外戚傅、丁二氏，家中子弟接踵占据皇朝要津。傅氏封侯者六人，大司马二人，九卿二千石六人；丁氏一门也有二人封侯，一人任大司马，六人任将军九卿二千石。两家任侍中、诸曹者各有十数人。

这几大外戚恐怕已经可以说是具备了宗族政治的萌芽。

至于外戚政治之下的儒士集团，也有相当一部分业已形成了一定的宗族势力。世官世禄之家已屡见不鲜。

《汉书·万石君石奋传》：

> 万石君石奋传，起父赵人也。赵亡，徙温。高祖……过河内……以奋为中涓……及孝文即位，以奋为九卿……奋长子建，次甲，次乙，次庆，皆以驯行孝谨，官至二千石……庆方为丞相，诸子孙为小吏至二千石者十三人。

再如韦贤、韦玄成父子为相，韦赏哀帝时又位列三公，“宗族至吏二千石十余人”。[1] 韦氏到东汉时还保持着一定的宗族势力。

《后汉书·韦彪传》：

> 韦彪，扶风平陵人也，高祖贤，宣帝时为丞相，祖赏，哀帝时为大司马……（韦彪）族子义……高祖父玄成，元帝时为丞相。初彪独徙扶风，故义犹为京兆杜陵人焉。

此外，还有冯奉世、萧望之、翟方进等，也已经具备了一定的宗族力量。

如《汉书·萧望之传》：

> 萧望之……东海兰陵人也，徙杜陵，家世以田为业。只望之，好学……代丙吉为御史大夫……望之有死罪，有司请绝其爵邑。有诏加恩，长子伋嗣为关内侯。天子追念望之不忘，每岁时遣使者祠祭望之家，终元帝世。望之八子，至大官者育、咸、由。……由……迁江夏太守……陈留太守……大鸿胪……家至吏二千石者六七人。

总之，我们固不能说，西汉后期的士族集团已经构成为“世族”，但是，这时的士人也已不是西汉中期以前像主父偃、朱买臣等颇具“游士”色彩的个体士人。[2] 士人在政治生活中，虽以某人及其子孙的仕宦为主，但“实际上一个人的宦海沉浮，关系的不只是一‘家’，而是整个‘宗族支属’。”[3] 与武帝前期的主父偃、朱买臣等颇具“游士”色彩的“士人”相比，西汉末年的“士大夫”已经明显地具备了“士族”的性质。这一对比，实际上反映出“士族”发展的两方面的情形，一方面是强宗大姓的士族化；另一方面是士人在取得政治势力后，再转而扩张家族的势力。而且，这两方面在多数情形下又是互为因果的社会循环。换句话说，此时的士族集团已不再是一些“个人”的集团，其中已经有了“族”的背景。士族集团成为西汉末年政治的一个重要政治力量，这本身就意味着西汉末年，政治已经具备了后来宗族政治的一些特征。汉末政治运作，已经加入了某些“宗族”的内

---

[1] 《汉书·韦贤传》。

[2] 参见本书第六章，第一节。

[3] 邢义田：“从战国至两汉的族居、族葬、世业论中国古代宗法社会延续”，载《周秦文化研究》，陕西人民出版社1998年版。

容，一些“族”，已经可以以“族”的力量参与皇朝政治了，也就是说，在西汉末年的政治生活中，已经可以依稀看得到“宗族”活动的身影了。这样的“宗族”，除了几大外戚宗族之外，主要是那些“儒士”集团。

三、王莽代汉的社会基础

公元8年，外戚出身的王莽终于完成了他取刘氏而代之的宏愿。在这一年的十二月一日，举行了“新”朝皇帝的即位大典，成为中国历史上第一位用篡弑的手段窃取帝位的封建帝王。千百年来，对于这样一个历史人物，几乎是众口一词，骂之为“乱臣贼子”，更被人们指为伪君子，唐朝大诗人白居易在其脍炙人口的《放言》诗中写道：

周公恐惧流言日，王莽恭未篡汉时；
向使当初身先死，一生真伪复谁知！

乱臣贼子也罢，伪君子也罢，王莽代汉却分明是王莽与一班刘汉的大臣们共同编演的一出历史活剧。可以想见，如果没有一定的社会历史条件，没有一定社会力量的支持，仅凭王莽个人的品格魅力所具备的力量是无法完成如此鸿业的。

王莽何以代汉？就本书的论旨而言，王莽代汉意味着什么？是否可以说这件事本身意味着某一种新的社会力量的政治实践呢？如果是这样，王莽所代表的又是哪一种社会力量呢？换句话说，王莽代汉依靠了怎样的社会基础，其舆论基础、阶级基础和现实政治基础是什么？不回答这一问题，就不可能够准确地把握王莽政权的性质，也就无从把握这一政治变迁背后所隐含着的西汉末期社会阶级结构所发生的一系列变化。

首先，要从汉代末年的社会舆论说起。

一定的社会舆论，不论是对当时社会政治的批判或是弘扬，都是一定的社会现实的反映，又往往是一定的社会政治力量，尤其是那些拥有最基本的社会力量的阶层或阶级的政治呼声。

成、哀以后，西汉社会江河日下，社会矛盾和阶级矛盾日趋激化，土地兼并日益剧烈；奴婢问题日趋严重；赋役剥削日甚一日；刑罚苛暴与日俱增；百姓生活处境急剧恶化；社会政治日益腐败，汉皇朝的统治走到了穷途末路。

面对如此的社会局面，社会各阶层对皇朝政治的失望是可以想见的。于是，认为“汉德已衰”，汉皇朝“气数已尽”，要求或者希望“汉家遭天地之大终，当更受命于天”的呼声很高，一时间“改朝换代”的舆论要求可谓甚嚣尘上。不但一些儒生、士大夫有此论，甚至一些当权的豪族地主和在经济上有很大势力的富商大贾，也因对刘氏皇朝失去了信心，希望最高统治者来一次换马。

实际上，从西汉中期以后，统治阶级中“改朝换代”的思潮已经有了一定程度的滋长。这种思潮与战国以来流行的“五德终始说”和“三统”“三正”之类的理论结合起来，在舆论上产生了越来越大的力量和影响。汉昭帝时，就有眭弘与友人时任内官长臣的赐，因推演灾异，上书皇上劝谏昭帝禅位，结果被以“妖言惑众，大逆不道”[1]的罪名而砍了头。此后，又有时任司隶校尉的盖宽饶在宣帝时上书，引《韩氏易传》所说：“五帝官天下，三王家天下，家以传子，官以传贤，若四时之运，功成者去，不得其人则不居其位。”[2]隐含着劝宣帝传贤的寓意，也落得个自杀身死的下场。

成帝时又有齐人甘可忠和门徒夏贺良、丁广世、郭昌等造了《天官历》《包元太平经》共十二卷，宣称天帝使真人赤精子自天而降，向他传授密旨：“汉家遭天地之大终，当更受命于天。”结果不难想见，甘可忠也为此掉了脑袋。平心而论，甘可忠的理论，比起眭弘和盖宽饶的禅让帝位来，对刘汉皇室要算客气得多了，毕竟只是让刘汉的皇上改元易号，“更受”一次天命罢了。如此说来，甘可忠死的还多少有点冤屈。

这以后，由于汉皇朝的统治越来越不得人心，改朝换代的思潮依然传播甚广，并渐成澎湃之势。刘汉皇朝的统治者面对日益严重的社会危机，也拿不出什么像样的解决办法。这时，一向十分喜好甘可忠之书的骑都尉李寻便向汉哀帝推荐了甘可忠的门徒夏贺良等人，使之待召黄门。不久，由夏贺良导演，哀帝主演的一幕汉朝皇帝“再受命”的闹剧上演了。建平元年五月，在哀帝的数度殷殷垂询之后，夏贺良认为时机已然成熟，于是他上书哀帝，兜售他的“再受命”

---

[1] 《汉书·眭弘传》。

[2] 《汉书·盖宽饶传》。

学说：

> 汉历中衰，当更受命。成帝不应天命，故绝嗣。今陛下久疾，灾异屡数，天所以谴告人也，宜急改元易号，乃得延年益寿，皇子生，灾异息矣。[1]

哀帝此时病急之中，也希望能出现奇迹，于是接受了“更受命”的建议，下诏丞相、御史大夫，命令改制以“更受命”。其文曰：

> 朕以眇身入继太祖，承皇天，总百僚，子元元，未有应天心之效。即位出入三年，灾变数降，日月失度，星辰错谬，高下贸易，大异连仍，盗贼并起。朕甚惧焉，战战兢兢，惟恐陵夷。惟汉兴至今二百载，历纪开元，皇天降非材之右，汉国再获受命之符，朕之不德，曷敢不通夫受天之元命，必与天下自新。其大赦天下，以建平二年为太初元年，号曰陈圣刘太平皇帝。漏刻以百二十为度。布告天下，使明知之。

“再受命”的结果不言自明，过了月余，哀帝之疾丝毫不见好转，对夏贺良就有了怀疑，偏巧夏贺良等人又不安分，试图插手皇朝政治事务，提出一揽子改变政事的计划，结果因涉及朝中权力的分配，触动了大部分朝臣的实际利益，引起朝臣的普遍不满，夏贺良等又将矛头直指丞相、御史大夫，要求将其罢免，而以支持变政的李寻等人取而代之。至此，夏贺良等人的政治目的便暴露出来，他们的目的只不过是攫取官位和政治权力而已。“更受命”的预言没有应验，这伙人却急不可待地想捞取政治油水，在大臣的一片讨伐声中，哀帝只能将夏贺良等人交给御史中丞、廷尉等“杂治”，结果夏贺良一伙被定了个“执左道，乱朝政，倾覆国家，诬罔主上”的罪名，加以诛杀。

前后仅仅两个月的时间，“更受命”的闹剧便草草收场。当然它不可能解决任何的政治危机，相反，这更促使各阶层对刘汉皇朝更加普遍地缺乏信心，改朝换代的呼声也日益高了起来。正在大多数人对刘汉皇朝统治的最后一点希望破灭，统治集团陷入迷惘，社会各阶层对未来忧心忡忡之时，王莽引人注目地出现在西汉政坛，整个社会很快把他当成新秩序的营造者，把皇朝政治摆脱困境的希望寄托在他的

---

[1] 《汉书·李寻传》。

身上。

正如笔者业师孟祥才先生所论："王莽以篡汉的方式代汉立新之所以顺利地获得成功，最重要的原因是当时的客观历史条件造成了地主阶级对改朝换代的向往，而王莽执掌皇朝大权后的所作所为，使他几乎成为社会各阶级属望的改朝换代的唯一人选。"[1]

总之，随着西汉末年社会、政治矛盾的加深，整个社会越来越对汉皇朝统治失去信心，"更受命"的闹剧过后，社会舆论的力量已经越来越倾向对改朝换代认可，甚至向往。刘汉皇室已被整个社会所抛弃，汉皇朝统治的危机已经不可逆转。

其次，看王莽代汉所依赖的阶级基础。

西汉自武帝以前，皇朝通过任子、察举、征辟等办法选取官吏，这就使得选官的权力，实际上掌握在了从中央到地方的各级政府的主要官吏手中，在这样的政治格局之下，地方社会向上的政治通道相对比较狭窄。武帝以后，由于国家实行"罢黜百家、独尊儒术"的政策，太学的博士弟子逐渐成为官吏的最重要来源。此外，加上诸如举贤良、方正对策等途径，地方社会中大批的知识分子，其中大部分是研习经学的儒生，终于有了越来越多的跻身仕途的机会。事实上，当此前后，儒生已经日益活跃了起来。文帝时的博士有公孙臣、贾谊、晁错、申培、韩婴，景帝时博士有辕固生、张生、董仲舒、胡毋生等，这其中只有公孙臣不是儒生。武帝罢黜百家、独尊儒术以后，"天下学士靡然乡风"，显然是因为有了比较理想的政治出路，结果也自然是"自此以后，公卿大夫士吏彬彬多文学之士矣"。[2] 许倬云在论及两汉政治的社会基础时曾指出：

> 整个两汉由汉初政治权力结构与社会秩序，各不相涉的局面，演变为武帝时两方面激烈的直接冲突，又发展为昭宣以后的逐渐将社会秩序领袖采入政治权力机构，而最后归结为元成以后帝室与士大夫共天下的情势。光武中兴，仅使这一情势成为东汉明显的制度而已。

他进一步指出：

---

[1] 孟祥才：《新帝王莽》，哈尔滨出版社 1997 年版，第 163 页。

[2] 《汉书·儒林传》。

西汉中叶以后的士大夫显然已与察举到中央的人士及地方掾史群，合成一个“三位一体”的特殊权力社群。也就是说，士大夫在中央与地方都以选拔而参与其政治结构，构成汉代政权的社会基础。[1]

而且可以进一步讲，士大夫社群也已经逐步地从单体的士人，成为身后有着一定的宗族势力支持的“士族”。

阎步克先生十分敏锐地注意到，在传统史学对王莽其人众口一词的讨逆声中，“还是在古代，就已有人把王莽之‘新政’与秦帝国之‘秦政’，视为两极而加以对比了。”[2] 他援引东汉初年史学家班固和南朝史学家沈约的议论：

班固在《汉书·王莽传》说：

王莽始起外戚，折节力行，以要名誉，宗族称孝，师友归仁。及其居位辅政，成、哀之际，勤劳国家，直道而行，动见称述。……昔秦燔《诗》《书》以立私议，莽诵《六艺》以文奸言，同归殊途，俱用灭亡。

又有南朝史学家沈约论曰：

夫有国有家者，礼仪之用尚矣。然而历代损益，每有不同，非务相改，随时之宜故也。……岂三代之典不存哉？取其应时之变而已。……由此言之，任己而不师古，秦氏以之致亡；师古而不适用，王莽所以身亡。

很显然，在班、沈看来，“秦政”与所谓“新政”是秦汉政治史上截然不同，而又殊途同归的两种政治模式，是将“秦政”与“新政”视为两个极端，秦“不师古”，完全不用礼义，而王莽则是纯有儒术而不能“师古而不适用”。

在秦政与新政这两极之间，则是被扬雄认定“帝典阙而不补，王纲弛而未张”[3] 的汉政。在扬雄看来，从秦到莽可以清晰地区分出三种政治形态：秦政、汉政以及王莽新政。秦政是完全灭弃了“帝典”

---

[1] 许倬云：“西汉政权与社会势力的交互作用”，载《史语所集刊》第35本，1964年。
[2] 阎步克：《士大夫政治演生史稿》，北京大学出版社1996年版，第373页。
[3] 扬雄《剧秦美新》，见《汉书·扬雄传》。

"王纲"的，而汉政以"霸王道杂之"，是个并不完美而有待完善的阶段，王莽新政则是"帝典""王纲"发扬光大之至境。[1] 且不论扬雄"美新"之真伪，但其称颂王莽曰："逮自大新受命……是以发秘府，览书林，遥集乎文雅之囿，翱翔乎礼乐之场，胤殷周之失业，绍唐虞之绝风。……帝典阙者已补，王纲弛者已张，炳炳麟麟，岂不懿哉。"[2] 却也并非虚言。

就本书的论旨而言，本书更为关心的是：在这样的政治变迁的背后，是否隐含着更为深刻的内容。换句话说，从秦氏灭弃帝典到王莽使之发扬光大，是否可以看作是某种社会力量或者说社会结构变迁在国家政治方针上的反映？即是说，政权的社会基础发生了变化。我们知道，"政治总是由无数个体所构成的社会中的政治，为政目的必须与部分个体的人生目的相契合，这种政治才能够得到这部分人的支持，为政目的所容纳的个体人生目的越多，这种政治就越稳定。"[3] 也就是说，政治是一定社会结构之下，一定阶级基础之上的政治。明乎此，则有理由相信，国家政治必须，也必然会随着社会结构和社会力量的变迁而有所变革，这并不以统治者个人的意志为转移。相反，统治者却必定要认识到这一点，并注意把握和调整国策。

汉初，儒士的社会地位和经济地位看来都不是很高，借经学儒术跻身皇朝政治，只能是极少数人才有的际遇。事实上，到昭帝时尽管有所谓"独尊儒术"政策的实行，但仍然可以看出，儒生在此时还是不很得志的。据《盐铁论·地广》载文法吏（大夫）云：

> 夫禄不过秉握者不足以言治，家不满檐石者不足以计事。儒皆贫羸，衣冠不完，安知国家之政，县官之事乎。

当然，此时的儒士毕竟已经取得了很大的胜利，对儒士来说盐铁会议的召开本身就是一个大成功：可以和当时以御史大夫桑弘羊为首的政府当局面对面的共商国家大政方针，自然是进入朝堂的前奏。在此我们应该特别注意的是，儒士之所以能够参与国政，与政府当局进行大政方针的讨论，自然与汉皇朝独尊儒术以后国家政治方针的变革

---

[1] 阎步克：《士大夫政治演生史稿》，北京大学出版社1996年版，第374页。
[2] 扬雄《剧秦美新》。
[3] 刘广明：《宗法中国》，上海三联书店1993年版，第34页。

有密不可分的关系，但这件事的背后，却是以儒士阶层的发展，尤其是儒士作为地方势力的代表逐步成为宗族化的地方大姓，这样的社会现实为背景的。参加盐铁会议的贤良文学，如贤良茂陵唐生、文学鲁万生、汝南朱子伯、中山刘子雍、九江祝生等六十余人❶，都是由民间选拔的地方势力的代表，尽管他们的具体身份已不得而知，但可以想见，都应是地方的豪族之家，说明此时的儒士（贤良文学）已非武帝以前如主父偃、朱买臣等那样颇具“游士”色彩的单身儒士所能比拟的，他们的身后是逐步发展起来的地方宗族大姓。

王莽当政后，便制定了一系列的措施来笼络士人，元始四年，他下令在京师大兴土木，修建明堂、辟雍、灵台，为太学生筑舍万区，大量招收学生，使在校的太学生人数达到万人，创造了汉代太学的全盛时期。此外，他还下令天下凡通一艺并教授十一人以上，以及有逸《礼》、古《书》《毛诗》《周官》《尔雅》、天文、图谶、钟律、月令、兵法《史篇》文字，并能通知其意者，都由政府派公车征送京师。通过这些办法，客观上为广大士人阶层提供了更多的入仕的机会，也无疑会在很大程度上扩大王莽的统治基础，赢得了大批儒士的亲和力。王莽篡汉前后，一大批儒士鞍前马后地为之奔忙，说明王莽所为是颇受儒士的拥戴的。

王莽之重用儒士也是史有明证的。王莽主政之后，将历来受到压制的古文经派立为官学，取得在太学传授的资格，治古文经的名儒随即便有飞黄腾达，青云直上者，如，刘歆就升任国师，为王莽四辅之一，治《毛诗》的陈侠，治古文《尚书》的王璜，治《春秋左氏传》的龚胜、房风、萧秉、陈钦等也都荣显一时，官至将军、郡守者大有人在。王莽重古文，但并不单用古文，对今文经派的大师们，王莽也颇为重用，今文大师在王莽一朝似乎有更多的出将入相者。如治《易》的衡咸，治《今文尚书》的欧阳政，做过王莽的讲学大夫。治《今文尚书》的孔光和唐尊都做过王莽的丞相、太傅。吴章、唐林做过九卿。治《公羊春秋》的马宫做过司徒，左咸则官至九卿。❷ 这说明王莽对于经学流派的学术差异是并不看重的，至少不是非常看重的，

---

❶ 马非百：《盐铁论简注》《杂论篇》。

❷ 孟祥才：“论王莽的思想与性格”，载《烟台大学学报》1999 年第 1 期。

王莽之用儒，与其说是对经学术学的重视，不如说是对整个士人集团作为其统治基础的重视。

再看王莽即位以后所封赏的众人：

> 以太傅、左辅、骠骑将军、安阳侯王舜为太师，封安新公；大司徒、就德侯平晏为太傅，就新公；少阿、羲和、京兆尹、红休侯刘歆为国师，嘉新公；广汉梓潼哀章为国将，美新公；是为四辅，位上公。太保、后承、承阳侯甄邯为大司马，承新公；丕进侯王寻为大司徒，章新公；步兵将军、成都侯王邑为大司空，隆新公；是为三公。大阿、右拂、大司空、卫将军、广阳侯甄丰为更始将军，广新公；京兆王兴为卫将军，奉新公；轻车将军、成武侯孙建为立国将军，成新公；京兆王盛为前将军，崇新公；是为四将。凡十一公。

这十一公中，有八人是长期追随王莽代汉的得力爪牙，是王莽集团的核心人物和骨干分子。其余三人，哀章是一个“好为大言”，投机冒险的无赖之徒，王兴、王盛是哀章投机活动的得益者，他们三人实不过是王莽代汉的一级台阶，是为了给王莽显示符命的神灵和威力而已，除此之外，这三人之得封赏并无多大的政治意义。至于王莽集团的八位骨干，从原来的身份看，大致可分为两类：一是王氏外戚宗族，二是刘汉朝臣，刘歆则更是刘汉的宗室。王氏外戚的宗族色彩自不待言，而这些个刘汉朝臣此时也有了一定的宗族势力的支持。他们本身也都是一些世家大姓。

事实上，世家大族的势力到王莽时，已经显得不可忽视。王莽末年起兵的郡国，大都以世族大姓为核心，大则主动地进兵州郡，小则据守堡垒，自保一方。据余英时的统计，88 个起兵集团中，有 56 个是世族或大姓。[1] 王莽时的遍地的世族大姓自然不可能是一夜之间便突然出现的，其肇端当在数世之前。所以说，“世姓豪族，不仅如杨联陞先生所说，是东汉政权的基础，而且也构成西汉中叶以后政治势力的社会基础。”[2] 王莽政权正是建立在这样的世族大姓的阶级基础之上。

---

[1] 余英时：“东汉政治之建立与士族大姓之关系”，载《中国知识阶层史论（古代篇)》，联经出版事业有限公司 1980 年版。

[2] 许倬云：“西汉政权与社会势力的交互作用”，载《史语所集刊》第 35 本，1964 年。

再次，看王莽代汉所依赖的现实政治基础。

一般看来，王莽是利用西汉政权的腐败衰落，大失人心之机，用虚伪狡诈的手段捞取政治资本，欺骗天下吏民，取得了再世周公的美名，被社会各阶层寄予了极大的期望，从而顺利实现了他登上皇位的梦想。但是，王莽何以能够得到社会各界的普遍支持，这恐怕并非仅仅一个政治欺骗所能解释的。这背后显然存在一定的现实政治背景。

总的看来，西汉晚期的政治情形是，外戚借着与帝王的特殊关系发展权势，帝王也借重外戚势力以维系统治。外戚一旦羽翼丰满，又要回过头来与帝王展开你死我活的厮杀。成、哀、平三朝的政治舞台上演的，正是皇家与外戚、外戚与外戚你争我夺的历史闹剧。[1] 王莽以外戚宗族起家，王氏外戚宗族一直是这场闹剧的主角。但十分明显，王莽之代汉并不是仅仅依靠了王氏外戚宗族的力量。毋宁说是靠了朝臣们的普遍支持，而这其中又主要是靠了士大夫集团的支持。

王莽代汉是西汉末年的现实政治的产物。

第一，西汉末年，刘汉皇朝宗室衰微，基本上被排斥在皇朝政治事务之外，在政治上已无什么地位可言，刘汉宗室依然没有力量与王氏抗衡，已无力阻止王莽之篡汉。甚至还要仰王氏外戚之鼻息。

王莽在其代汉之前，对汉皇室的宗室贵族可谓是极尽拉拢之能事，其中最重要的手段是用爵位利禄进行收买。元始五年，王莽举行了"祫祭明堂"的大典，他征来诸侯王 28 人，列侯 120 人，以及宗室子弟 900 余人参加助祭，典礼甫毕，王莽就宣布一次将宣帝的曾孙刘信等宗室贵族 36 人封为列侯，其余也分别不同情况给予增加户邑，赐予爵位、金帛等奖赏，宗室亲属凡不是因血亲疏远而是因有罪而开除属籍之人，一律恢复他们的宗室亲属之籍。王莽用这种手段一下子拉近了自己与刘汉宗室的距离，使宗室贵族中的大部分人把自己的富贵利禄寄托到了王莽身上。在王莽鸩杀平帝之前，就有一个疏属较远的宗室贵族泉陵侯刘庆，为了从王莽那里猎取富贵，就上书元后，请求让王莽"居摄"，"行天子事"："周成王幼少，称孺子，周公居摄。今帝富于春秋，宜令安汉公行天子事，如周公。"[2] 当然，这并不是说宗室

---

[1] 白寿彝总主编：《中国通史》第五册，上海人民出版社 1995 年版，第 349 页。

[2] 《汉书·王莽传》。

贵族们就甘心情愿地将刘姓江山拱手相让，只是由于他们自身已经没有力量与王莽抗衡，事实上，从武帝朝以降，刘汉宗室的政治地位，已一落千丈，诸侯王“但衣食租税而已”，已与富室无异，逢此刘汉大难之际，宗室的大部分人恐怕是有心助汉，无力回天。班固批评刘汉宗室，投靠王莽“厥角稽首，奉上玺绶，唯恐在后，或乃称美颂德，以求容媚”，固然是痛心疾首，但恐怕更是无可奈何！从这个意义上说，也许王莽代汉自武帝之时就已经埋下了祸根。事实上，在中国历史上，皇帝如何处理和宗室的权力关系，始终是一个两难的政治课题。这就像分封与郡县的两难课题一样，封建社会两千年似乎始终没有一个两全的解决方案。从封建社会家天下的观念看，王莽代汉实属“篡逆”，但历史上亡于宗室内乱的朝廷又何止一家呢？

第二，西汉中后期以后盛行的“天人感应”的神学政治传统，为王莽代汉创造了有利的政治土壤。

“天人感应”学说发展到西汉末年已经有了百余年的广泛宣传，且深入人心，为社会所认可和接受，这套学说对当时的皇朝政治产生过很大的影响，使当时的皇朝政治呈现出显著的神学政治特色。按照这套“天人感应”的政治学说，君主是上天挑选来统治天下吏民的，这就是“君权神授”。但上天又要求君主实行“德治”，使百姓安居乐业。如此，则国泰民安，上天则降下符瑞，如一禾生二穗，麒麟率舞，凤凰来仪等，以示对人间君王的褒奖，如君主昏聩暴虐，政治混乱，民不聊生，上天就会降下灾异，如冬雷夏雪，日食、月食等，加以警告，如君主置若罔闻，上天则会再降灾异，甚至变易君王，改朝换代。当然，在这套政治学说中，符瑞和灾异并不简单地是一种上天对人间政治的感应，更主要的是，它体现了上天的意志，它表达的是任何人都不得违背的“天意”。也正是因为这一点，才使得这套学说具备了现实政治意义。因为说到底，这套学说实际上只是为那些掌握了权力的个人实现其政治需要服务的政治工具。王莽也正是看中并十分到位地利用了这一点。

王莽代汉离不开“符瑞”。可以说王莽代汉的每一个步骤都有他的心腹们弄出一些“符瑞”来为之制造理论依据。

相传当年周公摄政，曾有越裳氏千里迢迢来向周天子献白雉。王莽指使其党羽讽喻西南少数民族的首领以越裳氏的名义向朝廷献白雉一只，黑雉二只以为符瑞。元始元年正月，王莽及其党羽精心策划的符瑞献到，王莽煞有介事地奏请元后，把白雉献到宗庙祭告祖宗，以示汉皇朝在王莽的辅佐之下已达到了西周成王那样的兴盛之境。王莽的党羽则趁势大做文章，宣扬白雉来献，这是王莽德政所“致成周白雉之瑞”，与周公摄政有“千载同符”之效，应该像成王封周公那样封王莽为“安汉公”，以便“上应古制，下准行事，以顺天心”。[1] 尽管王莽少不了大大谦让一番，但还是“惶惑受策”登上了安汉公的宝座。

早在平帝死前，宗室贵族泉陵侯刘庆，就曾上书元后要求王莽摄政，这个提议自然得到了群臣的一致拥护，此事随因平帝之死而暂时搁浅，但王莽对此事却始终难以割舍。平帝刚刚死去，王莽便授意其党羽，大造王莽“应天承命”做皇帝的符命。从此，接二连三的“符瑞”便应运而生，一个接着一个，绵绵不绝而来。什么龙、麟、凤、嘉禾、甘露、酆泉等祥瑞之兆简直应接不暇。王莽于元始四年，将京师改置前火军光和后承烈，第二年，前火军光谢嚣上奏说，他的属下武功长孟通在浚井时得到一块白色的石头，上有丹书：“告安汉公王莽为皇帝”八字。这八个字当然是天意了，王莽怎敢违抗。于是王莽立即让它的心腹爪牙王舜带着符瑞向元后报告，要求顺应“天意”，请王莽居摄践祚。尽管元后指责王莽此行实乃“诬罔天下，不可施行”，但在王舜的软磨硬泡之下，元后也无可奈何地答应下来，居摄元年（公元 6 年），王莽如愿以偿地以皇帝的礼仪“祀上帝于南郊，迎春于东郊，行大谢礼于明堂”，堂而皇之地登上了摄皇帝的位子。

居元二年四月，宗室贵族安众侯刘崇与其相张绍在南阳起兵讨伐王莽，但因力量过小，又准备不足，很快便败下阵来。按说这一事件对王莽十分的不利，至少表明在王莽春风得意的时候，朝野内外并不是对王莽上下一致地竭诚拥戴。但王莽又一次巧妙地利用了这一事件，指使他的爪牙立即制造舆论：刘崇等人的反叛，是因为王莽的地位还太低，权力还太小，为了可以更好地统治全国，就应该使王莽的位更尊，权更大。于是，王莽的一批爪牙立即上书逼迫元后下诏书，让王莽在朝见元后时也称“假皇帝”，王莽从摄皇帝到假皇帝，离真皇帝又前进了一步。当然，为了这最后的一步，“符瑞”自然是不可少的。

---

[1] 《汉书·王莽传》。

不过，这次为王莽献上“符瑞”的，不是追随王莽数十载的心服爪牙，而是一个摸透了王莽心思的投机冒险分子。

原来，王莽在做了假皇帝不久，居摄二年九月，东郡太守翟义又兴兵讨莽，关中槐里男子赵朋、霍鸿等人也起兵响应。但是，翟义的起兵尽管规模较大，准备也较充分，但毕竟缺乏群众基础，不仅广大百姓对起事表示冷漠，甚至大部分的刘汉宗室贵族也采取冷眼旁观的态度，其失败也就成了必然。镇压了这次起兵，使王莽及其党羽们弹冠相庆，得意洋洋，于是又有王莽的党羽上书称颂王莽的功德，称其是“奉天洪范，心合宝龟，膺受元命，豫知成败”的“配天之主”。

度过了一次不算太小的政治危机，王莽代汉的心情似乎又迫切了许多。而就在此时，有一位在太学读书的梓潼人哀章，看透了王莽急于登上真皇帝的龙位，又对符瑞“奉若神明”的心思，于是决定来一次政治冒险。他弄来两检铜匮，在一检中写上“天帝行玺金匮图”，另一匮中写上“赤帝行玺某传于皇帝金策书”。这里的赤帝某即指汉高祖刘邦，意谓刘邦要顺应天命，把江山让给王莽。书检中写明，王莽应做真皇帝，而王舜、平晏、刘歆等为王莽篡汉立下汗马功劳的大臣以及哀章自己和王兴、王盛等十一人是王莽的辅佐之臣。哀章造好这两件“符瑞”，便耐心地等待献出的时机。这时，王莽的党羽在各地都制造出齐井、石牛等一系列的符瑞，哀章看到这些符瑞一出，认为时机已然成熟，便选在某一天的黄昏时分，身穿黄衣，献上了自己精心准备的“符瑞”。王莽接到报告，大喜。第二天一早便戴上皇冠，先是郑重其事地朝拜了陈放铜匮的神坛，然后向元后报告了接到符瑞的情况，向她宣布：自己只能顺应天命，来做真皇帝了。之后，他的党羽爪牙王舜又为他从元后那里夺来了象征“受命于天”的传国玉玺。至此，王莽终于完成了他代汉自立的宏愿，建国二百余年的西汉帝国就此覆灭了。

第三，这一系列的“符瑞”的背后，是王氏外戚宗族业已对皇朝政治取得了实际的掌握。换句话说，王氏外戚宗族对皇朝政治有效的、长时间的控制，是王莽得以代汉的基础和保证。正如新莽末年班彪与割据陇西的隗嚣谈论王莽成败所云：

> 汉家承秦之制，并立郡县，主有专己之威，臣无百年之柄。至于成帝，假借外家，哀平短祚，国嗣三绝，危自上起，伤不及

下。故王氏之贵，倾擅朝廷，能窃号位，而不根于下民。是以即真之后，天下莫不引颈而叹。十余年间，内外骚乱，远近俱发，假号云合，咸称刘氏，不谋而同辞。

西汉末年的政治问题是出在政治上层，正所谓“危自上起，伤不及下”，问题的关键在于皇权的失落，使得王氏外戚得以“倾擅朝廷，能窃号位”。

班固对此做了更进深一步的探讨，认为：

王莽始起外戚，折节力行，以要名誉，宗族称孝，师友归仁。及其居位辅政，成、哀之际，勤劳国家，直道而行，动见称述。岂所谓“在家必闻，在国必闻”“色取仁而行违”者也？莽既不仁而有佞邪之材，又承四父历世之权，遭汉中衰，国统三绝，而太后寿考为之宗主，故得肆其奸慝，以成篡盗之祸。推是言之，亦天时，非人力之致矣。

可以看出，王莽代汉是西汉末年现实政治中的一系列因素综合作用的结果。这其中首要的前提是“遭汉中衰，国统三绝”，皇朝衰微的政治现实。当然，所谓汉运中衰，国统三绝实乃王氏专权的必然产物，王氏外戚苦心经营的“历世之权”越久远，越膨胀，汉运则越衰微。看来，西汉末年的政治问题的确是出在了上层，上层的政争尽管主要出在外戚与朝臣之间，但结果却使得皇权衰微了。皇权对上层的政治斗争根本上失去了控制。相反，政争获胜的一方，实际上掌握了朝政，甚至皇帝废立的大权。和历史上大多数时候一样，掌握权力的人为了更长久、更稳固地掌握权力，便会有意识地扶立一个不能自立的孩童为皇帝，其结果是可想而知的。当这个孩童的皇帝一天天长大，并足以威胁到掌握大权者的时候，这个长大了的皇帝一般则会适时地死去，于是就有了一位更小的皇帝被立起来。毫无疑问，西汉末年的王氏外戚时代，正是这样。

王氏外戚的兴起是从元帝死后，元后王政君被依例尊为皇太后开始的。成帝即位不久，他的长舅王凤就做了大司马大将军，领尚书事，“王氏之兴自凤始”。[1] 成帝本人迷恋女色，对朝政却懒得过问，放心

---

[1] 《汉书·元后传》。

地将一切军国政务交给王凤处理，王氏外戚成了大汉皇朝的实际当国者，王氏宗族一日间五人封侯，号为“五侯”，“子弟皆卿大夫侍中诸曹，分据势官满朝廷”，成为西汉建国以来继吕氏、霍氏之后权势最大的外戚宗族。这以后，王凤、王音、王商、王根、王莽相继以大司马，领尚书事辅政。王氏宗族“一门十侯，五大司马”，其势如日中天。

年轻的成帝死后，他的母亲皇太后王政君依例成了太皇太后，继位的哀帝则把朝政交给了他自己的外家。王莽被迫回到自己的封地南阳，王氏宗族的政治势力受到一次重大的打击。不过，哀帝短祚，即位六年后死去，王政君仍为太皇太后，此时的她已是一位年逾七旬的老妪，哀帝死后，没有留下子嗣，他的外家傅、丁两太后也于之前先后死去，收拾残局的任务自然落在元后王政君的身上。在哀帝死去的当天，她就驾临未央宫，收取传国玉玺，并立即将王莽召入皇宫，将朝政全部交给他。王莽借此东山再起，成为炙手可热的人物。不可否认，历史的发展总是充满各式各样的偶然性。不难想象，如果王政君不被选入太子宫，如果不生下成帝，如果没有那么长寿，王莽也许永远都不可能有机会登上皇位。但是以上的几个如果却都没有成为事实，王莽终于可以再一次踩着他的父辈们为他铺设的政治通道走上了窃取汉室的道路。

结语 社会与政治的互动模式

一、西汉宗族史的分期

徐扬杰在《中国家族制度史》一书中，将中国的家族制度，分为先后承继，递相蝉联的四种不同形式：原始社会末期的父家长家族、殷周时期的宗法式家族、魏晋至隋唐的世家大族式家族、宋以后的近代封建家族。[1] 在他的另一部著作《宋明家族制度史论》（中华书局1995年版）中，徐扬杰对中国的家族制度的分期又做了如下的界定，即春秋以前的宗法式家族制度、魏晋至隋唐的世家大族式家族、宋以后的近代祠堂族长的族权式家族制度。

冯尔康等著《中国宗法社会》，[2] 提出了关于界定宗族发展史的三条标准，即宗族领导掌握在何种社会身份集团手中；宗族的内部结构及其成员的民众性；宗族生活中宗族原则的变化。按这三条标准，他们认为，从殷周到现代，宗族制度经历了五个阶段的变化：先秦典型宗族制，秦唐间世族、士族宗族制，宋元间大官僚宗族制，明清绅衿富人宗族制，近现代宗族变异时代。

李文治《中国封建社会土地关系与宗法宗族制》一文[3]也对中国古代宗族制度进行了分期，他认为，以西周为封建社会开端，中国封建社会时期宗法宗族制的发展变化可以分为三个不同的历史时期。一是上古西周时期，在封建领主制下实行爵位与地权合一的宗子制类型宗法制；二是中古时期，包括东汉魏晋南北朝至唐代中期，在门阀世族地主经济制约下出现的严格等级性宗法宗族制；三是封建社会后期主要是明清时代，伴随土地关系的变化，宗法宗族制逐渐推行于庶民

---

[1] 徐扬杰：《中国家族制度史》，人民出版社1992年版。

[2] 冯尔康等：《中国宗法社会》，浙江人民出版社1994年版。

[3] 李文治："中国封建社会土地关系与宗法宗族制"，载《历史研究》1989年第5期。

之家，宗族组织变成为封建社会的基层社会组织，宋代则是由前者向后者过渡的时期。

大致说来，这三种分期法，去掉原始社会末期和近现代的宗族形态，实际上对中国古代社会宗族制度的分期基本上都属于先秦、秦唐和唐以后的三段分期。由此可见，学术界对宗国宗族社会历史的发展脉络的认识大致上是一致的。

春秋战国之际宗法宗族制度的破坏，并不意味着宗族的灭亡。汉代以后宗法势力重新复活，两汉宗族形态的发展，正是中国古代宗族发展历史过程中，由先秦典型的宗法式家族向魏晋隋唐的世家大族式家族制度发展的一个过渡时代。也就是说，汉代是中国古代宗族社会从春秋战国之际宗法宗族制度破坏以后的恢复、重建时期。

有论者指出："中古宗族制盛行，宗族的兴旺，常常由族人家庭的发迹而来，如杨震的发家推动了弘农杨氏宗族的发达，但是，更重要的是宗族给家庭的影响，是宗族的地位决定家庭的地位，家庭是在宗族地位的基础上去奋斗"。这一认识客观地反映了我国古代社会的基本特征。但是，应该注意到，这一社会政治形态也不是一蹴而就的。就整个汉代宗族发展来看，其基本的特征是"因官而族"，弃官则无以佑宗族，往往"身死而族灭，"这与魏晋南北朝时期的"因族而官"乃至"士庶天隔"的宗族政治局面是不可同日而语的。

从这层意义上讲，两汉宗族的发展，尤其从宗族与政治的联结关系上看，整个两汉时期都可视为经营宗族的时代，到东汉末年尽管有"四世三公"，"世吏二千石"的世家产生，但"因族而官"还不是通例。

与此相适应，武帝以前无论新兴贵族、官僚，还是地方豪族势力，由于缺乏政治制度方面的足够支持，都未能很好地完成宗族重建的任务。汉初的元从功臣也并未能凭借手中的政治权力而经营起宗族势力。萧何、曹参、陈平、王陵等新贵之家，他们的后代基本上从汉代政治舞台上销声匿迹了。《汉书·萧何传》载：

> 何薨，谥曰文终侯。子禄嗣，薨，无子。高后乃封何夫人同为酂侯，小子延为筑阳侯。孝文元年，罢同，更封延为酂侯，薨，子遗嗣。薨，无子，文帝复以遗弟则嗣，有罪免。景帝二年……封何孙嘉为侯……薨，子胜嗣，后有罪免。武帝元守中……封何

曾孙庆为酂侯……薨，子寿成嗣，坐为大常牺牲瘦，免。宣帝时……得玄孙建世等十二人，复下诏以酂户二千封建世为酂侯，传子至孙获，坐使奴杀人减死论。成帝时，复封何玄孙之子南乡长喜为酂侯，传子至曾孙，王莽败乃绝。

萧氏一族从汉初到王莽，大约传了九世，其间虽屡次免爵，但旋又复爵，到宣帝时，何玄孙辈也还有十二人（家）。断断续续好歹传承了二百年。但必须注意到，萧氏家族在萧何以后，基本上在汉代政坛上消失了，到后来虽然能够袭爵食封，但竟连个名字都未能留下来，其家族在西汉的政治影响可想而知了。可以说萧氏宗族得以传承二百年而不散，并不是出于萧氏宗族在西汉政治中的地位，只不过是“汉以孝治天下”的治国理念支配下，刘氏皇族给百官作出的一个姿态而已。所以有论者说“地主封建制基础上产生的第一批世家地主，世袭性减弱，对封建国家的依赖性增强，他们只凭世资袭封而不跻身仕途，参与政治，缺乏再生机制，而免不了被抛出统治阶层。”[1] 萧氏宗族即是此类。

至于汉初的地方豪族，则更是汉皇朝政治打击和镇压的对象。西汉后期以后，情况发生了根本的变化。地方豪强势力在武宣时代的高压政策之下，被迫改弦更张，逐步通过以经学入仕为主要内容的察举、征辟等政治途径，以及通过出任乡官里胥、郡县掾吏、控制乡举里选，进而影响州郡选举等手段，控制地方政治，并逐步被吸收到国家政治体系之中。

本书为西汉时期宗族的发展以及与国家政治的关系作如下分期：

汉初期，为军功集团期。此时的汉皇朝是所谓的平民王政，政治舞台上还没有出现大的宗族势力，汉初的军功大臣们未能凭借手中的政治权力经营起宗族势力。汉皇朝政治尚未有条件形成贵族宗族政治。

汉中期，即武宣时期，是汉代政治的转型时期。随着军功集团的衰落，新的政治集团出现，以填补由于军功集团的衰落而出现的汉王朝政治的空白。这一新集团便是“士人”集团，他们开始循着武帝为他们设计好的“通经入仕”的道路，升入王朝政治的核心，并有可能利用手中掌握的政治权力经营宗族势力，逐步向“士族”化演变。当

---

[1] 陈长琦：“论世家贵族地主阶层的形成”，载《华南师范大学学报》1990 年第 2 期。

然，武宣时期的国家政治基本上是采用“霸王道杂之”的政治方针。武帝之用儒，是选用儒术之精神，采其大一统、内圣外王、尊王攘夷以及君权神授等政治学说为己用，至于儒士们自己都不能明辨的一些礼仪之术，武帝是并不看重的。所谓“霸王道杂之”的行政运作，实际上是依靠行政技能之士，即文法吏来实践的。从这层意义上讲，武宣时期只是为儒生集团开辟了一条通过研习“经术”，进入国家政治的途径，至于儒生集团通过“累世经学”而“四世三公”成为“世族世官”，则是在此之后的事情。

汉元帝以后，“征用儒生，委之以政”，儒士集团得到了大发展。另外，外戚势力随着王氏等外戚集团的隆兴，大大地发展起来了。这两大集团随着他们在政治上的得势，其宗族势力也在政治特权的庇护在下得到显著的发展，并且，汉代政治开始依稀可见一些强宗大族以宗族势力参与其中，士族集团成为西汉末年政治的一个重要政治力量，这本身就意味着西汉末年政治已经具备了后来宗族政治的一些特征。汉末政治运作，已经加入了某些“宗族”的内容，一些“族”，已经可以以“族”的力量参与皇朝政治了，也就是说，在西汉末年的政治生活中，已经可以依稀看得到“宗族”活动的身影了。

总的看来，“士族”的发展存在两方面的情形，一方面是强宗大姓的士族化；另一方面是士人在取得政治势力后，再转而扩张家族的势力。而且，这两方面在多数情形下又是互为因果的社会循环。

二、宗族对西汉国家政治的作用方式

西汉政治的发展，表现为逐步向宗族政治发展之特征。即是说，西汉政治生活中宗族化倾向在逐步强化。这一发展过程的开端是西汉武帝时期开始的经学入仕制度的确立。因为通过这一制度，培养了一批因累世经学而世代为官的官僚豪族，这部分豪族实际上构成了两汉宗族势力之主流。至于地方豪强宗族，从一开始似乎主要表现出他们与国家政权之间的对抗特征，而随着西汉武帝时期选官制度的改革和打击地方豪强政策的实施，迫使这部分豪强势力改弦更张，注重学术追求，逐渐向政府靠拢，并因此而逐步的士族化，成为政府官员的候补大军，尽管其中只有一小部分进入中央官界，而绝大多数只能成为地方政府中的掾吏，但这足以改变他们与政府之间的对抗性而成为国家政府的重要支柱了。

宗族对西汉政治的作用方式：

其一，西汉中晚期以后，开始出现以宗族势力参与皇朝政治。换句话说，从汉初的平民王政，到中晚期以后在皇朝政治生活中已经可以依稀可见世族大姓的身影，士人在政治生活中，虽以某人及其子孙的仕宦为主，但“实际上一个人的宦海沉浮，关系的不只是一‘家’，而是整个‘宗族支属’。”❶ 与武帝前期的主父偃、朱买臣等颇具“游士”色彩的“士人”相比，西汉末年的“士大夫”已经明显地具备了“士族”的性质。

当然，此时的皇朝政治还远未能形成以宗族势力左右朝政的局面，尚未出现几个大宗族把持朝政的局面。尽管已经出现像王氏外戚宗族“一门十侯，五大司马”的情形，但毕竟在西汉时期，这样的“宗族政治”，还只是刚刚开了个头，真正形成“世族世官”的大宗族还难得一见。更远未从意识形态到社会政治生活领域产生类似魏晋时期盛行的“士庶天隔”的观念。

其二，是地方豪强宗族大姓，对地方政治的影响。顾炎武说：“天下之治，置于里胥，终于天子，其灼然者。”❷ 古代中国的政治统治，从最高皇权到乡里之制，高度分散的个体编户与高度集中、层层下达的专制权力体系相辅相成，组合成统一、有序的统治秩序。在这一统治秩序中“君主对人民的统治并不是通过土地作媒介来掌握人民的，而是通过直接掌握人民而实现的。”❸ 但是至少到秦汉时期，这种君主的政治统治权力，并不能顺利地到达最基础的乡里，而仅止于县一级的行政单位。❹ 而且，这种权力并非乡里社会自身所需，而是格格不入乃至根本冲突的，所以在中国古代社会除自上而下的行政权之外，还包括乡里宗族、社会宗族成员管理宗族事务，并寓于社会之中

---

❶ 邢义田：“从战国至两汉的族居、族葬、世业论中国古代宗法社会延续”，载《周秦文化研究》，陕西人民出版社 1998 年版。

❷ 顾炎武：《日知录·乡亭之职》。

❸ ［日］西嶋定生：《中国经济世研究》，农业出版社 1984 年版，第 201 页。

❹ 孙立平：“中国传统社会中贵族与士绅力量的消长及其对社会结构的影响”，载《天津社会科学》1992 年第 4 期。

的自治权力，正如日本学者西嶋定生所说：古代中国乡里权力体系中“以通过二千石，令长这种郡县制实行地方统治目的的官僚机构同三老、力田、父老这种具有地方自治共同体性质的机构之间的二元结合。”❶ 而自治权是与古代乡里社会的宗族性特征及相应的自治组织功能相联系。因此，尽管如马端临《文献通考·自序》所说：

> 役民者官也，役于官者民也。郡有守，县有令，乡有长，里有正，其位不同而皆役民者也。

但除了这些役民的官之外，秦汉乡里还有所谓三老、力田、父老这样的实际控制乡里政制的人物。“从秦代开始推行的乡里制的权力体系中，三老占有重要地位，可与县令丞尉以事相教，甚至直接向皇帝进言。三老与啬夫、游徼和乡佐等乡官不同，非郡县政府任命，而为乡里推举，并不以朝廷俸禄为生。”❷ 秦以后两汉乡里体系中所设力田、父老等和三老属类似性质。这类“民选”的“官职”，一般以高德耆老为条件，实际上就是乡里宗族的代表。随着两汉时期宗族势力的恢复与重建，地方乡里越来越多地成为宗族聚居的单位。宗族组织与地方行政相辅相成，并行不悖。作为宗族代表的父老、三老实际上承担了某些地方统治的职能。

汉武朝以后“独尊儒术”的政治思想得以确立，并由此带来帝国全新的政治格局之下，地方豪族可以通过研习儒术，从“明经入仕”以及以此为基础的察举、征辟制度为途径，逐步进入皇朝政治，从而由地方豪族向“士族”化转变。也就是说，从武帝朝以后，皇朝政治变革，政府改变对地方豪强宗族的打击、镇压政策，而逐步将他们的首领吸纳到国家政治体系之中。

所以，有论者认为：“汉代的政治是中央与地方的合作政治，仅仅是中央政权的单方行政，是不可能实现统一政治的，地方社会中，乡三老、县三老对地域民众的领导权是公认的，就县一级来看，官僚制与父老制可以说是共存的，而且，郡、县属吏是依靠当地人才，乡句里选普及，就这样开始录用当地人才，补任中央官僚。汉代的中央

---

❶ ［日］西嶋定生：《中国经济世研究》，农业出版社 1984 年版，第 79 页。

❷ 徐勇：“中国古代乡村行政与自治二元权力体系分析”，载《中国史研究》1993 年第 4 期。

政治就这样有地方社会辅佐并由此维持其安定”。[1] 这一认识可以说是完全符合历史实际的。

地方豪强宗族大姓，对地方政治的影响集中表现在对乡里地方政治的支配。

所谓自治能力，显然是来自国家政治统治之外的力量。不依靠政府，而是透过宗族力量来管理本族内部以及宗族所在地方事务的能力。因此所谓宗族自治与宗族成员担任国家公职，当然是完全不同的两回事。但自治能力又往往是通过担任或控制国家政府的地方基层公职来实现的。这主要表现为三种情况：

第一，宗族首领依靠本族在乡里社会的势力，出任乡官里胥，最典型的事例是两汉末年的樊重，以“訾巨万，而赈赡宗族，恩加乡闾。……县中称美，推为三老。”[2] 樊重是当时南阳著名的强宗大姓，他之所以被推为三老也是靠他的豪宗的势力。事实上，从西汉中期以后这样的事例就已经比较常见，如张敞“本以乡有秩补太守卒吏，察廉为甘泉仓长”，[3] 张敞本为河东大姓，祖父孺为上谷太守，徙茂陵。可见，张敞之为乡有秩、郡卒吏，显然是靠了他强宗大姓的出身。又如，黄霸，少时曾为阳夏游徼，是乡里啬夫之下的首要官佐，黄霸为淮阳阳夏人，以豪杰使徙云陵，显然他出身当属地方豪霸之家，其为乡游徼也是靠了他的豪族出身。

第二，出任郡县掾吏。汉代地方长官的选用，从武帝以后，尤其是到东汉，同籍回避已成为一项定制，而且越来越严格。但地方郡县的掾吏则一直未有专门的限制，而且一般以任用本籍人氏为惯例。当然被选用的掾吏多被有势力的宗族大姓所垄断似乎也已成为惯例。翻检《汉书》资料，出身豪强大族的地方掾吏的确占有较大的比例。如尹翁归，河东平阳人，徙杜陵，也是地方豪杰之家，先后为狱小吏、市吏，后被田延年辟为郡卒吏。韩延寿，燕人，徙杜陵，也显系地方豪族之家，故得以“少为郡文学”。[4] 郑崇，本高密大族，祖父时，“以赀徙平陵，父宾明法令，为御史，事贡公，名公直。崇少为郡文

---

[1] ［日］谷川道雄：“六朝时代与地域社会”，载《东南文化》1991 年第 5 期。

[2] 《后汉书·樊宏传》。

[3] 《汉书·张敞传》。

[4] 《汉书·韩延寿传》。

学史，至丞相大车属。”[1]

第三，由地方强宗大姓控制乡举里选，进而影响州郡的选举。强大的地方宗族势力“在政治上表现为乡里社会的支配力量，这种支配力量是通过乡官里胥，郡县掾吏与把持选举而实现的。”[2] 这种乡里社会的支配力量正是宗族自治职能的具体体现。

[1] 《汉书·郑崇传》。

[2] 马新：《两汉乡村社会史》，齐鲁书社1997年版，第239页。

玛珈山法政文丛书目

1. 孙希尧　著　国际海事私法统一研究：条约角度
2. 弭　维　著　道德之维：自然法和法律实证主义视角下的德法关系研究
3. 刘　洋　著　现代政治价值体系建构：西方国家的探索之路
4. 孙卓华　著　乔治·弗雷德里克森的公共行政思想研究——以社会公平思想为主线
5. 范广垠　著　政府管理主体的行为互动逻辑
6. 马艳朝　著　制度规则与公共秩序：当代中国信访违规行为的惩罚问题研究
7. 张景明　著　和谐理念下环境法律关系研究
8. 武　飞　等著　社会主义法治理念与法律方法研究
9. 赵　沛　著　政治与社会互动：西汉政治史的视角
10. 孙光宁　等著　网络民主在中国：互联网政治的表现形式与发展趋势